dan gadarn **goncrit**

Argraffiad cyntaf: 1999
Ail argraffiad: 2001
Trydydd argraffiad: 2004

Clawr: Marian Delyth

Rhif Llyfr Rhyngwladol: 0 86243 494 7

Cyhoeddwyd yng Nghymru
ac argraffwyd ar bapur di-asid a rhannol eilgylch
gan Y Lolfa Cyf., Talybont, Ceredigion SY24 5AP
e-bost ylolfa@ylolfa.com
y we www.ylolfa.com
ffôn (01970) 832 304
ffacs 832 782
isdn 832 782

Dymuna'r awdur gydnabod yn ddiolchgar yr Ysgoloriaeth i Awduron gan Gyngor Celfyddydau Cymru a'i galluogodd i orffen y nofel hon.

mihangel morgan

dan gadarn

goncrit

GWELY
A
BRECWAST

y**L**olfa

y tywydd
dros y tymor hir

pennod 1

YN EI GAR MAWR COCH, newydd sbon, Alfa-Romeo 3.0 V6, roedd Maldwyn Taflun Lewis yn berson gwahanol, yn ddyn newydd. Y car moethus, nerthol oedd yn gyfrifol am y trawsffurfiad. Fel Cynddylan ar ei dractor roedd e'n rhan o'r cerbyd wrth iddo aredig trwy'r düwch a sgrialu rownd troadau'r heol gul ym mherfeddion y wlad. Cefn gwlad, cefn trymedd nos. Teimlai'n ifanc ac yn gryf ac yn ddeniadol. Teimlai fel Rhufeiniwr yn ei siariot, fel Charlton Heston yn *Ben Hur*.

Troes sŵn ei chwaraeydd cryno-ddisgiau yn uwch er mwyn clywed llais ei hoff ganwr yn llenwi'r nos. Yr anfarwol Frank yn canu:

> Flying so high
> With some girl in the sky
> Is my I-
> -dea of noth-
> ing to do...

Ac fel y llais roedd Mal yn rhydd. Edrychai ar y goleuadau bach ar y *facia;* clociau a deialau a mesuryddion wedi eu boddi mewn gwawl gwyrdd, arallfydol. Yr unig liw yn y byd y noson honno.

Symudai'r car o'r naill dro yn yr heol i'r nesaf heb ymdrech. Roedd e'n aderyn yn y nos, yn dylluan yn hedfan rhwng y sêr, yn astudio'r ddaear, yn chwilio am greaduriaid i'w bwyta. Dyna'r goleuadau yn y pellter, filltiroedd i ffwrdd. Roedd e'n rhan o'r tywyllwch incaidd.

Ond roedd y car yn gynnes a chyfforddus. Cynhesrwydd y gwresogydd cystal â thân aelwyd. Arogleuai Mal y lledr newydd oedd o'i gwmpas, yn rhoi o dan bwysau ei gorff, a meddyliai am ledr Lois. Roedd sedd y car yn debyg i gadair freichiau, yn cwpanu amdano fel llaw dyner, garedig yn anwesu cyw bach.

Profiad gwefreiddiol oedd cael gyrru car ardderchog, profiad cyffrous, rhywiol bron.

That is why the lay-
-dy is a
tramp...

Ymhyfrydai Mal yn rhwyddineb y gyrru yn y tywyllwch. Fel pe bai'n gweld i'r dyfodol gallai weld ceir ymhell i ffwrdd a chyn iddyn nhw droi'r cornel, a'u goleuadau'n arwyddion yn darogan yn sicr yr hyn oedd i ddod. Teimlai Mal yn fwy diogel wrth yrru liw nos fel hyn. Prin, beth bynnag, oedd y ceir eraill.

... under my skin
I've got you
deep in the heart of me.
So deep in my heart
You're really a part of me...

Oedd, roedd yntau'n rhan o'r nos, yn un o greaduriaid y tywyllwch fel y dylluan, y broch a'r 'stlum. Anifeiliaid y chwedlau.

Erbyn hyn doedd dim goleuadau melyn i'w gweld hyd yn oed yn y pellter. Cofiai am ddrama arswyd a welsai gyda'i wraig flynyddoedd yn ôl. Pobl gefnog yn dod i aros mewn bwthyn yn y wlad, tŷ haf mae'n debyg, ac yno'n cael cinio a pharti mawr. Ond yn ystod y gyfeddach a'r gwledda meddiennir y bwthyn gan ysbrydion cyn-drigolion y bwthyn, tlodion a fu farw o newyn. Mae'r gwin yn troi'n waed, mae plant newynog yn ymrithio yng nghefn y stafell. Mae'r bobl yn ceisio agor y drysau i ddianc ac yn methu, maen nhw'n edrych trwy'r ffenestri ac yn sylweddoli mai gwagle sydd yn eu hamgylchynu. Fel'na y teimlai Mal; caer o ofod o'i gwmpas. Dim byd. Dim ond düwch na allai hyd yn oed y goleuadau cryfaf ei dreiddio. Dim ond düwch arall a ddeuai i gwrdd ag ef. Teimlai fel teithiwr o blaned i blaned, yn ei unigrwydd, a rhwng y planedau doedd dim byd ond tywyllwch a distawrwydd a gwacter diwaelod.

O bryd i'w gilydd edrychai Mal ar y cyflymiadur – wyth deg, naw deg, naw deg pump. Mewn car mawr grymus fel'na doedd dyn ddim yn ymwybodol o'r cyflymdra; dim sŵn, dim sigl, dim cryndod. Cant. Cant a deg. Hedfan roedd e.

Ond er gwaethaf ei fuander teimlai fel un o wŷr Pwyll yn ceisio dal Rhiannon, neu fel R T Jenkins yn ceisio cyrraedd Llandeloy ac yn y diwedd yn amau taw rhith oedd y lle.

And now
The end is near
And so I face
The final curtain
My friend
I'll say it clear
I'll state my case…

Canai Mal a Frank gyda'i gilydd yn un o'u deuawdau enwog yn Neuadd Carnegie, 'Ol' Blue Eyes' ac 'Ol' Red Nose' gyda'i gilydd unwaith eto, o flaen miloedd – miliynau (o gynnwys y gwylwyr teledu) – o'u haddolwyr. Cant ac ugain.

Ond mewn gwirionedd, ar ei ben ei hun yr oedd, ac wrth ei fodd yn ei gar newydd a holl rym hwnnw at ei alw.

Dyna pryd y trawodd y ferch fach.

pennod 2

GWELSAI HI, do, fe'i gwelsai. Ond yn rhy hwyr. Roedd e wedi'i tharo ac wedi gyrru drosti. Wrth iddo ei gweld hi. Daethai hi allan o'r tywyllwch. Y naill eiliad doedd dim byd o'i gwmpas nac o'i flaen ond düwch. Yna ymddangosodd y ferch fel rhith.

Merch fach tua wyth mlwydd oed. Croten. Daethai i sefyll yng nghanol yr heol a tedi bêr melyn yn ei dwylo; roedd hi'n ei gofleidio, yn ei ddal wrth ei mynwes, fel petai'n ceisio'i gadw'n dwym. Roedd hi'n sefyll yng ngoleuni'r car. Ar ei phen ei hun. Gwallt du dros ei hysgwyddau. Ffrog ysgafn werdd ac arni flodau melyn, blodau bach.

Ni welsai Maldwyn ddim byd mor glir erioed – mor groyw a phoenus o glir. Ni theimlasai Maldwyn Taflun Lewis ddim byd mor sicr â'r olwynion yn mynd dros ei chorff bach tyner. Dim byd mor egr â'r saeth a aeth drwy'i gorff ei hun wrth iddo sylweddoli ei fod wedi lladd rhywun.

Stopiodd y car a'i facio ychydig. Edrychodd yn y drych. Dyna'r corff. Na, doedd e ddim wedi dychmygu'r peth. Nid rhith mohoni. A ddylai fynd allan i edrych?

Aeth allan i'r awyr oer a sefyll uwchben y corff bach. Roedd hi'n farw. Dim dwywaith. Merch fach bert. Plentyn. Merch ar ei phen ei hun yn y nos.

Aeth Maldwyn yn ôl i'r car i eistedd ac i geisio dirnad y sefyllfa. Beth i'w wneud? Cofiodd am y ffôn yn ei boced. Wrth gwrs rhaid iddo ffonio'r heddlu yn syth. Pwysodd fotwm naw, unwaith. Ddwywaith. Stopiodd.

Dywedodd wrtho'i hun ei fod wedi lladd merch pan oedd e'n gwneud tua chan milltir yr awr – mwy, efallai. Gwallgof. Doedd dim siawns 'da hi. Ond edrychodd o'i gwmpas. Roedd

9

hi'n dywyll i bob cyfeiriad. Dim tai. Dim ceir.

Distawrwydd llethol y nos. Cododd a mynd allan eto. Edrychodd ar y corff bach eiddil, ar y tarmac du, caled. Ei breichiau gwyn, ei phengliniau, y gwythiennau glas dan y croen, blew du a hir yr amrannau a'r aeliau. Y tedi bêr wrth ei hochr ar yr heol, yn gorwedd fel petai yntau wedi marw. Y ffrog werdd denau a'r blodau bach melyn, cannoedd ohonyn nhw; pa flodau oedden nhw, doedd e ddim yn dda gyda blodau, llygaid y dydd, llygaid llo bach, efallai? Mor bert ac ifanc oedd hi, mor ddifrycheulyd a diniwed. Yn rhyfedd iawn doedd nemor farc i'w weld arni. Dim cleisiau, dim gwaed, dim anaf o gwbl i'w hwyneb perffaith, Celtaidd, Gwyddelig.

Chawsai hi ddim siawns. Dim siawns i brifio a byw, dim gyrfa, dim carwriaethau, dim siomedigaethau, oherwydd roedd e, Maldwyn Taflun Lewis, wedi'i lladd hi. Doedd e ddim tamaid gwell na'r llofruddion a oedd yn arteithio ac yn halogi plant, yr angenfilod yr oedd yntau wedi ffieiddio cymaint atynt a dweud y dylid eu crogi nhw, bob un ohonynt.

Chwydodd Mal ar ochr yr heol. Ond ddaeth dim ond y sŵn o'i ben. Cyfog gwag. Ymateb y corff i'r sioc a'r hunanffieiddiad.

Aeth i archwilio'r car. Prin yr ocdd 'na farc i'w weld yno chwaith lle y daethai'r cnawd meddal i wrthdrawiad â'r metel sgleiniog, caled. Dim gwaed. Dim ond y tolc lleiaf.

Aeth Maldwyn yn ôl i'r car ac eistedd y tu ôl i'r olwyn llyw. Yna, heb ailfeddwl gyrrodd i ffwrdd, fel y diawl, gan adael corff y ferch ar ochr y ffordd fel draenog marw. Rhaid oedd iddo gyrraedd yr heol fawr heb i neb ei weld. Hyderai fod ganddo siawns. Ni allai weld goleuni unrhyw geir yn y pellter o'i flaen, ac roedd y darn hwn o'r heol yn eithaf syth am sawl milltir.

pennod 3

NI ALLAI MALDWYN deimlo'i fysedd, gan mor dynn y clymwyd ei ddwylo y tu cefn iddo. Ac yntau'n gorwedd ar ei fol ar y llawr, a'i drwyn ar y carped (patrwm o linellau igam-ogam a thrionglau brown ac oren, steil y saithdegau – hen garped), clymwyd ei draed â rhaff, yr un mor dynn a didrugaredd â'i ddwylo. Nawr roedd hances yn cael ei stwffio i'w geg a'i chlymu y tu ôl i'w glustiau. Wedyn, roedd e'n gaeth i'r llawr, yn ddiymadferth; ni allai symud na bys na bawd, yn llythrennol, dim ond ei lygaid. Edrychodd i fyny at y llenni melyn tenau wedi'u cau yn erbyn golau dydd. Deuai sŵn llais cryf Grace Jones yn canu *Warm Leatherette* o beiriant radio/chwaraeydd tapiau a safai ar ben y meicrodon. Maldwyn oedd wedi gofyn am y tâp hwn.

Be sy'n digwydd nawr? meddyliodd. Be nesa'?

Clywai lais o'r tu ôl iddo.

"Ti'n iawn, cyw? Ddim yn rhy anghyfforddus, gobeithio."

"Mmm!" Dyna'r unig sŵn y gallai Maldwyn ei gynhyrchu a boddid hwnnw gan Grace Jones yn ailadrodd

WARM – leatherette, WARM – leatherette.

"Iawn 'ta, wa'th inni gychwyn."

Tynhaodd Maldwyn bob gewyn yn ei gorff. Gallai glywed sŵn digamsyniol lledr yn gwichian. Gwyddai yn union beth oedd yn mynd i ddod nesaf.

Crac!

Daeth y chwip i lawr yn sydyn yn erbyn ei gefn noeth. Waeth beth a wnâi ni fyddai byth yn barod am yr ergyd gyntaf.

Roedd yr un gyntaf bob amser yn brifo'n egr hefyd.

Crac!

Nid bod yr ail yn well ond, o leiaf, roedd y corff a'r meddwl yn gwybod yn iawn yr eildro beth i'w ddisgwyl.

Crac!

Erbyn y drydedd byddai'n dechrau mynd i hwyl y peth, fel arfer. Ond yr aros, yr eiliadau (poenus o hirhoedlog) o ddisgwyl am y glatsien nesaf oedd yn creu'r cyffro ofnadwy. Gan na allai weld roedd yr ysbeidiau rhwng pob llach yn gyrru'r gwaed drwy'i wythiennau gan beri i'w galon wan gyflymu. Beth petai'n cael trawiad arall ar y galon? Dyna un o'i ofnau. Y gwarth. Gallai weld y penawdau yn *Golwg* a'r *Cymro*: 'Darlithydd Cymraeg yn Marw mewn Puteindy' neu 'Aelod o'r Bwrdd Iaith yn Marw yn ystod Gweithgareddau Rhywiol Amheus'. Efallai y byddai'r stori yn cyrraedd papurau Llundain, y teledu a'r radio. Sôn am fêl ar fysedd newyddiadurwyr.

Ond yn fuan câi'r syniadau hyn eu bwrw i'r neilltu wrth iddo ddychmygu Lois yn sefyll y tu ôl iddo yn ei dillad lledr du yn ei ffrewyllu yn ddiarbed. Ow! Weithiau yn rhy galed, yn wir.

"Mmm-mmm!" Oedd yr unig sŵn a ddeuai drwy'r gag, ond gwyddai Lois fod hynny'n arwydd iddi gario ymlaen i'w fflangellu. O leiaf stopiodd e ddim griddfan.

"Dw i'n teimlo'n ddrwg, Lois," meddai Maldwyn yn ei ben, "dw i'n ddrwg, dw i'n haeddu'r gosb 'ma. Dw i'n ddrwg, brwnt, isel. Cura fi, plis, plis!"

Dyna'n union beth roedd Lois yn ei wneud, fel petai'n gallu clywed taerineb ei erfyniad. Roedd ei braich yn blino. Newidiodd y chwip o'i llaw dde i'w llaw chwith am dipyn, gan achub ar y cyfle i gael dracht ar ei ffag.

Feel the breaking glass – in the underpass...

O dan y gwely, ar bwys ei foch dde, gwelai Maldwyn bentwr o gylchgronau dwmbwldambal: *Woman's Own, Hello, Chat*; dillad; amrywiaeth o sgidiau a sliperi; tegell; siwtces; cloc larwm wedi stopio am ugain munud wedi tri; poteli – rhai'n wag, rhai'n hanner gwag; padell lwch o blastig gwyrdd a brws; a dol, a'i gwallt cyrliog du dros ei hysgwyddau plastig noeth, ei braich dde stiff yn pwyntio i fyny, a'i llygaid ynghau. Lle i gadw pethau oedd o dan y gwely i bob trigolyn un stafell.

Crac!

Edrychodd Lois i lawr ar y cnawd gwyn ar y llawr. Y pen-ôl llac. Yr ysgwyddau blewog, y blew brith. Y plorynnod coch ar y cefn. On'd oedd y peth yn wirion, yn bathetig? Dynion. Ni allai weld merch yn ymddwyn fel'na o'i gwirfodd, heb sôn am dalu am y fath driniaeth. Yn sicr, fyddai *hi* ddim yn ei wneud e, beth bynnag am ferched eraill. Pwy oedd hi i feirniadu neb? Roedd hi'n cael ei thalu yn iawn, chwarae teg i'r hen forfil. Ac roedd hwn yn waith hawdd o'i gymharu â rhai o'r pethau ych-a-fi y byddai rhai o'r cwsmeriaid yn gofyn iddi'u gwneud. Yn wir, mwy o rai fel hwn fyddai'n ddelfrydol, i dalu'i biliau fel y gallai ddod yn rhydd o'i dyledion a rhoi'r gorau i'r holl beth ffiaidd wedyn.

Crac!

You can see your reflection in the luminescent
glass... WARM – leatherette...

Newidiodd Lois y fraich eto. Roedd e'n araf heno. Beth oedd yn bod arno? Wel, rhaid iddi gofio bod yr hen *hippo* wedi bod yn dost iawn yn ddiweddar. Doedd e ddim mor ifanc, chwarae teg iddo. Ar y llaw arall roedd rhai o'i chwsmeriaid – doedd hi ddim yn licio'r gair 'cwsmeriaid', ond doedd ganddi mo'r egni i feddwl am air gwell – roedd rhai yn hŷn na hwn ac yn hollol randi, fel bechgyn ifainc, yn enwedig ar ôl bod heb ei gweld hi am dipyn fel hwn heno.

Crac!

Yn ei ben roedd Mal yn dweud: Braidd yn rhy galed y tro 'na Lois. Ti'n brifo nawr, stopia, plis! Ond ni ddeuai'r un smic o sŵn o'r gag ar wahân i'r 'mmm! mmm!' amwys.

Doedd Lois ddim yn deall beth oedd yn bod arno. Roedd hi'n hwyr, roedd hithau'n flinedig ac yn edrych ymlaen at fynd i'w gwely.

CRAC!

"Aw! Plis, Lois, rho'r gorau iddi nawr. Dw i wedi cael digon. Dw i'n siŵr bod 'y nghefn i'n gwaedu."

Penderfynodd Lois nad oedd dim byd arall amdani ond ei rowlio drosodd ar ei gefn a rhoi tipyn o help llaw iddo.

Wrth iddo orwedd ar ei gefn dolurus teimlai Maldwyn yn ddiymadferth. Edrychai lan ar y fenyw fawr gnawdol yn ei *basque* du a'i bwtsias lledr, a'i chwip yn ei llaw dde a sigarét yn y llall. Teimlai fel ci ar ei gefn fel'na, ei fol a phopeth yn agored i'r byd ac i bob ymosodiad.

Dododd Lois ei sigarét yn ofalus yn soser ei chwpaned o goffi oer a safai ar y ford fechan wrth erchwyn y gwely. Plygodd wedyn a gafael yn ei gala. Roedd ei hewinedd yn goch ond yn fyr, wedi eu cnoi reit i lawr at y cnawd. Dan ei masg edrychai ei gruddiau yn dew; bochgernau cnawdol, trwm, wedi'u hamlygu gan dipyn o *rouge*. I gyd-fynd â'r ewinedd peintiwyd y gwefusau yn goch hefyd – sylwasai Maldwyn ar y minlliw ar fonyn ei sigarét ac ar ymyl y cwpan. Oedd, roedd hi'n rhywiol ac yn feistrolgar, y ffordd roedd hi'n ei drin fel anifail, fel peth ych-a-fi. Roedd e'n licio hynny. Ond gallai Maldwyn weld, hyd yn oed â'r masg yn cuddio ei llygaid, nad oedd hi'n ei licio fe o gwbl.

O, diolch, meddyliodd Lois, mae rhywbeth yn dechrau digwydd, o'r diwedd. Roedd ei braich, ei garddwrn, yn blino. Ond doedd hi ddim yn mynd i wneud dim mwy, dim gwefusau.

O'r diwedd!

Wel, dyna hwnna drosodd, meddyliodd Lois wrth sychu ei bysedd mewn Kleenex. Wedyn taflodd y papur gwlyb i'r bin sbwriel bach plastig mewn cilfach o dan y bosh. Roedd y bin yn orlawn, yn gorlifo'n wir; tuniau, poteli gwag saws coch, pacedi prydau-sydyn i'r meicrodon â'u lluniau lliwgar o *Chicken Tikka, Prawn Curry* a *Macaroni Cheese*, hen gydau te yn sychu, sawr sachau dyrnu. Methodd tafliad Lois a disgynnodd y nishad papur i'r llawr.

Tynnodd Lois y gag o'i geg a mysgu'r cwlwm am ei ddwylo. Tra oedd hi wrthi'n datglymu'i draed estynnodd Maldwyn Taflun Lewis am ei ddillad a oedd yn bentwr dwmbwldambal ar y gwely. Teimlai Mal ryw gywilydd ar y diwedd bob tro, ac roedd e'n awyddus i guddio'i noethni cyn gynted ag y gallai.

Gwthiodd Lois y masg lan ar ei thalcen gan ddatguddio llygaid wedi'u duo gan *kohl*, gormod ohono.

" 'Nest ti fwynhau hwnna, cyw?"

Roedd y dôn yn ddifater a'r cwestiwn yn anaddas, yn amherthnasol, yn rhy foel. Cwestiwn nyrs.

"Do," meddai Maldwyn yn chwithig gan fod rhaid iddo ddweud rhywbeth. Roedd e'n clymu'i dei, yn lletchwith, fel bachgen ysgol, yn gwthio cynffon ei grys i'w drowsus, popeth ar yr un pryd, mewn brys.

Gwyliai Lois y dyn yn gwisgo. Pathetig, meddyliodd, ond doedd hi ddim yn mynd i godi bys i'w helpu.

"Ydi'r pres gin ti?" gofynnodd.

"Ydi."

Dyna i gyd roedd hi'n mo'yn oedd ei arian. Byddai hi'n galw pawb yn 'cyw' neu 'del', termau nad oeddynt yn golygu dim byd, geiriau bach i lenwi brawddegau fel 'fe' rhagferfol ac 'ontefe'.

Estynnodd Maldwyn am ei siaced. Teimlodd yn y boced am ei waled ledr, ei lyfr sieciau. Gwnaeth yn siŵr fod ei gardiau i gyd yn eu lle; wedyn, a dim ond wedyn, estynnodd drigain punt – tri phapur ugain punt o'i waled – a'u dodi rhwng yr ewinedd cochion crwn.

"Diolch," meddai Lois heb gyfri'r arian. Rhoesai ddeg punt ychwanegol iddi, er iddi fod braidd yn rhy llym heno. Ond doedd e ddim yn disgwyl iddi fod yn ddiolchgar.

Edrychodd Maldwyn o gwmpas y stafell fechan ddiflas. Popeth mewn un stafell: gwely, lle i goginio, wardrob anferth gyda'r drych yn adlewyrchu popeth – y gwely, y lle i goginio, y ford fach, y butain a'i chwsmer.

"Dw i mo'yn dod 'nôl 'to," meddai Maldwyn, " 'mhen rhyw fis, 'fallai."

"Iawn."

"Diolch."

"Ta ta."

Caeodd Lois ddrws ei stafell ar ei ôl, yn falch o gael ei wared.

Awr yn ddiweddarach, roedd Maldwyn Taflun Lewis ar yr heol honno, yn gyrru trwy'r tywyllwch tuag adref, at ei wraig.

Roedd e'n gyrru o hyd, yn gyrru am ei fywyd, bywyd oedd wedi newid yn llwyr gan ei fod yn ddamweiniol wedi dileu bywyd arall.

pennod 4

CWATAI'R LLANC o dan y blancedi a'r cardbord gan gofleidio'r
hen gi a'i dynnu yn nes ato mewn ymgais i gadw'r tu allan
i'w poced o gynhesrwydd yr oerni a'r gwynt a ruai o gwmpas
y gysgodfa. Ond roedd y llawr concrit yn oer ac yn llaith.
Roedd e wedi rhoi tro ar gysgu ar fainc y gysgodfa ond roedd
honno'n rhy gul. Roedd gwynt a sŵn y môr yn amhosibl eu
hanwybyddu. Er ei fod mor flinedig a llipa â chortyn ni allai'r
dyn ifanc gysgu.

Gyda'r nos – bob nos – y cyrhaeddai ei isafbwynt, yr
ymosodai ei ofnau a'i feddyliau arno. Gwyddai pa mor isel
roedd e wedi suddo. Doedd e ddim gwell nag anifail. Onid
oedd gan bob dyn hawl i wely, o leiaf? Yn ystod y dydd bu'n
pori mewn biniau sbwriel am fwyd ac am ddarnau o sigaréts.
A'i stumog yn troi wrth i'w ddwylo deimlo rhai o'r pethau
roedd e'n gorfod cyffwrdd â nhw er mwyn cael tamaid,
gweddillion a briwsion. Roedd e'n ddiolchgar am yr hyn
roedd pobl eraill yn ei daflu i ffwrdd; eu gwastraff nhw oedd
ei gynhaliaeth ef. Doedd e ddim gwell na rhai o'r cŵn a
grwydrai'r strydoedd. Ci, serch hynny, oedd ei unig gwmni,
ei unig ffrind yn y byd. Cofleidiodd ei gyfaill eto. Roedd
hwnnw'n crynu yn yr oerfel. Na wnâi, wnâi e byth adael
Jaco, er bod y broblem o gael bwyd iddo yn ychwanegu at ei
drafferthion a'i brinder bara beunyddiol. Ac roedd ci yn
rhwystr iddo gael lle i fyw gan nad oedd un lle yn barod i
gymryd ci, hyd yn oed y Sali Armi. 'Dim Cŵn' oedd hi ym
mhobman. Iawn 'te, meddyliai, dim ci, dim fi. Doedd e ddim
yn barod i gael gwared â'r unig un a fu'n ffyddlon iddo drwy
bopeth, yn wahanol i'w deulu, yn wahanol i'w ffrindiau – pa

ffrindiau, pa deulu? Jaco oedd ei unig ffrind a'i unig deulu nawr.

Gwyddai'r llanc fod chwain o'r ci wedi mynd i'w farf, roedden nhw'n cosi'i wyneb ac yn ei yrru'n benwan, ond teimlai fod rhannu chwain yn eu rhwymo wrth ei gilydd. Roedd e'n deall yn berffaith nawr fel roedd y chwain yn poeni Jaco. A doedd e ddim yn well na'r ci na'r ci yn is nag ef. Cofleidiodd Jaco eto a throes hwnnw ei drwyn du gwlyb i lyfu wyneb ei feistr.

"Cer i gysgu, Jaco". Byddai Jaco yn dod â thipyn o arian iddyn nhw ar y stryd, roedd pobl yn barotach i roi newid iddyn nhw pan welent lygaid ymbilgar Jaco, fel dwy ddysgled o de twym. Byddai rhai yn cymryd trueni ar y ci, yn hytrach nag ar y llanc. Peri chwithdod iddyn nhw a wnâi'r dyn ifanc, doedden nhw ddim yn licio edrych – pam? Rhag ofn iddyn nhw'u gweld eu hunain? Y rhan fwyaf yn ei weld e fel diogyn a oedd yn gyfrifol am ei gyflwr ei hun. Eraill yn rhoi cardod mewn ymgais i leddfu cydwybod, yn talu am yr hawl i gerdded yr ochr arall heibio, fel petai. Y rhan fwyaf yn sylweddoli bod y sefyllfa y tu hwnt i'w cymorth nhw.

Ond gwyddai'r llanc y byddai rhaid iddo newid pethau. Ni allai barhau i fyw fel hyn o hyd. Roedd hi'n fis Tachwedd yn barod. Arswydai rhag meddwl am y Nadolig – y carolau yn arllwys o'r siopau, y goleuadau, y lluniau di-rif o Santa hapus tew, y siopwyr o dan lwythi o fagiau. A'r sirioldeb gwneud – duw a'n gwaredo rhag sirioldeb gorfodol y Nadolig – ac yntau ar y stryd. Rhaid iddo gael rhywle i aros cyn y Nadolig, cyn hynny, cyn yr oerni, y gwir oerni gaeafol a oedd yn siŵr o ddod cyn hir – pryd? Yfory, yr wythnos nesa'? Gwnâi unrhyw le y tro, dim ond iddo fod yn lle o dan do go-iawn, ac yno wely.

Ond heb waith doedd dim gobaith cael llety – heb lety doedd neb yn fodlon rhoi gwaith iddo. Roedd hi'n gylch seithug, yn argyfwng, yn sefyllfa amhosibl ei thorri. Roedd ei olwg hefyd yn broblem, gwyddai hynny; ei wallt seimllyd, ei farf laes, ei ddillad brwnt – hyderai na allai neb weld y chwain, o leiaf. Gwyddai ei fod yn edrych fel hen ddyn yn hytrach na dyn ifanc ar drothwy ei ugain oed. Un diwrnod bu'n cerdded a cherdded, hyd nes na wyddai i ble roedd e'n mynd, a dyma fe'n gweld hen ddyn tenau, carpiog yn dod tuag ato. Ofnai ei fod e'n mynd i ymosod arno. Yna, gwelodd fod gan y dyn gi, un hynod o debyg i Jaco. Dyna pryd y sylweddolodd mai ei adlewyrchiad ef ei hun a welsai mewn ffenest siop fawr. Rhoesai'r profiad annifyr hwnnw fraw iddo. Roedd golwg flinedig arno hefyd, oherwydd doedd e byth yn gallu cysgu, dim ond hel meddyliau fel hyn a doedd e ddim wedi bwyta'n iawn ers dyddiau. Âi unrhyw arian a gâi ar damaid i'r ci a diod iddo fe'i hunan. Roedd e'n gorfod cael diod, roedd e'n gorfod yfed er mwyn ceisio cau'r byd allan. Ond roedd e'n treio mynd heb y ddiod. Yn dal i dreio – doedd e ddim yn alcoholig.

Camgymeriad oedd dod i'r dref hon ar lan y môr, meddyliodd wrth glywed cri'r gwylanod a sŵn y tonnau yn torri ar y traeth. Tref fechan, dim lle i scwotio, a hon oedd yr unig gysgodfa y gallai ei defnyddio; roedd y lleill yng nghanol y dref. Roedd hon yn agored i wyntoedd y môr ond doedd dim llawer o bobl yn ei phasio yn y nos. Doedd ond rhyw bump neu chwe stryd yn y dref a phawb yn dod yn gyfarwydd â'ch gweld chi o fewn un prynhawn, pawb yn gwneud yn eitha' da, diolch yn fawr. Byddai'n well mewn dinas. Ond sut roedd e'n mynd i gyrraedd dinas nawr? Rhy bell i gerdded, dim arian i deithio, a doedd neb yn mynd i roi lifft i un yn ei gyflwr ef.

Yna, clywodd fwstwr. Lleisiau, gweiddi a chwerthin, cicio caniau. Y peth nesaf roedd Jaco yn cyfarth ar dri llanc – tua'r un oedran â'i feistr – ill tri'n feddw ac yn llawn hwyl ddireidus.

"Look at that smelly bastard under the bench there!"

"Gerra fuckin life, mate."

Un yn tynnu'r cardbord i ffwrdd, y ddau arall yn piso arno, yna'n tynnu'i flancedi oddi arno. Jaco yn gwylltio.

"Get your fuckin mutt off me!"

Gafaelodd y llanc am wddf Jaco a'i dynnu yn ôl o dan y fainc. Yna dechreuodd y bechgyn ei gicio. Cyrcydodd dros Jaco gan droi ei gefn ei hun at ergydion y traed. Ond yn fuan blinodd y criw ar y gêm a symud ymlaen dan chwerthin yn floesg.

Ar ôl i'w lleisiau ddiflannu i'r pellter a chael eu boddi gan sŵn y môr a'r awelon cododd y dyn ifanc i nôl y blancedi a'r cardbord a chywiro ei wely eto o dan y fainc.

"Dere 'ma, Jaco, dere i gysgu. Mae popeth yn iawn 'to."

Ond doedd pethau ddim yn iawn. Roedd e'n oer nawr ac yn wlyb gan fod y bechgyn wedi'i wlychu. Teimlai fel crio, ond gwyddai na fyddai fymryn callach ac na fyddai hunandosturi yn newid dim ar ei sefyllfa. Ar bwy roedd y bai bod pobl yn ei ddefnyddio fel toiled? Ni fyddai Jaco yn gwlychu arno.

Sŵn cyson, hudol y tonnau, trymder y nos, ac o'r diwedd ildiodd ei feddwl i flinder ei gorff. Cysgodd. Heb freuddwydio.

pennod 5

GORWEDDAI'R CORFF bach llipa yn farw ar y soffa. Uwch ei ben, roedd menyw yn wylo.

"Fy merch fach," meddai, "wedi marw. Be ddywed dy dad pan ddod ef adref?"

Roedd hi'n gwneud ei gorau i feddwl yn yr iaith, hyd yn oed mewn awr o argyfwng a galar.

Ond ei galar hi oedd hwn i gyd, ei hargyfwng hi, oherwydd ei hanwylyd hi oedd wedi marw; doedd neb arall yn caru Cleo yn fwy na hi.

"Doedd Dadi ddim hyd yn oed yn licio dy enw, a oedd?" meddai'n dawel wrth y corff. Symudodd at y ffenest ac edrych allan. Fel pe i ychwanegu at ei thristwch roedd hi wedi dechrau bwrw glaw.

"Mae dy Dadi yn hwyr, ble mae? Mae'n bwrw cesail, bydd e'n wlyb dost pan ddod e mewn."

Yna, trwy ei dagrau, gwelodd olau'r car yn bell i ffwrdd yn y tywyllwch.

"Mae Dadi dod, mae Dadi dod nawr. O bydd torri ei galon gweld ti gorwedd yno. Sut ydw i mynd i dweud beth sydd wedi digwydd wrtho?"

Sylwodd fod y car yn dod yn gyflym, yn gyflymach nag arfer, a'r olwynion yn sgrechian ar raean y dreif. Clywodd ddrws y ffrynt yn cael ei agor a'i gau gyda chlep a siglodd y tŷ. Aeth hithau i lawr i'r cyntedd. Roedd ei gŵr yn welw. Edrychodd e ddim arni. Safai wrth y drws, a'i law dde dros ei lygaid.

"Oes rhywbeth yn bod, cariad?" Edrychodd i fyny, fel petai'n synnu ei gweld hi, fel petai ei llais yn dod o bell ac yntau ddim yn ei hadnabod hi.

"Nac oes, Antonia," meddai o'r diwedd, "nac oes. Dim byd yn bod."

"Wyt ti'n siŵr, Maldwyn? Ti'n edrych braidd yn rhyfedd. Ti ddim yn dost?"

"Nac ydw. Dw i'n iawn."

"Does dim eisiau gweiddi."

"Wel, paid â gwneud cymaint o blydi ffýs."

"Maldwyn!"

"Mae'n ddrwg gen i, Antonia. Doeddwn i ddim yn meddwl hynna."

Roedd e'n dal i sefyll yn y cyntedd, a'i gefn yn erbyn y drws, fel pe bai wedi anghofio sut i symud. Gwyddai Antonia yn awr fod rhywbeth yn bod, yn sicr. Doedd e ddim yn arfer bod yn snaplyd ac anaml iawn y byddai yn ei galw hi wrth ei henw llawn gan ei fod yn gwybod mai fel Toni yr hoffai gael ei hadnabod. Oedd e'n mynd i gael hartan arall? Ai nawr oedd yr amser gorau i sôn am Cleo? Ond wrth iddi feddwl amdani powliodd y dagrau i'w llygaid.

"Mae'n ddrwg gen i, doeddwn i ddim eisiau wylio."

Yn sydyn sylweddolodd Maldwyn fod rhywbeth yn poeni ei wraig. Daeth yn ôl i'r byd o'i gwmpas, ci fyd ei hun. Oedd hi'n gwybod am Lois? Ynteu a oedd hi wedi synhwyro rhywbeth ynglŷn â'r ddamwain? A oedd hynny'n bosibl? Sadiodd ei hunan. Roedd e'n gorfod ceisio deall y sefyllfa a bod yn fyw i'r holl oblygiadau.

"Beth sy'n bod?" gofynnodd Maldwyn gan ymdrechu i reoli'r cryndod yn ei gorff.

"Cleopatra," meddai Toni, "mae hi wedi marw. Ddim yn naturiol..." Sugnodd ei dagrau a llyncu'i ochneidiau "... Daeth yr anifail-feddyg y prynhawn 'ma. Roedd hi'n dioddef, felly galwais yr anifail-feddyg. O, Maldwyn, dw i'n teimlo fel llawryf."

"Paid â chrio," meddai Maldwyn gan ei thynnu i'w

freichiau, "roedd hi'n hen hen gath, on'd oedd hi?" Gorffwysodd hithau ei phen ar ei ysgwydd a mwythodd Maldwyn ei gwallt. Er mawr syndod iddo câi yntau ychydig o gysur o'r agosrwydd corfforol. "Buodd hi'n dost ers wythnosau, on'd do?"

"Oedd," meddai Toni; chymerodd Maldwyn ddim sylw o'i chamgymeriad, peth anarferol iddo .

Ond doedd hi ddim yn ei hoffi e yn ei chofleidio. Roedd ei gôt yn wlyb ac oglau sigarennau ar ei anadl. Ymryddhaodd o'i freichiau.

"Tynnu dy got ohonot," meddai, "ac awn i'r lolfa."

"Ble mae'r gath?" gofynnodd Maldwyn.

"Yn y lolfa, ar y soffa."

Ffiaidd, meddyliai Mal, y syniad o anifail marw yn ei gartref. Ond ar yr un pryd roedd e'n diolch yn ei galon am yr argyfwng annisgwyl ond amserol hwn; byddai'n hoelio sylw Toni. Rhaid oedd iddo ymddwyn yn naturiol, ac roedd hynny'n anodd. Gwyddai ei fod wedi gwneud sawl camgymeriad yn barod; gyrru i mewn i'r dreif fel gwallgofddyn, gweiddi arni. Ond ni fu erioed mor falch o gyrraedd adref. Rhaid oedd iddo geisio sadio a chael gafael ar ei gydbwysedd o hyn ymlaen; ei wylio ei hun, gwylio pob symudiad o'r eiddo.

"Mi wna i 'i chladdu hi yn yr ardd yfory," meddai wrthi. "Nawr te, beth am rywbeth i'w yfed?"

"Chwisgi bach, dw i'n meddwl, Maldwyn."

"Syniad da, Antonia." Dyna beth roedd e'n mynd i'w gael beth bynnag. Gallai ei glywed ei hunan yn cogio bod yn naturiol a'i eiriau yn dod allan o'i enau yn swnio'n gwbl annaturiol. Fyddai fe byth yn galw Antonia yn Antonia fel'na, fel arfer. Byth yn defnyddio'i henw. Beth fyddai fe'n ei galw hi fel arfer? Doedd e ddim wedi defnyddio unrhyw enw ers nid oedd yn cofio pryd. Dyma'r ateb, rhaid iddo asesu popeth, pob gair, pob symudiad, fel dadansoddi testun llenyddol.

Eisteddodd Toni ar y soffa wrth ochr corff y gath, a dyna'r tro cyntaf iddo sylwi ar y gelain. Aeth gwayw drwyddo, oherwydd, yn sydyn, roedd y ferch ar yr heol wedi ymrithio yn glir o flaen ei lygaid. Bu ond y dim iddo lewygu. Cymerodd ddracht mawr o chwisgi.

Mwythodd Toni ben gwyn y gath. Roedd rhywbeth yn bod ar Maldwyn, dim ots beth a ddywedai. Roedd ei law yn ysgwyd pan oedd e'n arllwys y diodydd ac yn crynu pan estynnodd y gwydryn iddi. Aeth i eistedd yn y gadair gyferbyn â hi, ond doedd e ddim yn gweld dim o'i gwmpas. Doedd e ddim wedi dweud gair am Cleo.

"Sut aeth y ddarlith heno?" gofynnodd hi mewn ymgais i gael ei sylw.

"Darlith?" meddai Maldwyn, fel petai'r gair yn estron iddo.

"I Ferched y Wawr."

"O!" meddai Maldwyn, a'i feddwl yn clirio wrth iddo lenwi'i drydydd gwydryn o chwisgi, "aeth hi'n iawn... iawn."

Am y tro cyntaf sylweddolodd Maldwyn nad oedd yn ei nabod ei hunan yn arbennig o dda. A fyddai wedi sôn am y ddarlith fel arfer? A fyddai wedi rhoi amlinelliad ohoni, sôn am ei nerfau cyn dechrau a'r darn lle pallodd ei gof am eiliad, disgrifio'r neuadd a'r gynulleidfa? Ond roedd e'n gyfarwydd â phalu celwyddau; y gwahaniaeth heno oedd fod ganddo gelwydd newydd ar ben ei anwireddau arferol. Doedd dim rhaid iddo ddweud dim i guddio beth a ddigwyddasai ar y ffordd 'nôl heno, dim ond iddo gofio ei ddulliau cyffredin o dwyllo.

"Mae'n ddrwg gen i am Cleo," meddai. Roedd hwn yn syniad da. Dargyfeirio'r sylw. Am farwolaeth y gath roedd hi'n meddwl. Meithrin hynny.

"Paid â chrio. Bydd rhaid i ti ddod ag un o'r cathod eraill i'r tŷ i fyw. Beth am Sheba neu Philomena?"

"Does neb yn debyg i Cleopatra," meddai Toni gan sniffio a chwythu'i thrwyn coch. "Hi oedd fy nghath gyntaf. Mam y lleill. Beth bynnag, mae cathod bach gyda Sheba ac mae Philomena'n ddrwg yn y tŷ. Dw i wedi'i threio hi. Mae hi'n gwneud pyllau."

"Beth am gymryd un o'r cathod bach newydd? Neu beth am yr un ifanc 'na, Melinda?" gofynnodd Mal. Sawl chwisgi oedd e wedi cael? Wyddai fe ddim. Doedd y ddiod yn cael dim effaith arno, ddim yn cyffwrdd â'i ofid; ni allai ymlacio o gwbl.

"Pam wyt ti mor awyddus i ddisodro Cleo?" snapiodd Toni. Roedd hi'n prysur golli'i hunanfeddiant. "A marwodd Melinda o lid yr ymwybod chwe mis 'nôl."

"Efallai y dylen ni roi'i chorff hi rywle arall am heno. Chaiff hi ddim aros ar y soffa drwy'r nos, f'anwylyd." Pryd oedd e wedi'i galw hi'n 'anwylyd' ddiwethaf? A oedd e wedi defnyddio'r gair erioed, hyd yn oed pan oedden nhw'n ifanc, yn caru? Ond roedd e'n gorfod ei chysuro hi nawr, on'd oedd e? Roedd hynny'n naturiol. Ond, ni allai fod yn siŵr. Hwyrach ei fod yn ymddangos yn hollol annaturiol iddi hi.

"Ond dyna'i hoff le. Ar y soffa."

Meddyliodd Maldwyn am eiriau. Rhaid iddo eu cyfansoddi, llunio'i frawddegau nesaf. Beth fyddai wedi ei ddweud dan amgylchiadau cyffredin, pe bai wedi dod adref at ei wraig a honno'n galaru am ei chath farw, a dim byd arall ar ei feddwl?

"Ei chladdu," meddai, y syniad yn dod iddo o ochr yr heol honno yn y tywyllwch. Meddiannodd ei hunan eto. "Dim ond ei rhoi hi mewn bocs heno a'i chladdu hi yn yr ardd, o dan y *pyrocantha* yfory."

"Syniad da," meddai Toni gan sychu ei hwyneb â'i dwylo. "Ti wedi bod mor garedig heno. Yn meddwl ohonof fi." Plygodd ei phen a chusanu'r gath fel petai'n ffarwelio â phlentyn. "Dw i'n mynd i'r gwely."

"Popeth yn iawn. Cer di i fyny. Mi wna i ofalu am Cleo. Nos da, cariad."

Dywedasai 'cariad' unwaith yn ormod. Aeth ei wraig lan llofft ac arllwysodd Maldwyn chwisgi arall a'i yfed ar ei dalcen. Ac un arall. Aeth i'r gegin i chwilio am focs. Wrth iddo blygu teimlai'n chwil. O'r diwedd roedd yr alcohol yn dechrau gweithio. Cafodd focs yn y cwpwrdd o dan y bosh ac aeth yn ôl i'r lolfa.

Pan gododd gorff y gath Bersaidd wen meddyliodd am gorff y ferch ar ochr yr heol yn y glaw. A oedd rhywun wedi dod o hyd iddi eto a ffonio'r heddlu, ynteu a oedd hi'n dal i orwedd yno yn yr oerni a'r tywyllwch, fel yr oedd hi yn glir yn ei feddwl o hyd? Oedd hi'n rhy hwyr iddo ffonio'r heddlu?

Dododd y gath yn dyner yn y bocs cardbord ac aeth â hi i'r cyntedd. Doedd e erioed wedi teimlo'n hoff iawn o'r anifail o'r blaen ond nawr roedd popeth wedi newid.

"Dw i ddim yn gwpod beth i 'neud, Cleo," sibrydodd.

Wedyn, dringodd Maldwyn y grisiau yn y tywyllwch; roedd e'n ddigon cyfarwydd â'r ffordd. Dyna pryd y trawyd ef am y tro cyntaf gan y ffaith bod y ferch fach wedi bod allan ar ei phen ei hun ar noson mor ddychrynllyd o oer, mewn dillad ysgafn, ymhell o bobman, yng nghanol nunlle, yn y tywyllwch. Ble'r oedd ei rhieni? Pwy oedd hi?

pennod 6

"BOLE DA! Bole da, Pwdin Mowr!"

Agorodd y dyn mawr tew ei lygaid ar glywed sŵn y llais uchel, gwichlyd, a'r hyn a welodd drwy'i lygaid pŵl, cysglyd yn sefyll ar ei frest flewog – a'r blew yn wyn – oedd tedi bach melyn, a ruban coch wedi'i glymu mewn bwa o gwmpas ei wddwg. Mama Losin oedd yn ei ddal e yno, wrth gwrs, a hi oedd yn siarad.

"Dele shwsh i Shioli," meddai'r arth bach gan neidio o'r naill goes i'r llall nes iddo gyrraedd barf frith Pwdin Mawr. "Dele shwsh i Sholi," mynnodd yr arth.

Cusanodd Pwdin y tedi. Wedi'r cyfan roedd e'n gyfarwydd â'r ddefod hon; byddai hi'n digwydd bob bore. Ar y radio roedd Toni ac Aloma yn canu 'Tri mochyn bach yn deud soch, soch, soch'.

"Odi Pwdin Mowl yn calu Shioli Bach?"

"Odi, mae Pwdin yn calu Shioli."

"Odi Pwdin Mowl yn calu Shioli lot lot lot?"

"Odi, lot lot lot."

"Faint?" Neidiodd yr arth ac aeth i mewn i'r cwmwl o farf o dan drwyn y dyn mawr.

"Mae Tada Pwdin yn dwlu ar Shioli ac yn ei galu fel hyn."

Estynnodd Pwdin ei freichiau gorila i'r eithaf.

"O! Pwdin, dw i'n dy galu di, hefyd."

Neidiodd y fenyw ar y gwely a gorwedd dros y dyn a chusanu'i wyneb blewog a'i ben moel fel petai'n ei f'yta fe. Gwichiodd y dyn gyda phleser a chofleidio'r bwten gron o fenyw. Er bod ei freichiau yn hir prin y gallai gael ei ddwylo i gwrdd y tu cefn iddi, o gwmpas gwasg y wraig. Chwardd-

27

sgrechiodd hithau fel merch ysgol.

"Ac mae Pwdin Mowr yn calu'i Fama Losin, fel losin ac fel teishen ac fel shiocled."

Goglais-gnodd ei chlustiau, cusanodd ei gwar gan gogio'i brathu. Mwythodd ei phen. Roedd ei gwallt yn felyn dant-y-llew ond roedd y bonion yn frith-lwyd.

Rhowliodd y ddau drosodd a throsodd ym mreichiau'i gilydd ar y gwely nes bod y gobenyddion a'r blancedi a'r llieiniau'n un gybolfa gordeddog. Gwichiai'r fatras o dan straen y pwysau. Ymbalfalodd y fenyw nes iddi ganfod y tedi eto.

"Amser blecwast! Amser blecwast!" Canodd Mama Losin drwy'r tedi.

"Lymi, lymi," meddai Pwdin Mawr gan lyfu'i wefusau a gwneud sŵn bwyta.

"A beff mae Pwdin Mowl yn mo'yn i'w flecwast bole 'ma?" gofynnodd yr arth.

"Lot, lot o fwyd ici-pici-wici," meddai'r dyn wrth y pedair modfedd o *ursus tedimus*.

"A chofia fod yr adar-padar yn mo'yn blecwast hefi hefyd. Mae 'na lew al y ffenest."

"Smo Tada Pwdin Mowr fim yn mynd i anghofio am yr adar-padar, paid ti â phoeni, Shioli boi."

Gwthiodd Pwdin yr arth ar ei drwyn smwt, fel pwyso botwm; roedd ei fawd bron cymaint â'r tegan-arth ei hun. Chwarddodd y fenyw – sŵn llestri tsieini yn cael eu hysgwyd mewn sach blastig – a chan rowlio drosodd cododd o'r gwely a sefyll ar ei thraed noeth fflat. Dododd yr arth bach i eistedd ar ford fechan wrth erchwyn y gwely a dechrau gwisgo amdani. Roedd y dillad ar wasgar ar hyd y llawr. Wrth·iddi ddod o hyd i'w dillad ei hun deuai o hyd hefyd i ddillad y gŵr a'u taflu ato ar y gwely, fesul un; crys, trowsus, fest, trôns, hosan, siwmper biws, hosan arall. Daliai'r Pwdin bob dilledyn yn yr awyr wrth iddynt hedfan ato fel bomiau.

"Bob tlo ti'n plygu i godi lywbeth, Mama Losin, dw i'n

gallu gweld weit lan dy ben-ôl di!"

"Pwdin Mawr! Paid â shialad fel'na o flaen Shioli bach!"

Gwisgodd y ddau gyda'i gilydd ar yr un pryd; tynnwyd deunydd dros wynebau a'i estyn dros lympiau o gnawd, estynnwyd breichiau a choesau tew, gorfodwyd botymau i fotymu, mynnwyd bod clymau yn cau ac yn cael eu clymu, sipiwyd sipiau er gwaethaf eu gwrthdystiad.

Yna agorodd Mama Losin y llenni dan wenu.

"Co, Pwdin Mawr, mae Jaci Rhew wedi bod ar y ffenest ac yn yr ardd."

Dododd Pwdin Mawr ei fraich am ysgwydd Mama Losin a sefyll wrth ei hochr i edrych ar y byd gaeafol y tu allan – gwe corryn mewn gwisg briodas, ymylon y dail wedi'u hariannu. Yna, fe'i cusanodd ar ei phen melyn melynwy.

"Gronen fach wyt ti, Mama Losin." Troes hi ei thrwyn smwt tuag at y farf frith. "A beth wyt ti'n mynd i 'neud heddi, Mama?"

"Dw i'n meddwl mynd am dro, Tada Pwdin, gan nad oes dim cwsmeriaid *Bed and Breakfast* 'da ni. Ond yn gyntaf dw i'n mynd i 'neud tipyn o waith yn yr ardd. Tacluso pethau, ac yn y blaen."

Roedd hi'n falch o'i gardd, hyd yn oed ym mis Tachwedd. Byddai hi'n potsian ynddi bob dydd.

"O gwmpas y greigfa," meddai Mama Losin, "mae 'na hen sgerbydau blodau sydd eisia' eu torri i lawr."

"Paid â mynd mas 'to," meddai Pwdin Mawr, "nes bod y barrug wedi cilio ychydig. Mae hi'n rhy oer, bydd dy fysedd yn gwingo."

"Ow, Tada Pwdin, ti bob amser yn mefwl amdana i, on'd wyt ti? Be faswn i'n 'neud, hebfot ti?"

"Ti yw fy Losin."

Chwarddodd y ddau wrth y bwrdd brecwast yn y gegin. Dim ond bowlen o Special K a sudd oren – nid llaeth – dros y creision ŷd i Mama Losin, ond roedd Pwdin Mawr eisoes wedi bwyta grawnffrwyth melyn cyfan – wedi dodi tomen o siwgr gwyn ar y ddau hanner – a dau gwpaned o goffi hufennog – tair llwyaid o siwgr ym mhob un – ac yna roedd e'n claddu'i frecwast go-iawn: dau wy, tair selsigen, tair sleisen o facwn hallt, sawl tafell o fara wedi'u ffrio'n gariadus gan Mama Losin yn saim y cig, tomatos cochion gwlyb fel calonnau plant bach yn nofio ar y plât melyn, ac hyd yn oed wrth iddo gnoi a llyncu hyn i gyd mor swnllyd â pheiriant cymysgu concrit, roedd e'n edrych ymlaen at sawl tafell o dôst menynnog a marmaledlon.

"Dw i wrth 'y modd yn gwylio ac yn gwrando arnat ti'n b'yta, Pwdin Mawr, f'arth mawr i," meddai Mama Losin.

" 'Sneb yn gallu 'neud brecwast cystal â ti, Mama Losin," meddai'r dyn, a dwy afon o felynwy yn llifo o gorneli'i geg ac yn suddo i ymylon y farf.

Wrth ochr ei blât roedd y papur newyddion ond Mama Losin oedd yn ei ddarllen, yn estyn dros y ford ac yn pwyso ar ei bronnau mawr.

'NAOMI AND GAZZA!' sgrechiodd y prif bennawd; 'Fergie in Fur Coat Scandal', 'Madonna Strips for Pope' oedd dau o'r penawdau eraill, ond doedd gan Mama Losin a Phwdin Mawr ddim diddordeb yn y newyddion cenedlaethol na rhyngwladol.

"Ew," meddai Pwdin Mawr, a'i ben yn llawn bara saim, "mae dy ditis di'n lot gwell na rhai honna."

"Paid ti ag edrych ar honna," meddai Mama Losin gan droi'r tudalen yn gyflym.

"Dw i'n mynd i hela llun ohonot ti'n borcyn at y papur 'ma un diwrnod."

"Cer o'ma, Pwdin Mawr."

Edrychodd y ddau dros golofn Buster Gutt 'The Voice of the Majority', ond doedd e ddim mor ddoniol ag arfer. 'Transsexual Bishop Reveals All'. 'Myra Hindley's Guide to Houseplant Care'. 'National Cottery – Dad Puts Baby Jacky in Cot with 49 Numbered Toys, Tot Hurls Them Out to Choose Family's Winning Numbers'. 'Fourteen Killed at Football Match'. 'Bride Said "I Do" But Hubby Said "I Won't" – He Refused Sex on Night of Wedding'. 'Girl, 8, Killed by Hit-N-Run Driver, Body Found at Roadside in Wales Unidentified'. 'Marina Baby to Have an Unmarked Grave'. 'Elvis Spotted at Bus Stop in Worthing'.

"Darllen fy sêr! Darllen fy sêr!" gwaeddodd Pwdin Mawr.

"Ol golau," meddai Mama Losin gan sgubo'r papurau i fyny a'u siglo fel gwyntyll. Pesychodd a charthu'i gwddf, fel petai'n mynd i ddarllen araith y Frenhines. "Taurus, ti Pwdin Wdin. 'If you want to change things to fit in with your ambitions, start today. This evening, a confusing aspect to Neptune could undo even the best-laid Taurus plans. Beware of ladders'."

"Change? Ladders? Sa i'n deall hwnna."

"Fi nawr, Scorpio. 'Your enthusiasm is contagious. Venus and Virgo will give you a chance to put much that is wrong back to rights. Even though the planets are urging you to work hard today there is nothing wrong with playing hard too. Don't wear anything red'. Wel, 'na dwp, dw i wastad yn gwisgo coch, on'd ydw i, Tada Pwdin Mawr?"

Ar y radio roedd Sobin a'r Smaeliaid yn cwyno.

"Co," meddai Mama Losin, "dyma Besi'n dod nawr i ofyn am bisyn o facwn."

Edrychodd y ddau ar y gath lwyd a ddaethai at y ford. Prin y gallai symud gan mor dew oedd hi.

… yn y stafell newyddion mae Nia Siân…

"Dyma ti, hwde," meddai Tada Pwdin gan dorri stribyn o fraster gwyn oddi ar ymyl y cig a'i daflu i'r llawr i gyfeiriad cyffredinol y gath.

"Ti'n ei bratu 'ddi," meddai Mama Losin gyda ffug-anghymeradwyaeth, "a'r cathod eraill, a'r ci, ti'n bratu'r ci hefyd."

... daethpwyd o hyd i gorff merch ar yr heol rhwng...

"Ond ti'n bratu'r adar," meddai Pwdin Mawr drwy'i wefusau blonegog.

"Mae rhaid rhoi bwyd i'r adar – cofia gadw peth o'r braster gwyn 'na i'w roi iddyn nhw. Y pethau bach. Mae 'na hen ddywediad, on'd oes: 'Pwy bynnag fydd yn rhoi bwyd i'r adar gwyllt fydd yn siŵr o fynd i'r nef'."

... tua wyth oed...

"Ble clywest ti hwnna, Mama Losin?"

"Mae'n hen ddywediad, hen ddihareb."

... roedd hi'n gwisgo ffrog werdd ac arni flodau...

"Diwcs!" meddai Pwdin Mawr yn sydyn gan edrych ar y cloc batri ar y wal, "amser i'r gwasanaeth ar y radio ar y stesiwn arall, Mama Losin."

Mae'r heddlu yn chwilio am y gyrrwr ac am unrhyw dystion i'r digwyddiad...

Aeth hithau at y radio a chwarae gyda'r nobyn am dipyn nes iddi golli'r darllediadau lleol dan fwstwr bloesg ac yna dderbyn lleisiau'r gwasanaeth cenedlaethol Cymraeg – a oedd yn darlledu rhaglen Gymraeg yr amser hwnnw o'r bore. Taenodd Pwdin Mawr Gadair Idris o farmalêd dros stepen ddrws o dôst. Llenwid y gegin fechan â lleisiau'n canu emynau Cristnogol hapus. Gwrandawodd y dyn a'r fenyw, y pedair cath, a'r hen gi heb gyfnewid gair nac edrychiad am chwarter awr – hyd y rhaglen blygeiniol – defod gyfarwydd a digyfnewid.

"Gad y llestri," meddai Pwdin Mawr, "mi wna i 'u golchi nhw eto. Awn ni mas i'r ardd nawr, iefe?"

Gwisgodd y ddau yn y cyntedd: cotiau dwffl, welis, sgarffiau, menig.

"Dyma ni," chwarddodd Pwdin Mawr, "yn barod ar gyfer ein taith i Begwn y Gogledd."

"Neu Begwn y De," meddai Mama Losin, "ta p'un yw'r oera'."

Chwarddodd hithau; roedden nhw'n hoff o chwerthin.

"Ych," meddai Mama Losin wrth edrych o gwmpas yr ardd, "mae popeth yn wlyb ac yn ddiflas."

"Dere nawr," meddai Pwdin, "rhaid inni gael gaea'. Mae'r gaea' yn naturiol."

"Odi," ochneidiodd Mama Losin.

"Ta beth," meddai Pwdin Mawr, "mae'n bryd imi'i throi hi am 'y ngwaith, gwaetha'r modd."

" 'Dyw hi ddim yn naw o'r gloch yn barod, odi hi, Pwdin Mawr?"

"Odi, Mama Losin."

"Ow! Paid â phoeni, Pwdin Mawr. Bydda i'n meddwl amdanat ti drw'r dydd, a fydd hi ddim yn hir cyn iti gwpla a chei di gwtsh mawr 'da fi wedyn."

pennod 7

"SUT WYT TI'N TEIMLO bore 'ma, ar ôl yr hunllef 'na neithiwr?"

"Dw i'n teimlo'n well, diolch," meddai Maldwyn ac roedd e'n dweud y gwir. Roedd ei feddwl wedi sadio a'r cof am y rhith o ferch yn dechrau pylu'n barod.

"Ond, wnei di droi sŵn y radio lawr 'maid bach, Toni? Tipyn o ben tost 'da fi o hyd."

Doedd hi ddim yn synnu'i fod yn teimlo'n dost ar ôl yr holl alcohol a yfodd neithiwr. "O'r gorau," meddai, "ond rydw i eisiau clywed rhagolygon y tywydd dros y tymor hir."

Nododd Maldwyn ei chyfieithiad slafaidd o 'long term weather forecast' ond yn groes i'w arfer ddywedodd e ddim byd. Sylwodd hithau ar hynny.

… a nawr dyma Llio Millward i ganu…

"Be gymeri di i forebryd heddiw? Wyau? Creision ŷd? Sgadenyn hallt?"

"Dim cipars i mi bore 'ma," meddai Maldwyn; roedd meddwl am fwyd twym wedi'i goginio yn codi pwys arno. "Dim ond creision ŷd a siwgr, efallai, dim llaeth. Sych."

"Cyn iti fynd i'r coleg heddiw, Mal, cofia am…"

"Cleopatra. Wrth gwrs. Awn ni i'r ardd gyda'n gilydd yn syth ar ôl brecwast i'w chladdu hi'n urddasol." Oedd, roedd e'n siarad yn iawn, yn ymddwyn yn gywir. Dyna'r union beth y byddai wedi'i ddweud wrthi pe na byddai'n gorfod cuddio pethau eraill.

"Awn," meddai Toni.

"Paid â llefain."

"Mae'n flin gen i, Maldwyn."

… yn y stafell newyddion mae Nia Siân…

"Pryd mae'r sioe gathod nesa'?"

"Dw i'n mynd i un ym mis Gorffennaf. Dw i'n cymryd Titus a Jezebel.

" 'Na ti," meddai Maldwyn, "rhaid iti ganolbwyntio ar y rhai ifainc. Ble mae'r sioe honno?"

"Cheltenham. Wyt ti eisiau dod gyda mi y tro hwn, Maldwyn?"

... daethpwyd o hyd i gorff merch ar yr heol rhwng...

"Maldwyn? Be sy'n bod? Wyt ti'n iawn?"

... tua wyth oed...

"Maldwyn?"

... roedd hi'n gwisgo ffrog werdd ac arni flodau melyn...

"Maldwyn? Be sy'n bod arnat ti? Ti'n edrych yn ofnadwy?" Doedd e ddim yn ei hateb hi. Ofnai ei fod e'n mynd i gael trawiad arall ar y galon. "Dw i'n mynd i ffonio'r doctor."

"Na! Paid â ffonio'r doctor." Roedd rhaid iddo reoli'r sefyllfa a'i feddiannu'i hun. "Dw i'n dost. Ond dw i'n mynd i fod yn iawn."

Mae'r heddlu yn chwilio am y gyrrwr ac am unrhyw dystion i'r digwyddiad...

"Be sy'n bod?"

"Yr holl ddiod 'na neithiwr, 'na i gyd."

"Ti'n siŵr, Mal?"

"Ydw, dw i'n blydi siŵr! Nawr gad lonydd i mi, wnei di fenyw!"

"Maldwyn!"

"Mae'n flin 'da fi, Toni. Do'n i ddim eisiau gweiddi fel'na. Dw i'n dost. Tipyn o ffliw, dw i'n meddwl."

"Paid â mynd i'r coleg heddiw."

"Mae rhaid i fi fynd. Mae gen i seminar bwysig sy'n berthnasol i'r arholiadau."

" 'Sdim rhaid i ti fynd. Dw i'n mynd i ffonio'r 'sgrifenyddes."

"Dw i'n iawn. Dw i'n ddigon da i arwain seminar."

Bwytaodd y ddau mewn tawelwch. O leiaf roedd Toni yn bwyta. Ni allai Maldwyn lyncu'r bwyd; yfodd y coffi du, poeth. Daeth rhaglen Dei Tomos ar y radio.

Roedd rhaid iddo feddwl am bethau eraill, am y coffi ar y ford, am y gegin o'i gwmpas, y llenni sgwariau glas a gwyn, am yr ardd y tu allan a'r titwod wrth y ffenestr; roedd e'n gorfod paratoi'i feddwl ar gyfer y coleg, ei gyd-weithwyr, y myfyrwyr, mynd dros y drafodwers yn ei ben. Roedd rhaid iddo argyhoeddi'i wraig fod popeth yn iawn.

"Maldwyn? Be sy'n bod? Ti ddim yn iawn o gwbl, nac wyt ti?"

"Ydw. Dw i'n iawn, diolch, Toni. Paid â phoeni. Dw i wedi cael pyliau fel hyn o'r blaen, ti'n cofio. Mi aiff heibio."

Rhaid iddo edrych ar y sefyllfa yn hollol oeraidd a diemosiwn. Rhaid iddo fod yn stoïcaidd os oedd e'n mynd i ddod trwy'r cyfan. Gwyddai ei fod yn euog a'i fod yn dangos ei euogrwydd. Gwyddai fod rhaid iddo'i ddatgysylltu'i hun oddi wrth ei deimladau. Un cam ar y tro. Rhaid iddo wylio pob symudiad a phob gair. Roedd e'n mynd i orffen ei frecwast, wedyn byddai'n gorfod claddu'r gath yn yr ardd ac yna fynd i'r coleg. A byddai rhaid iddo gyfansoddi pob brawddeg yn ofalus yn ei ben cyn ynganu gair – iawn, wyt ti'n barod i ddaearu Cleopatra?

"Iawn, wyt ti'n barod i ddacaru Cleopatra?"

"Maldwyn! Paid â'i ddweud e fel'na, 'daearu', ych-a-fi!"

"Claddu 'te."

"Ydw, dw i'n barod ar gyfer claddedigaeth f'annwyl Cleo…'

"Dim dagrau, Toni, plis."

"Pam lai? Roedd hi fel plentyn i mi. Dw i wedi colli 'y merch fach a nawr dw i'n gorfod rhoi'i chorff hi dan y groth."

"Dan y gro."

"Mae'n flin 'da fi, Maldwyn, dw i rhy ypsét i boeni am dreigladau a gramadeg nawr."

"Wrth gwrs, Toni. Dw i'n ypsét, hefyd."

Claddwyd y corff yn seremonïol mewn hen focs sgidiau Clarkes o dan y *pyrocantha*, un o hoff lefydd y creadur. Darllenodd Toni gerdd:

"Cans ni bydd ynot ganu cân
Na hiraeth pur, na llawen nwyf;
Na chalon serchog megis tân…"

Ond torrodd yr argae a bu rhaid i Maldwyn ddarllen y diwedd. Doedd e ddim yn hollol siŵr bod ei wraig wedi dewis y gerdd fwyaf addas ar gyfer angladd cath, ond wiw iddo amau ei dealltwriaeth yn ei chyflwr ar y pryd.

"Diolch, cariad," meddai ar y diwedd, "roedd hwnna'n hyfryd iawn. Ti wedi bod mor garedig ac ymenyddgar gyda fi yn fy mhrofiadigaeth."

"Profedigaeth, Toni."

"Profedigaeth 'te." Sychodd ei dagrau. "Dw i'n mynd i fwydo'r cathod bach a'r mamau nawr."

"Iawn, dw i'n mynd i'r coleg 'te." Dim ffarwelio, dim cusanau. Dim byd anarferol.

Gwyliodd ei wraig yn cerdded dros y lawnt tuag at y gathfa, y cytiau moethus lle y cedwid y Persiaid gwerthfawr gwyn a lliw llechen mewn cynhesrwydd cyson drwy'r flwyddyn.

Aeth Maldwyn i'r tŷ a chasglu ei gas lledr o'r llyfrgell. Gorweddai'i gas ar ei ddesg wrth ochr yr ardd Zen fechan – anrheg Nadolig oddi wrth Toni. Rhyw fath o hambwrdd ydoedd a thywod ynddo a charegos. Y syniad oedd i chi osod y caregos mewn llefydd celfydd a gwneud patrymau syml o'u cwmpas yn y tywod. Ond doedd Mal erioed wedi'i ddefnyddio gan ei bod yn ei atgoffa o gachflwch Cleopatra.

Aeth i'r tŷ bach. Bu'n cael trafferth yn ddiweddar gyda chlwy'r marchogion. Ar ôl ei gachiad cymerodd gipolwg sydyn yn y fowlen. Gwaed. Edrychodd ar ei lun yn y drych. Stribedi o wallt tenau melyn, gwyn bron. Trwyn coch. Bochau porffor. Ac roedd e'n ofnadwy o dew.

"Canol oed," meddai wrth ei adlewyrchiad, "ti wedi cyrraedd – a phasio; ti'n dechrau mynd yn hen 'chan." Ac yna, cofiodd am y ferch fach yr oedd ef wedi'i diddymu ym mlodau'i dyddiau.

Wedyn aeth i'r garej. Ond pan welodd y car mawr coch newydd ni allai fynd ynddo. Galwodd ar ei wraig.

"Dw i'n mynd i gymryd dy gar di, cariad! 'Sdim petrol yn f'un i." Clywodd sŵn llais Toni yn ei ateb ond ni chlywodd ei geiriau – caniatâd, gwrthwynebiad.

Roedd y Metro yn fach, yn gyfyng, yn herciog ac yn swnllyd. Roedd e wedi tyfu allan o geir bach. Teimlai'r olwyn yn rhwbio yn erbyn ei fol. Roedd e'n gorfod cyrcydu i edrych yn y drych, doedd dim lle i'w benelinoedd, roedd y sêt yn anghyfforddus a chaled.

Dododd dâp yn y chwaraeydd, un o dapiau'i wraig. Doedd ansawdd y sŵn ddim cystal yn y Metro ag yn yr Alfa-Romeo. Daeth sŵn mynachod yn llafarganu gweddïau Gregoraidd o'r blwch. Braidd yn ddigalon, meddyliodd Maldwyn gan roi taw ar y tâp. Gyrrodd yn araf – fel un a oedd newydd weld damwain ar ochr yr heol – o'r maestrefi i'r ddinas, i barc y coleg, gan gadw'n grefyddol at y rheolau cyflymdra.

pennod 8

CLODD TANWEN ddrws y bwthyn ar ei hôl gyda'r allwedd fawr haearn hen-ffasiwn. Allwedd go-iawn, twll clo go-iawn, drws pren solet gyda swigod yn y paent a rhosyn yn tyfu'n draddodiadol o'i gwmpas (heb flodyn ym mis Tachwedd). Ond gan ei bod wedi byw yno ers gwell na phedair blynedd ni fyddai'n sylwi ar y pethau hyn mwyach; pethau hen-gyfarwydd oedden nhw a phroblemau diramant byw yn y wlad yn y gaeaf, unwaith eto, o'i blaen hi.

Cerddodd i lawr y twyn a arweiniai i'r pentref, gyda'i gitâr ar ei chefn. Pan gyrhaeddodd y tro yn y lôn, o ble y gallai weld y brif heol, y siopau a'r dafarn, daeth llaw gadarn ansicrwydd i dynnu yn ei chynffon o wallt hir a doedd ganddi ddim dewis ond troi'n ôl a cherdded lan y twyn eto tua'r bwthyn, swmpo'r drws i wneud yn siŵr ei fod wedi'i gloi, mynd o gwmpas i sicrhau bod y ffenestri wedi eu cau'n dynn, mor dynn ag y gellid cau hen ffenestri. Roedd popeth yn iawn, wrth gwrs fod popeth yn iawn, ond roedd hi'n gorfod mynd trwy'r ddefod hon bob tro y gadawai'i chartref bach. Ni allai gerdded i ffwrdd fel pobl eraill ac anghofio'i thŷ nes iddi ddychwelyd; na, weithiau byddai hi'n dod yn ôl ddwywaith i gadarnahu bod y drws dan glo cyn ei bod yn dawel ei meddwl.

Yn y pentref aeth i sefyll yn agos, ond nid yn rhy agos, at safle'r bysiau. Pe deuai bws byddai yn ei ddal ond yn ei chalon roedd hi'n gobeithio y byddai rhywun mewn car yn stopio i gynnig lifft iddi. Chwarae teg iddynt, byddai ei chymdogion, pobl a oedd yn ei nabod hi o ran ei golwg neu a'i gwelsai yn y dafarn, yn stopio iddi yn ddigon aml. Bryd arall byddai car ar ôl car ar ôl car yn mynd heibio gydag un person yn unig ymhob un ohonynt – y gyrrwr – a neb yn edrych arni. Ceir yn llygru'r awyr ac yn gwenwyno popeth.

Eisteddodd yn ei chwrcwd gan bwyso ar foliau'i choesau a'i DMs a thynnu o'i phoced dun baco a phecyn o bapurau tenau. Yn grefftus ac yn fedrus o hamddenol rhowliodd sigarét fach denau, eiddil a gwelw, debyg iddi hi ei hun.

Âi digon o geir drwy'r pentref, yn llawer rhy gyflym. Dim ond tri deg roedden nhw i fod i'w wneud yn y pentref bach. Byddai rhywun yn siŵr o gael ei fwrw i lawr a'i ladd rywbryd, plentyn, efallai. Wedyn, hwyrach y byddai'r gyrwyr gwyllt 'ma'n cymryd mwy o ofal. Ond, a oedd rhaid cael marwolaeth cyn i hynny ddigwydd?

A ble'r oedd ei lifft? Neb yn mynd i stopio. Doedd hi ddim yn bwrw glaw, diolch i'r drefn, ond roedd hi'n ddigon oer. Byddai hi'n croesawu lifft, er ei bod yn ymwybodol iawn o'r peryglon; menywod yn cael eu treisio bob dydd yn rhywle. Roedd ganddi'i chyllell fach yn ei phoced ac ar unrhyw fygythiad byddai'n ei defnyddio.

Uwchben y goedwig y tu ôl i'r pentref gallai weld tri boda yn yr awyr, yn troi mewn cylchoedd, yn plethu rubanau clir ar risiau anweladwy yr wybren. Cynghanedd berffaith rhyngddynt. Deuai stribyn o fwg llwydlas o gorn simdde Mared, y fenyw oedd yn byw mewn hen dŷ mawr ar ei phen ei hun yng nghanol y coed. Doedd hi ddim yn siarad â neb. Felly, o ble y deuai'i glo? Roedd Tanwen yn edmygu Mared; ei hannibyniaeth, ei gallu i fod yn gwbl hunanddigonol. Beth oedd hi'n ei wneud drwy'r dydd? Dim teledu, dim anifeiliaid? O leiaf roedd gan Tanwen ei gwaith, ei darluniau, hyd yn oed os nad oedd ei breuddwyd o ennill ei thamaid drwy werthu'i lluniau wedi bod yn gwbl lwyddiannus. Dim eto, roedd hi'n dal i obeithio. Ni allai ddychmygu Mared yn dilyn unrhyw hobi. Byddai wrth ei bodd yn peintio llun Mared. Ond sut i ofyn iddi?

Cyrhaeddodd y bws a gollyngodd Tanwen bentwr o arian

gleision – y rhan fwyaf ohonynt yn ddarnau dwy geiniog – i gownter bach y gyrrwr gan ennyn ei guwch.

"Beth yw'r ots?" meddai Tanwen. "Arian yw arian." Roedd hi'n mynd i fod fel Mared o hyn ymlaen; doedd hi ddim yn mynd i siarad Saesneg â neb.

Aeth i lofft y bws er mwyn cael smygu. Roedd rhybudd (dwyieithog) yno yn gwahardd smygu lan llofft hefyd, ond ni fyddai neb yn cymryd sylw yn y wlad. Mor wahanol i Gaerefydd.

O'i sêt uchel gallai Tanwen weld dros y gwrychoedd i'r caeau a'r bryniau yn y pellter lle'r oedd defaid fel peli o wadin gwyn yn pori. Ac roedd yr awyr yn hyfryd; y goleuni a'r lliwiau – gwyn a llwyd a melyn. Deuai pelydrau'r haul egwan drwy dyllau yn y cymylau fel darlun o'r ffurfafen yn yr hen Feiblau teuluol – yn wir safai un cwmwl neilltuol yn yr wybren fel angel; dyna'r pen a'r adenydd ar led. Byddai'n gwneud llun hyfryd. Ond nid arlunydd tirluniau mohoni. Pobl oedd ei diddordeb hi. A oedd angylion yn wrywaidd neu'n fenywaidd? Ni allai Tanwen benderfynu.

Erbyn i'r bws gyrraedd y pentref nesaf, roedd yr angel wedi troi'n eryr. Gwyddai Tanwen yn barod pa un o ganeuon Joni Mitchell y byddai hi'n ei chanu yn y dref.

Ond wrth gyrraedd dihangodd ei hyder o'i hysbryd fel gwynt drwy dwll bach mewn balŵn. Aeth ei llwnc yn sych a'i thafod fel plwm yn ei phen. Fel hyn y byddai hi bob tro cyn iddi ddechrau canu. A deallai fod rhaid iddi ganu; sut arall y byddai hi'n talu'r rhent ar y bwthyn ar ddiwedd y mis?

Roedd ei thraed yn cerdded, fel pe ohonynt eu hunain, i gyfeiriad yr unig archfarchnad a haeddai'r enw yn y dref fach. Doedd hi ddim yn licio'r lle ond dyna'r man gorau gan ei fod yn brysur ac ychydig o do'r adeilad anferth yn crogi dros y llwybr rhwng y brif fynedfa a'r maes parcio. Lle da pe deuai hi i fwrw, er nad oedd hynny'n debygol y bore hwnnw gan fod naws rhew ynddi. Y brif broblem oedd bod dau reid i'r plant yng nghyntedd y fynedfa, y naill yn injan dân a'r llall yn drên, a deuai mwstwr annaearol oddi wrthynt ill dau pan oedd plant ar eu cefnau a Mam neu Dad wedi bwydo'r ceiniogau priodol i'r hollt yn yr ochr. Sŵn hyrdi-gyrdi, cloch yr injan dân, hwter y trên. Difyrrwch i'r plant, ond cystadleuaeth annheg i gerddor pen stryd na feddai ar y llais cryfaf yn y byd.

Ond pan ddaeth Tanwen i'w safle arferol cafodd siom a sioc o weld rhywun yno o'i blaen hi. Dyn ifanc blewog, budr, drewllyd a chi o dras amheus wrth ei goesau. Er nad oedd yn canu roedd clwtyn wrth ei bengliniau ac ambell geiniog o newid, a cherdyn a geiriau wedi'u sgrifennu arno.

Yn lle troi ar ei sawdl a mynd i eistedd y tu allan i un o'r banciau, ni allai Tanwen wrthsefyll yr awydd a'i meddiannodd i fynd yn nes er mwyn darllen y sgrifen ar y cerdyn. Dyna'i chamgymeriad cyntaf. Byddai popeth wedi bod yn wahanol petai hi wedi mynd y ffordd arall heibio. A heb ei sbectol bu rhaid iddi fynd yn eithaf agos. 'Digartref – Homeless', meddai'r cerdyn yn ddigon syml. Ond gwnaeth ei ddwyieithogrwydd a'r flaenoriaeth a roddwyd i'r Gymraeg argraff arni. Ai am ei fod yn ymwybodol ei fod wedi dod i ardal Gymreigaidd yr aethai i'r drafferth i ganfod gair yn y ddwy iaith i ddisgrifio'i gyflwr? Neu ynteu ai Cymro oedd hwn? Ni allai ei ddychmygu yn mynd i lyfrgell y dref i chwilio drwy'r *Geiriadur Mawr*. Edrychodd arno. Roedd ei groen yn llwyd, ymylon ei lygaid yn goch, a'r gwynt afiach a ddeuai ohono bron â chodi pwys arni. Ond er gwaethaf y plorynnod o gwmpas ei drwyn ac ar ei ruddiau, y crach ar ei dalcen, y clewynnau chwyddedig ar ei wegil, roedd rhywbeth amdano a oedd yn hardd – siâp y trwyn a'r wyneb, rhywbeth yn y llygaid glas dwfn.

Yn sydyn sylweddolodd Tanwen ei fod yn edrych arni ac yn dweud rhywbeth.

"Haven't eaten for two days."

"Nace Cymro wyt ti, felly?" meddai Tanwen gan lynu at ei phenderfyniad newydd.

"Ydw, dw i'n Gymro."

"Siarad yn Gymraeg 'te. Mae hon yn dref Gymraeg."

"Meddwl mai Saesnes oeddech chi."

Aeth llaw dde Tanwen i'w phoced. Dim ond hanner can ceiniog oedd yno. On'd oedd eisiau chwilio'i phen? Pam roedd hi'n meddwl am y peth? On'd oedd ei sefyllfa hithau lawn cynddrwg â'i un ef?

" 'Sdim arian 'da fi," meddai'n swta. "Ta beth, ti wedi dwyn fy lle i. Fi sy'n canu fan'yn, ddwywaith yr wythnos, i ti gael gwbod." Teimlai'n falch. Roedd hi wedi sefyll ei thir a datgan ei hachos yn ddigyfaddawd.

Heb ei hateb cododd y llanc yn ddirwgnach gan hel ei flancedi a symud i ffwrdd, a'r ci yn dilyn wrth ei sawdl.

Gwynt teg ar ei ôl, meddyliodd Tanwen. Ond doedd hi ddim yn meddwl hynny chwaith; roedd hi'n cydymdeimlo. I beth yr oedd eisiau i fachgen ifanc fel'na fod ar y stryd fel cardotyn? Roedd e'n ddigon ifanc iddi fod yn fam iddo, bron – petai hi wedi cael plentyn pan oedd hi'n ifanc iawn. A be fyddai'i thad wedi ei ddweud am hynny? Ac i beth yr oedd hi'n dechrau hel meddyliau mamol nawr?

Eisteddodd a thynnu'r gitâr o'i gas cynfas brown. Setlodd yr offeryn ar ei phengliniau. Diflanasai'i nerfusrwydd ar ôl iddi siarad yn siarp â'r trempyn; roedd ei chalon yn curo'n gyflym. Tynnodd ei bysedd dros y tannau a dechrau canu cân egnïol dan ysbrydoliaeth ei chyffro, nid yr un am y cymylau wedi'r cyfan:

> Woke up it was a Chel-
> -see morn-in and thefirs'thing that I heard
> Was a song outsidemywindow
> And the trafficwrotethewords

It came ringininlikeChristmasbells
And rappinup like
pipes-and-drums...

Daeth menyw fach od heibio a sefyll i wrando arni am dipyn. Roedd Tanwen wedi'i gweld hi o'r blaen, sawl gwaith. Roedd hi'n dipyn o gymeriad. Gwisgai'r lliwiau mwyaf trawiadol ac anghymharus, fel arfer; y bore hwnnw: cot goch, sgarff felen, menig melyn, bwtsias rhwber gwyrdd llachar, ac yn ei basged-siopa-ar-olwynion roedd 'na ymbarél coch, ac wrth ei sodlau gi brown tew. Byddai Tanwen wrth ei bodd yn peintio llun y fenyw hon hefyd. Roedd ganddi wedd hynaws a dymunol, wyneb crwn; roedd hyd yn oed ei sbectol yn garedig. Serch hynny ni wenai yn aml.

Yna taflodd y fenyw liwgar rywbeth ar sach gynfas y gitâr a thorrodd Tanwen ar draws ei chanu'n gyflym i ddweud diolch.

"Diolch i chithau am ganu mor dlws," meddai'r fenyw ac aeth i ffwrdd ar ei thraed bach gwyrdd. Gwyliodd Tanwen wrth iddi glymu'r ci wrth bostyn ger y drws a siarad ag ef fel person, ac yna dynnu troli o blith y rhes o drolïau a diflannu i safn anferth Mamon yr archfarchnad.

Woke upit was a Chel-
-see morn-in and thefirsthing that I saw
was the sunthrooyellowcurtains
And a rainbow onthewall...

Taflodd pobl eraill arian i'r pentwr a oedd yn cynyddu'n raddol wrth ei thraed. Ond trwy gydol ei chanu roedd Tanwen yn meddwl am y bachgen digartref a'i gi. Teimlai bysedd ei thraed fel lympiau bach o rew o'r rhewgell a meddyliai am y dyn ifanc yn cysgu allan yn y nos – cysgu allan y byddai fe hefyd pe deuai'r llwydrew. Am ryw reswm ni allai anghofio amdano.

Now thecurtainopens on a portraitoftheday
And the streets are paved with passers-by
And pigeons fly...

Ond wiw iddi feddwl amdano. Ni allai hi liniaru'i sefyllfa ef. Ni allai newid dim. Doedd ganddi ddim digon o arian ei hunan. Ta beth, roedd e wedi mynd ac ni fyddai'n ei weld e byth eto, gobeithio.

And the sun cameinlikebutterscotch (ei hoff linell)
And stuck to allmy sen-
-ses...

Roedd y gân hon yn rhy hapus a heulog yn y tywydd oer. Byddai'r un nesaf, yn anochel, yn dristach, ond yn fwy cydnaws ag awyrgylch y dref.

Byddai Tanwen wedi licio tynnu llun o bob unigolyn a'i pasiai yn y dref. On'd oedd pobl yn ddiddorol? Pob un â'i stori'i hun. I ble'r oedden nhw'n mynd i gyd, i bwy roedden nhw'n prynu negesau? Roedd hi wrth ei bodd yn eu gwylio nhw ac yn canu.

... from the KingandQueen
Songs toageinchildren come
Ageinchildren
I am one...

Gwyddai ei bod yn rhy gyfarwydd â *repertoire* Joni Mitchell, a bod yr hen ganeuon yn ei dyddio hithau, ond roedd hi'n dal yr un mor hoff ohonynt ag y bu yn ei hieuenctid. Beth bynnag, dyna'r unig ganeuon y gallai'u canu gydag unrhyw beth tebyg i feistrolaeth – er nad oedd yn cael y geiriau'n berffaith gywir bob tro.

MoonsnJunesN Ferriswheels
Anddizzydancingwhereyouplease...

A dyna'i chân olaf (yr hen ffefryn anochel, anthem pob
hen hipi). Roedd hi'n rhy oer i ganu mwy – roedd ei thrwyn
yn rhedeg, ei bysedd yn brifo, a'i thraed yn fferru.

Edrychodd drwy'r arian. Cawsai ambell bunt a sawl
hanner can ceiniog, ond ar ôl iddi'u cyfrif cafodd siom; chwe
phunt, saith deg chwe cheiniog oedd y cyfanswm. Ceiniogau
a darnau dwy geiniog oedd y rhan fwyaf ohonynt. 'Sdim ots,
arian yw arian, hyd yn oed yr hen swllt o Ynys Manaw – pe
gallai rhywun arall ei phasio fel darn pum ceiniog gallai
hithau wneud yr un peth.

Lapiodd Tanwen y pecyn cynfas am y gitâr eto. Cyn dal y
bws yn ôl i'r pentref roedd hi'n mynd i gael dysgled o goffi yn
wobr am ei pherfformiad, er gwaethaf yr enillion pitw.

Eisteddodd yn ffenestr y caffi rhataf yn y dref, Caffi Jones,
a'i dwylo o gwmpas y cwpan.

Ac yna, dros y ffordd, yn eistedd ar y pafin y tu allan i'r
banc, roedd y trempyn. Nid oedd yn dweud dim wrth y bobl
a âi heibio iddo fel y byddai rhai cardotwyr. Edrychai'n rhy
wan i ddal ei law allan, hyd yn oed. Dibynnai'n gyfangwbl ar
ei arwydd anamlwg.

Prin y rhoddai neb arian iddo. Âi pobl heibio'n gyflym,
a'u pennau yn yr awyr, yn cymryd arnynt nad oedden nhw
yn ei weld. Beth oedd yn bod arnyn nhw? Oedden nhw i gyd
mor ddidrugaredd?

Yna clywodd Tanwen ddau'n siarad y tu ôl iddi.

"Co hwnna nawr, yn begera fel'na."

" 'Na siâp, yntefe?"

"Ond 'sdim iws rhoi. 'Na i gyd maen nhw'n 'neud yw hala'r
cyfan ar ddiod."

" 'Sdim rhaid i neb fod fel'na nawr, chwaith. Waeth mae
pawb yn cael *social security*."

"A ni sy'n talu am eu catw nhw."

"Ac maen nhw'n c'el mwy os oes ci 'da nhw."

"Cer o'ma!"

"Wir i chi. 'Na pam mae cŵn 'da nhw i gyd, twel."

Ar hynny gwelodd Tanwen ffigur cyfarwydd yn oedi o flaen y llanc ac yn taflu rhywbeth wrth ei bengliniau. Y fenyw yn y got goch oedd yr unig un i roi iddo.

"Ti ddim yn gallu'u helpu nhw, ti *ddim* yn gallu'u helpu nhw twel," meddai un o'r lleisiau.

"Na," meddai'r llall, " 'sdim pwynt rhoi arian iddyn nhw, 'dyw e ddim yn mynd i newid dim."

Yna clywodd Tanwen lais arall, nad oedd y tu allan i'w phen, yn y caffi, o'i chwmpas, eithr yn ei chlust fewnol hi. A dywedodd y llais wrthi – os byddi di'n gadael y dyn ifanc yna, bydd e'n marw heno yn yr oerni.

pennod 9

AETH MALDWYN i'r labrinth o wydr a phlastig o'r chwedegau, a'r môr o Saesneg a elwid yn University of Wales Caerefydd drwy ddrws ar ôl drws fel awtómaton, bron heb sylwi arnyn nhw.

"Morning, Lewis," meddai dyn â barf ddieflig, Fictoraidd a golwg ddireidus o gwmpas ei lygaid, "or should I say 'bore da'?"

"Bore da, Dahmer," meddai Maldwyn wrth Dr Dahmer Eynon o'r adran Hanes. Ni allai Eynon wrthsefyll achlysur i'w bryfocio bob tro y byddai'n gweld Maldwyn. Jôc fawr oedd y Gymraeg iddo ac roedd e wedi gwneud ei enw drwy fod yn archelyn i'r iaith; ymddangosai ar y teledu a'r radio ac ysgrifennai i'r papurau Cymreig yn gyson i ddilorni siaradwyr Cymraeg. Roedd e'n ffigur poblogaidd iawn. Roedd e wedi sefydlu 'The English Language Society' gyda'r nod o gael 'the freedom to speak English anywhere in Wales'. Bob tro y gwelai Maldwyn rywle yn y Coleg byddai'n ei herio mewn ffordd eironig nes ei wylltio. Doedd Maldwyn erioed wedi dysgu'r tric o'i anwybyddu fe.

"Off to force that dead language down your poor students' throats again? Never give up do you?"

"No," meddai Maldwyn, ac ymlaen ag ef, yn lle aros, yn ôl ei arfer, i ddadlau. Dringodd y grisiau nes cyrraedd yr ynys fechan o ffug-Gymreictod a elwid yn 'Dpt of Celtic and Early British Studies' ac aeth yn syth i swyddfa'r ysgrifenyddes. Eisteddai honno fel peilot y Tardis wedi'i hamgylchynu gan sgriniau, allweddellau a botymau. Roedd hi'n siarad ar y ffôn mewn llais diamynedd.

"Mae'n ddrwg gen i, dyw'r Athro Dedwydd Roberts ddim wedi cyrraedd, felly, ffoniwch 'nôl." Rhoes y derbynnydd i lawr yn ffyrnig fel pe bai wedi llosgi'i llaw. "Y blydi Athro Emeritws ponsi 'na."

"Pa un?" gofynnodd Maldwyn

"Yn union. 'Nes i ddim gofyn. 'Sdim ots 'da fi chwaith."

"Unrhyw negesau i mi, Heulwen?" Ond ar hynny canodd y ffôn eto a bu rhaid i Maldwyn aros ei dro.

"Hylô, 'Aethauceltaidd?... Ydi... Ydi... O!... naddo... ie, ie..." Aeth hyn ymlaen am hydoedd. Roedd gan Heulwen ddigon o amser i'w ffrindiau bob amser a rhoddai ei holl sylw iddynt.

"Iawn, hwyl. Hwyl! Nawr 'te, Mal. O't ti'n gofyn?"

"Unrhyw negesau i mi?" Ond canodd y ffôn eto.

"Hylô, 'Aethauceltaidd?... This is the Celtic Department... No, I'm afraid Professor Roberts is not here yet..." Aeth hyn ymlaen yn hir, hefyd.

"Nawr 'te, Mal."

"Negesau?"

"Dim byd."

Agorodd y drws ac ymddangosodd yr Athro Dedwydd Roberts. Roedd hi'n gwisgo cot lwyd i gyd-fynd â'i gwallt brith blêr ac roedd yn flinedig iawn yr olwg. Roedd ei hwyneb bob amser yn atgoffa Mal o'r ci cartŵn Droopy; y llygaid trist, molglafaidd, y gwefusau llesg, y croen llac.

"Bore da, Maldwyn, bore da, Heulwen. Ond dwn i ddim am y da, wir i chi," meddai'r Athro gydag ochenaid.

"Gwaith?" gofynnodd Mal gan ei longyfarch ei hun am lwyddo i ddal ati i actio mor normal o hyd.

"Basai'r gwaith 'ma'n iawn oni bai am y blydi stiwdents."

Chwarddodd Maldwyn a Heulwen ond braidd yn rhy awtomatig. Hon oedd unig jôc yr Athro.

"Dw i'n ceisio paratoi papur ar gyfer darlith dw i'n mynd i'w thraddodi yn Rhydychen nos Wener. 'Codicological connections and dialectological classification of an eighth century manuscript' yw'r testun. Ond dw i ddim yn cael amser i'w pharatoi gyda'r holl gyfarfodydd a seminars a stiwdents dafft mewn rhyw bicil byth a hefyd."

"Mae'r ddarlith yn swnio'n ddiddorol iawn," meddai Mal gan ddweud yr hyn y byddai'n arfer ei ddweud.

"Ydi," meddai Dedwydd gan ochneidio eto. "A bydd hi'n braf cael darlithio yn fy hen *alma mater* – prifysgol go-iawn, yn lle'r blydi *factory* 'ma. Ac yn Saesneg hefyd. On'd oedd darlith 'da ti, wythnos diwetha, Mal?"

"Oedd. I gangen o Ferched y Wawr."

"A ble'r oedd hi, rŵan? Dw i ddim yn cofio."

"Aberdyddgu," meddai Mal.

Troes yr Athro at Heulwen, "Unrhyw *messages*?"

"Dim ond yr Athro Emeritws 'na, Iorwerth ap rhywbeth."

"Beth oedd o'i eisio?"

"Dwn i ddim."

"*For God's sake*, Heulwen! Beth sy'n bod arnat ti?"

"Paid â gweiddi arna i. Wedodd e ddim beth oedd e'n mo'yn."

"Wel, beth am ofyn ambell waith, Heulwen? Mae gen ti dafod yn dy ben. Beth am ddweud '*May I take a message, please?*' *That's all it takes, for fuck's sake*, Heulwen."

"Reit."

"*Sorry*, Heulwen, ond *you are a secretary*, wedi'r cyfan."

Troes yr Athro ei chefn ar yr ysgrifenyddes wrth i honno forthwylio'i dicter ar allweddellau ei theipiadur. Edrychodd Dedwydd ar Mal gan godi'i golygon swrth i'r nen am eiliad i fynegi'i diffyg amynedd. Yna wrth rwygo'i hamlenni'n agored a bwrw golwg dros y cynnwys dechreuodd dynnu sgwrs gyda Mal.

"Sut mae dy wraig, Mal?"

"Iawn. Da iawn." Teimlai Maldwyn yn nerfus wrth i rywun ganolbwyntio arno fe fel hyn. Roedd hi'n bwysig iddo fod yn ofalus nawr a naturiol.

"A'r plant?"

"Does dim plant 'da Toni a fi," meddai. Er ei fod wedi gweithio yn yr Adran ers deng mlynedd a Dedwydd Roberts yn bennaeth arno, doedd hi ddim yn ei nabod. Byddai'n ei holi am ei blant rhithiol bob mis, gan ei gamgymryd am aelod arall o'r Adran.

"Mae 'da fe ferch o'i briodas gynta'," meddai Heulwen gan ddyrnodio'r teipiadur o hyd.

"Wrth gwrs," meddai Dedwydd, wrth i ryw frith gof wawrio arni. "A sut mae honno?"

"Byth yn ei gweld hi," meddai Mal, "mae hi'n byw mas yn y wlad ar ei phen ei hun mewn bwthyn yn cogio bod yn artist."

"Oes plant efo hi?" gofynnodd yr Athro gan ddarllen llythyr a chogio gwrando ar yr ateb.

"Nac oes."

"Sôn am blant," meddai Heulwen, "glywsoch chi am y ferch 'na?"

"Naddo. Pa ferch?" gofynnodd Dedwydd. "Dyro *clue* i ni."

"Maen nhw wedi ffeindio corff merch ar yr heol rhwng Llanhowys ac Aberdyddgu."

"Ble yn y byd mae Llanhowys – wi bron ddim yn gallu ynganu'r enw," meddai Dedwydd.

"Mas yn y wlad," meddai Heulwen, "hen heol hir, dywyll. Maen nhw wedi ffeindio corff y ferch fach 'ma, tua wyth neu naw oed, wedi'i bwrw lawr, medden nhw." Gadawodd ei gwaith teipio i ddal y papur newydd i fyny a dangos yr erthygl i'r Athro. "Maen nhw'n chwilio am y gyrrwr, y bastad. Ond be sy'n rhyfedd yw 'dyn nhw ddim yn gwbod pwy yw'r ferch 'ma. Maen nhw wedi gwneud apêl am unrhyw wybodaeth, ar y newyddion."

"Ych-a-fi. Mae rhywun yn clywed cymaint o sôn am

lofruddiaethau *horrible* y dyddiau hyn," sylwodd yr Athro, gan ddal i ddarllen ei gohebiaeth a thorri'i henw ar ffurflenni a llythyron yr un pryd.

Ar hynny digwyddodd nifer o bethau gyda'i gilydd. Canodd y ffôn ac fe'i hatebwyd gan Heulwen. Dechreuodd Dedwydd edrych drwy ffeil o bapurau. Daeth dyn ifanc, main i'r stafell yn llawn ffwdan.

"Oes gan rywun gopi o *Weledigaetheu'r Bardd Cwsc*? Dw i i fod i ddarlithio arno 'mhen pum munud a dw i wedi anghofio fy nghopi. O'n i'n siŵr 'mod i wedi'i roi yn 'y nghes i. Oes copi 'da chi, Dedwydd?"

"Nac oes," meddai hithau'n ddirmygus, "y seithfed a'r wythfed ganrif yw 'y nghyfnod i."

"Beth amdanat ti, Mal?"

"Mae copi 'da fi gartre, ond ddim yma."

"Wel, diolch yn fawr. Mae copi 'da fi gartre, hefyd! Rhaid bod copi 'da rhywun 'ma!" gwaeddodd Norman Prosser yn ei ddicter diamynedd gan ddatguddio trwy ei acen mai un o Ganada ydoedd.

"*Oh, for God's sake,* Norman. Dy faes di yw'r *eighteenth century*," meddai Dedwydd. "Dw i'n cadw dau gopi o bob llyfr pwysig ar fy maes i; un gartre, ac un arall yma yn yr Adran."

Llithrodd Maldwyn o'r stafell ac aeth i'w stafell ei hun. Wedi iddo gloi'r drws ar ei ôl claddodd ei ben yn ei freichiau ar y ddesg. Yr heol rhwng Llanhowys ac Aberdyddgu. Dyna'n union lle'r oedd hi. Doedden nhw ddim yn gwybod dim. Doedd dim eisiau iddo wylltio. Callio nawr oedd yn bwysig. Ymddwyn yn naturiol. Roedd e'n saff dim ond iddo gadw'i ben. Roedd pethau fel hyn yn digwydd bob dydd. Doedden nhw byth yn llwyddo i gael gafael ar y gyrwyr taro-a-mynd 'ma. Hyd yn oed yn y dinasoedd a'r trefi heb sôn am yn y wlad. Cyn hir byddai pawb wedi anghofio am y peth. Ond pa mor hir fyddai hynny yn ei gymryd? Pa mor hir oedd hi'n cymryd i'r heddlu roi'r gorau i ffureta? Wyddai fe ddim. A sut roedden nhw'n mynd i gysylltu'r ddamwain ag e? Doedd dim tolc yn y car. Doedd e ddim wedi gadael dim byd ar ei ôl. Welodd neb mohono.

pennod 10

DEFFROWYD PWDIN MAWR o'i freuddwydion uwchben ei de prynhawn gan y gloch uwchben y drws yn canu fel cnocell y coed yn curo darn o fetel yn ei ben. Aeth i fyny'r grisiau, wrth ei bwysau; doedd ganddo ddim cyflymdra arall; ni fyddai'n brysio i blesio neb. Beth bynnag, on'd oedd 'na borthorion eraill yn y swyddfa? Ble'r oedd Besserman, a ble'r oedd Casson? Pan gyrhaeddodd ben y grisiau lle'r oedd botwm y gloch, dyna lle'r oedd Mr Entwistle yn ymddiheuriad i gyd.

"Sorry, Mr Jenkins, but the coffee machine's on the blink again."

Gwyddai pan ganodd y gloch mai naill ai'r peiriant coffi neu'r peiriant siocledi/cnau/creision oedd y broblem. Roedd y naill a'r llall yn nogio byth a hefyd. Chymerodd e ddim sylw o Mr Entwistle, blydi pwffta. Dim ond agor panel yn ochr y peiriant, swmpo'r ymysgaroedd mecanyddol, a chau'r panel a wnaeth e. Yna troes ar ei sawdl heb yngan gair wrth y dyn a mynd lawr y grisiau eto.

Setlodd yn ei gadair a chymryd dracht o de a oedd wedi hen oeri ond doedd hi ddim gwerth gwneud dysgled arall. Edrychodd ar y cloc ac yna ddweud wrth lun Mama Losin. "Dim ond awr a thri chwarter arall i fynd, nawr." Yna canodd y gloch eto, yn ffyrnig ac yn daer y tro hwn; rhywun yn cadw ei fys ar y botwm.

"Pwyswch chi faint fyd fynnoch chi, sa i'n mynd i symud 'to i neb."

Yfodd Pwdin Mawr ei fŵg o de i'r gwaelod cyn codi o'r gadair, er nad oedd taw ar y gloch. Dringodd y grisiau unwaith eto, gan felltithio Besserman a Casson rhwng ei ddannedd melyn a du. Cerddodd yn hamddenol er mwyn herio'r botwm-bwysydd. Doedd neb yn mynd i gael Pwdin Mawr i neidio lan a lawr fel pwped, meddai wrth Mama Losin yn ei ben. Gyda hi y byddai fe'n siarad drwy'r amser, yn hytrach na chydag ef ei hun.

Ar ben y grisiau ar bwys y gloch safai Miss Martinelli y tro hwn yn ei siwt o liw gwin coch. Roedd yn pwyso ar y botwm gydag un o'i hewinedd gwin coch.

"Where have you been, Jenkins? I've been pressing this button for bloody ages."

"Well, I'm here now, Miss Martinelli."

"*Ms* Martinelli."

"What can I do for you?"

"I've locked myself out of my room, the keys are on the desk."

Dyna'r canfed tro, o leiaf, meddyliodd Pwdin Mawr.

"Hurry up with those keys, please, Jenkins, I've got lots of things to do."

Beth oedd hi, Miss ynteu Mrs? Ni allai Pwdin Mawr ddweud 'Ms' yn iawn, roedd y sŵn 'Z' yn drech nag ef. "Y Saeson yn cael y llaw ucha 'to," meddai wrth Mama Losin, er nad oedd yn genedlaetholwr o fath yn y byd. A nawr roedd e'n gorfod cerdded i ben pella'r adeilad ac i'r llawr uchaf, bron, gyda Madam wrth ei sodlau yn ei gwrso fel corgast.

"Come on, Jenkins, haven't got all day."

"Sorry, Madam. Legs."

Doedd hi ddim yn licio 'Madam'. "Digon ifanc i fod yn ferch i ni, Mama Losin, yn siarad â mi fel tawn i'n faw isa'r domen."

Agorodd y drws iddi.

"Thangsalot," meddai gan gau'r drws yn ei wyneb. Y fath ddirmyg. Hoiti-toiti, Meiledi. Thangsalot, wir. Doedd e ddim yn mynd i frysio i neb.

Pan gyrhaeddodd Pwdin Mawr ei gadair freichiau eto, roedd hi'n chwarter i bedwar.

Er dirfawr ofid iddo roedd Pwdin Mawr yn gorfod gadael Mama Losin bob dydd o'r wythnos a mynd i weithio fel porthor mewn swyddfa fawr yn y dref. Er nad oedd yn bell o'u cartref roedd yr ymadawiad boreol yn ddirdynnol. Cusanent ei gilydd gan siarsio'r naill a'r llall i fod yn ofalus. Byddai Mama Losin yn rhoi bocs i Pwdin Mawr a brechdanau, creision a siocledi ynddo i'w ginio. Pan gerddai i ffwrdd fe droai Pwdin Mawr i godi'i law ar Mama Losin bob hyn a hyn, a safai hithau ar stepen y drws yn ei wylio nes iddo droi'r cornel.

Dyletswyddau Pwdin Mawr oedd agor drysau a chloi drysau, symud biniau a bagiau sbwriel, cario bocsys, symud celfi, newid bylbiau a phlygiau trydan, gwneud yn siŵr bod llieiniau sychu glân a digon o bapur yn y tŷ bach, rhoi dŵr i ambell blanhigyn mawr bob nawr ac yn y man, newid enwau ar ddrysau pobl wrth i hen weithwyr fynd a rhai newydd ddod i gymryd eu lle, neu wrth i rai symud adran neu swyddfa. Roedd e'n gorfod cerdded lan a lawr y grisiau, ar hyd y coridorau hirion. Ni châi ddefnyddio'r lifft ond pan fyddai angen ei drwsio. Er ei fod yn ei gyfrif ei hunan yn uwch na'r glanhawyr, yn aml iawn byddai'n gorfod ail-lanhau pethau nad oedden nhw wedi'u gwneud yn ddigon trylwyr. Deuai'r galwadau am ei wasanaeth o bob cyfeiriad ac roedden nhw'n niferus ac yn amrywiol ac weithiau yn annisgwyl (dim ond ychydig wythnosau yn ôl y bu rhaid iddo ddal pry copyn yn stafell un o'r menywod pwysicaf yn yr adeilad – a doedd e ddim i fod i ladd y creadur, dim ond ei gario mewn gwydryn i lawr y grisiau a'i ryddhau y tu allan – ond, gwasgasai'r pryfyn yn siwps yn ei ddwylo unwaith iddo adael y stafell a'r fenyw yn ei sterics). Prin iawn oedd ei amser rhydd.

Ond gan mai ef oedd y porthor hŷn, y Prif Borthor, yn wir, gadawai i'r porthorion eraill, y 'petha ifenc 'ma' fel y meddyliai amdanyn nhw, wneud y mân jobsys. Ei fraint ef am fod gyda'r cwmni cyhyd oedd cael ei stafell ei hun yng ngwaelod yr adeilad. Stafell fechan, cwpwrdd sylweddol a dweud y gwir, ond ei deyrnas ef oedd hi. Ni châi neb arall ei defnyddio. Treuliai Pwdin Mawr gymaint o amser ag y gallai yno, yn osgoi'i gyd-borthorion a phwysigion y swyddfa. Byddai'n cyfrif yr oriau nes y câi ddychwelyd at Mama Losin.

Yn y stafell hon roedd Pwdin Mawr wedi creu byd bach cyfforddus a oedd yn estyniad o'i gartref ef a Mama Losin – cyfadran o'u caer yn erbyn y byd , fel petai. Er ei fod yn llenwi'r lle i gyd bron â'i gorpws anferth roedd yno gadair esmwyth swmpus roedd Mama Losin wedi gwneud gorchudd lliwgar i'w daenu drosti, ac ar silff gul ar y wal roedd yna degell a thebot brown, jariau o de a choffi, llaeth a siwgr, mŵg gyda llun o arth bach arno, a phlanhigyn rhedyn mewn pot *terracotta*, o dŷ gwydr Mama Losin. Ar y wal roedd yna gloc ac wrth ei ochr mewn ffrâm euraid addurniedig roedd llun du a gwyn o Mama Losin yn gwenu i lawr ar Bwdin Mawr drwy'r dydd.

Am un ar ddeg o'r gloch âi Pwdin Mawr i'r 'Dynion' i lenwi'r tegell trydan â dŵr o'r tap cyn dychwelyd i'w wâl i wneud dysgled o goffi. Heddiw roedd ganddo jar newydd o goffi a châi'r wefr o agor y caead a gweld y cylch gwastad o bapur arian a chael torri trwyddo gyda'r llwy: gwefr y sŵn – thwff! – a'r teimlad gogleisiol, a'r arogl sawrus. Gallai Pwdin Mawr yn hawdd wneud hysbyseb i goffi. Gwnâi ddysgled o goffi llaethog, tri siwgr, ac eistedd i'w yfed yn y gadair gysurus gyferbyn â'r llun o Mama Losin.

Pan farciai'r cloc un o'r gloch arferai Pwdin Mawr agor ei focs cinio i archwilio arlwy Mama Losin. Brechdanau tew ('fel castell Carreg Cennen', chwedl Mama Losin), bara gwyn swmpus, menyn melyn yn haenau trwchus, letys gwyrdd a choch cyrliog, a chig: ham fel arfer, cyw iâr weithiau, porc os oedd e'n lwcus, tafod, cig eidion, yn aml; wy, winwns picl, tomatos, mwstard; pecyn o greision bob tro, blas finegr a halen neu facwn hallt (byth caws a winwns); siocled yn ddiffael – Mars Bar neu Aero neu Twix. Cymerai ei amser a bwyta wrth ei bwysau gan flasu pob cegaid. Pe canai'r gloch gan alw arno yn ystod ei awr ginio ni chymerai iot o sylw ohoni. "Ew, mae'r gloch yn canu," meddai wrtho'i hun, "caned 'te."

Llenwai'i debot â the cryf amser cinio – fel mahogani wedi'i ddistyllu – a chael tair neu bedair dysgled o de melys i olchi'r brechdanau i lawr. Roedd yr awr ginio yn ddefod o fwynhad pur.

Gwelai Pwdin Mawr y prynhawn yn llusgo'n araf, hir. Âi am dro anfodlon o gwmpas yr adeilad er mwyn dangos ei fod yn bresennol ac yn gweithio. Gwnâi unrhyw waith roedd yn gorfod ei wneud yn rwgnachlyd gan lwyfannu sioe o'i anfodlonrwydd.

Am dri o'r gloch llithrai yn ôl i'w encilfa i gael ei de – wedi cael un o'r bechgyn i fynd i'r dref i brynu teisen hufen iddo. Yna, eisteddai eto o flaen y llun gan hiraethu am gwmni Mama Losin. Gwelai'r ddwy awr rhyngddo a diwedd ei ddiwrnod gwaith, pan gâi ymuno â hi eto, fel milflwyddiant. Gwyliai fysedd y cloc ar y chwith i wyneb ei anwylyd yn symud yn araf, araf. Tic. Tic. Tic.

pennod 11

"Bore da', meddai Maldwyn wrth y criw o fyfyrwyr ffyddlon a oedd wedi trafferthu i lusgo'u hunain i'w seminar diwedd y tymor ar feirniadaeth lenyddol yr ugeinfed ganrif. Cwrs cymharol newydd oedd hwn a bu'n drychinebus o amhoblogaidd. Roedd nifer digon iach wedi cofrestru ar y dechrau, ond nawr dim ond dyrnaid oedd wedi dod i'w stafell a'r rheini'n ddigon llesg yr olwg.

Distaw iawn oedd yr ymateb i'w gyfarchiad. Fel rheol byddai wedi poeni am hyn, ond y tro hwn roedd ei feddwl ar bethau eraill.

"Yr wythnos hon dw i'n mynd i gario 'mlaen i wyntyllu rhai o'r syniadau a'r pynciau a godais y tro diwetha."

Creaduriaid lletchwith oedd myfyrwyr prifysgol, mor swrth a digychwyn, meddyliodd Maldwyn wrth edrych i fyny o'i nodiadau bob hyn a hyn ar yr wynebau plorynnog a'r parau o lygaid pŵl a diddeall. Mor wahanol i'r dosbarthiadau allanol a'r grwpiau o Ferched y Wawr a'r ralïau y byddai fe'n eu hannerch weithiau, lle y byddai fe'n cael ymateb gwresog bob amser, am ei fod yn un ohonyn nhw, yn un o'r 'werin'; er ei fod yn ysgolhaig dosbarth canol, Alfa-Romeog, roedd e'n dal i fod yn un o fois y werin o hyd.

"Nawr, fel dw i wedi dweud sawl gwaith o'r blaen, ac fel 'ych chi'n gwbod, mae'r sgwrs hon, neu'n hytrach y disgwrs hwn, yn digwydd oddi mewn i ddisgwrs mewnol y Cymry Cymraeg..."

Ia, rhaid imi gadw 'mhen, 'na i gyd, a pheidio â 'mradychu'n hunan drwy ddangos unrhyw arwyddion o euogrwydd. Byddai arwydd o euogrwydd ar hyn o bryd yn gwbl anaddas, meddyliodd. Wrth gwrs eu bod nhw'n mynd i siarad am y ddamwain ar yr heol yn stafell y staff dros y dyddiau nesaf. Roedd hynny i'w ddisgwyl. *O, ie, ofnadw, ontefe? Meddylia am y gyrrwr 'na yn gyrru i ffwrdd a gadael y ferch fach 'na ar ochr yr heol. Sut ma' fe'n gallu byw 'da'i gydwybod? Sut ma' fe'n gallu byw yn ei groen?*

"Ond, onid rhywbeth dychmygol, fel dw i wedi'i awgrymu sawl gwaith o'r blaen, yw'r 'diwylliant' – mewn dyfynodau – traddodiadol Cymreig?"

Hyd yn oed os daw'r heddlu ar f'ôl i – mae'n annhebygol, ac eto mae'n bosibl y bydd eu hymholiadau yn eu tywys nhw mor bell â'r ddinas 'ma – hyd yn oed wedyn rhaid imi beidio ag ymddwyn yn euog. Ond beth pe bai cwestiwn yn codi ynglŷn â ble o'n i'r noson honno?

"Gadewch imi daflu syniad allan i'ch plith chi. Beth am gymryd Cymru fel trosiad, fel metaffor a seilir ar y cysyniad o'r map? Ie, map metadestunol. A gadewch inni geisio meddwl am y Gymraeg fel metanaratif, neu naratif is-haenol ar gyfer y map hwnnw...'

Gallwn ddweud i mi fod yn darlithio wrth gangen o Ferched y Wawr, Aberhowys, hynny yw pe bai Toni yn bresennol. Wedyn, hwyrach y gallwn i dynnu un o'r heddweision i'r neilltu ac esbonio wrtho i mi fod gyda phutain y noson honno. Neu gallwn i gysylltu â'r heddlu wedyn ac esbonio'r sefyllfa 'sensitif'. Maen nhw'n deall pethau fel'na. Puteiniaid. Bois gyda'i gilydd. Ac maen nhw'n gallu cydymdeimlo â gŵr mewn tipyn o bicil.

"Wedi'r cyfan, trosiad yw gwlad..."

Bydd hynny yn achub 'y nghroen; yn wir, gallai fod o fantais i mi. Pe byddwn i'n ymddangos yn nerfus neu'n amheus – wel dyna'r rheswm pam. Twyllo'r wraig o'n i. Treulio cwpwl o oriau yng nghwmni putain. Mae bois yr heddlu yn deall pethau fel'na yn iawn. Embaras, nace arwyddion euogrwydd. Peth cwbl normal. Maen nhw'n dod ar draws y peth bob dydd yn eu gwaith nhw.

"Ac, wrth gwrs, os metaffor yw 'Cymru' – mewn dyfynodau, wrth gwrs – ynghlwm wrth dwf a chwymp 'cenedl-wladwriaeth Prydain' – mewn dyfynodau, eto, afraid dweud – yna onid yw pob cymuned yn gymuned ddychmygol, hynny yw yn gymuned afreal?"

Yn y cyfamser does dim rhaid imi ruthro i gofleidio gofid. Does neb wedi 'nghysylltu i â'r digwyddiad eto. Does dim rhaid imi deimlo'n rhy euog chwaith. Camgymeriad oedd e. Damwain. Doeddwn i ddim wedi bwriadu lladd y ferch fach. Dim o gwbl. A dw i'n teimlo'n wirioneddol drist ynglŷn â'r peth. Ond byddai'r gost yn rhy llym 'taswn i'n mynd at yr heddlu nawr. 'Taswn i'n mynd i garchar am flynyddoedd a fyddai hynny'n dod â'r groten yn ôl o farw'n fyw? Na fyddai. Ond fyddai neb arall yn ei gweld hi fel'na. Fyddai'r myfyrwyr hyn ddim yn deall. Fyddai'r heddlu ddim yn cydymdeimlo. Fyddai Toni yn bendant ddim yn deall. Fyddai pobl fel Heulwen yr ysgrifenyddes ddim yn deall. Pwy, yn wir, fyddai'n deall? A phwy fyddai'n barod i faddau i mi? Neb. Rhaid imi gadw'r peth i mi fy hun am weddill f'oes. 'Na'r unig ddewis.

"Wrth sôn am drosiad neu ddelwedd neu arwyddlun y map a'r gymuned fe gofiwch chi'r stori honno gan Lewis Carroll am y bobl 'na sy'n ceisio llunio map sy'n union yr un faint â'r wlad y bwriedir ei mapio gyda'r canlyniad anochel ond rhagweladwy bod y map yn gorchuddio'r wlad ei hun – y symbol yn claddu'r hyn a symboleiddir."

Ac mae amser yn lleddfu popeth. Byddaf yn dod yn gyfarwydd â'r teimladau hyn nes iddyn nhw gilio a throi yn atgofion niwlog ac wedyn, efallai, byddaf yn anghofio'r digwyddiad yn llwyr. Byddaf yn dysgu sut i fyw yn 'y nghroen eto. A dyma fi'n darlithio nawr ar y cysyniad o ansicrwydd realiti (peth dw i wedi bod yn ei bregethu ers blynyddoedd); rhaid imi gofio f'egwyddorion fy hun. Beth sy'n 'real'? Dim byd. Trosiad yw'r cyfan. Trosiad am beth? Ebargofiant mae'n debyg. Felly, mi leddais i un ferch, doedd 'na ddim merch, doedd 'na ddim heol, dim car, dim fi – mae'r cyfan yn diflannu mewn amser, sydd yn drosiad ac yn rhith ynddo'i hun. Mae bywyd yn rhith.

Daethai'i seminar i ben a gofynnodd, fel y gofynnai ar derfyn pob seminar a darlith:

"Oes 'na unrhyw gwestiynau?"

Arhosodd am yr ychydig funudau traddodiadol. Tawelwch llethol, fel arfer. Fyddai neb byth yn codi cwestiwn ar ddiwedd gwers Gymraeg mewn prifysgol. Am un peth roedd y myfyrwyr yn rhy ansicr o'u Cymraeg i agor eu cegau. Peth arall, prin iawn oedd yr efrydwyr a oedd wedi deall y seminar.

Ar ei ffordd lan y grisiau cyfarfu Maldwyn â Norman Prosser.

"Sut aeth y drafodwers?" gofynnodd Norman yn ei Gymraeg heb nemor smic o lediaith.

"Perffaith," meddai Mal gan gofio sut y byddai'n siarad yn y sefyllfa hon fel arfer; smala, ffraeth. "Dim ond deg oedd 'na, ac aeth wyth i gysgu'n syth. Sut aeth dy ddarlith di? Gest ti afael ar gopi o'r *Gweledigaetheu*?"

"Naddo, ond sylwodd neb." Pwy feddyliai pan nad oedd yn ddig ei fod e'n dod o Newfoundland?

Cyn gadael bu rhaid iddo alw yn stafell yr ysgrifenyddes. Roedd honno ar y ffôn yn cyfarth ac roedd Dedwydd a Juno mewn cornel yn hel clecs mewn Cernyweg Canol, eu mamiaith. Sleifiodd allan heb dorri gair â neb.

Wrth iddo yrru tuag adref yng nghar ei wraig, yn araf a gofalus, ailadroddodd y geiriau 'Rhith yw popeth – popeth yn rhith'.

Aeth Maldwyn yn syth i'r gegin. Roedd Toni yn sefyll yno yn barod, yn aros amdano.

"Sut wyt ti, cariad?"

"Maldwyn, dw i'n gwbod y cyfan."

pennod 12

DOEDD E DDIM yn trystio'r fenyw dra-awdurdodol 'ma o gwbl. Ond gan ei bod wedi dod ato a chynnig pryd o fwyd iddo a lle i gysgu – soffa, meddai – am noson, prin ei fod mewn ffordd i wrthod. Bu'r gair 'bwyd', y syniad hyd yn oed, yn ddigon i beri iddo lafoerio, fel un o gŵn Pavlov ar ganiad y gloch. Ac wrth feddwl am gŵn roedd e'n gobeithio'i bod yn bwriadu rhoi rhywbeth i Jaco hefyd. Ond ddywedodd e ddim am y ci rhag ofn nad oedd hi wedi sylwi arno, rhag ofn iddi newid ei meddwl.

I ddechrau doedd e ddim yn sicr nad breuddwydio yr oedd e. Bu'n teimlo'n benysgafn ac yn ofni'i fod yn dechrau gweld pethau – chwilod mawr, maint cathod; gwylanod yn siarad; *blancmange* yn sefyll o'i flaen ac yn rhoi darn ugain ceiniog yn ei law. Ond, na, roedd hon yn ddigon real, gyda'i gwallt brith hir a'i gitâr ar ei chefn.

"Reit, dere," meddai'n reit swta, "rhaid inni ddal y bws."

Codasai'n ufudd o'r palmant a'i dilyn, fe a Jaco – dau gi yn ei chanlyn. Cerddai hithau'n gyflym ac yn benderfynol heb droi'i phen unwaith i wneud yn siŵr eu bod nhw wrth ei sodlau; cymerai hynny'n ganiataol. Yna, wrth iddynt gyrraedd safle'r bysiau, dywedodd:

"Nawr 'te, pan ddaw'r bws, fe fydda i'n mynd o'ch blaen chi. Rhaid inni amseru popeth i'r dim, rhag ofn inni gael trafferth. Ti'n deall? Pan fydda i'n talu, cer di a'r ci yn syth i'r cefn neu lan llofft. Paid â denu sylw. Bydda i'n ceisio talu amdanon ni'n dau a'r ci cyn i rywun ddweud rhywbeth. Os bydd y gyrrwr yn dy weld di fallai bydd e'n gwrthod gadael iti fynd ar y bws. Wedyn... dwn i ddim... byddai rhaid inni'i bodio hi."

Deallai'r llanc y sefyllfa'n iawn. Gwelai'r bobl eraill a oedd yn aros am fws yn edrych arno fe a Jaco yn ddigon trwynsur.

Ar ôl iddi roi'r cyfarwyddiadau hyn iddo ni ddywedodd y fenyw air arall nac edrych arno nes y cyrhaeddodd y bws.

"Dyma fe. Ti'n barod?"

Aeth dau neu dri o bobl eraill ar y bws o'i blaen hi. Safodd yntau yn ôl gyda Jaco gan aros eu cyfle. Pan oedd hi'n sefyll o flaen y gyrrwr ac yn ei dalu llithrodd y llanc heibio iddi ac i fyny'r grisiau. Roedd yno un neu ddau'n eistedd yn y cefn yn barod, felly aeth i'r sêt flaen. Ychydig o funudau wedyn daeth y fenyw i fyny heb edrych arno a mynd i eistedd ar sêt a oedd gyfochr â'r un lle'r oedd ef a Jaco.

Symudodd y bws yn herciog drwy'r dref gan siglo'r teithwyr wrth droi corneli a thaflu pawb o'r naill ochr i'w seddau i'r llall.

Edrychai Jaco i'w lygaid fel petai'n gwneud apêl am eglurhad am yr hyn oedd yn digwydd iddynt. Ceisiodd y llanc gyfleu'i annealltwriaeth ei hun drwy'i lygaid yntau gan ei fod yn ofni sibrwd gair hyd yn oed wrth ei gi.

Casglodd y bws fwy a mwy o deithwyr wrth symud yn ei flaen ac yna stopio bob hyn a hyn wrth arosfannau ar hyd y ffordd. Fesul tipyn llenwid llofft y cerbyd.

Yna, fe feddiannwyd y llanc gan awydd cynyddol i biso. Ni allai ddyfalu hyd y siwrnai – oedd hi'n mynd i fod yn hir ynteu'n fyr? Wyddai fe ddim i ble'r oedden nhw'n mynd. Yna daeth pryder newydd i gymryd ei feddwl oddi ar ei angen corfforol.

"What's that pong, Mam?" gofynnodd plentyn a eisteddai rywle y tu ôl iddo.

"I don't know, luv," meddai'r fam a wyddai'n iawn, "take no notice of it."

"I think it's that man over there," meddai'r plentyn.

Aeth y bws ymlaen eto ac ar ôl y stop nesa' clywodd y llanc leisiau gwrywaidd a sŵn traed yn clindarddach ar y grisiau metel y tu ôl iddo. Suddodd yn ei sêt mor isel ag y gallai gan ei fod yn synhwyro trwbwl. Ac yn siŵr ddigon, y peth nesaf a glywodd oedd acen drwynol o ganolbarth Lloegr yn cwyno.

"Phew, there's some stink in 'ere."

"Open t'window," meddai'r llall.

"It's that man over there," meddai llais y fam dan sibrwd, "shouldn't allow people like that on t' buses, should they?"

"Hey, mate," gwaeddodd un o'r dynion arno, "you need a bath you do."

"Sheep dip, more like," meddai'r dyn arall, "sheepshagger like t' rest of 'em round 'ere."

Teimlai'r llanc holl lygaid y teithwyr yn llosgi ar ei gefn a'i wegil. Symudodd e ddim. Oni ddeuai'r bws i ben ei daith cyn hir byddai'n gorfod gwlychu'i drowsus ac wedyn byddai oglau drwg go-iawn i roi sail i'r cwyno. Âi pob herc gan y bws drwy'i bledren. Mwythodd ben Jaco mewn ymgais i feddwl am rywbeth arall. Pam gwnaeth e gytuno i ddod gyda'r fenyw ddieithr hon a eisteddai led braich i ffwrdd? Pwy oedd hi? Beth oedd ei hamcan? Oedd hi'n gweithio i ryw sefydliad elusennol neu grefyddol efallai?

Clywodd sŵn digamsyniol plant yn dod yn nes ato i syllu arno – y traed bach, y trwynau'n sniffian, y sibrydion llwyfan, yr anadlu direolaeth.

"Mam, he's gorra dog."

"Leave him alone," meddai'r fam ond ni chymerodd y plant iot o sylw ohoni.

"He really stinks. I think he's a tramp."

"Mam," meddai llais bach arall, "I can see things crawlin' in 'is 'air!"

"Oh!" gwaeddodd y fam, "somebody should tell t' driver to sling 'im off." Casglodd ei phlant ati. Gellid clywed y tyndra yn lledaenu trwy'r holl deithwyr ar y bws.

"Hey mate," gwaeddodd un o'r dynion arno, "next stop, I want to see you gerrin' off."

Ar hynny stopiodd y bws. Ond symudodd y llanc ddim. Er nad oedd e wedi taflu cipolwg i gyfeiriad y fenyw gwyddai nad oedd dianc yn rhan o'i chynllun.

"I told you to get off, didn't I?" Daeth y dyn dig yn nes ato. "Didn't I?"

"Right, Jim, we'll chuck 'im off at the next stop," meddai'r dyn arall.

Aeth y bws ymlaen yn hamddenol ar hyd yr heol am dipyn a gafaelodd y llanc am wddwg ei gi yn barod i'w heglu hi. Stopiodd y bws eto a chlywodd y dynion yn dod. Ond cododd y fenyw a dod i eistedd ar ben y fainc gan roi'i gitâr rhyngddi hi a'r llanc.

" 'Scuse us, Miss, but we'd like to have a word with this sheepshagger 'ere."

Ni ddywedodd y fenyw ddim; symudodd hi ddim.

"C'mon, luv. He's a wino, we want to chuck 'im off t' bus."

Drwy gil ei lygad gwyliodd y fenyw yn troi'i phen ac mewn llais hollol glir a chadarn dywedodd wrth y ddau ddyn:

"Dydw i *ddim* yn symud."

Roedd hynny'n ddigon i gymryd y gwynt o'u hwyliau am eiliad, ond yna, clywodd y llanc chwerthin chwithig yn cael ei rannu rhwng y teithwyr eraill ar lofft y bws.

"Can't talk English properly," meddai un o'r dynion.

"Bloody peasants," meddai'r llall. Chwarddodd y ddau.

"It's all the in-breedin' in these parts."

"Yea. That's probably 'er brother there. That your brother then, luv?"

Mwy o firi.

Croesodd y llanc ei goesau. Yn ei ddychymyg clymodd gwlwm yn ei bledren a oedd ar fin byrstio. Yna stopiodd y bws eto.

"C'mon Jim, this is our stop."

"Glad to get off this stinkin' pigsty of a bus."

"If I ever see that filthy git on this bus again," meddai un o'r dynion ar ei ffordd i lawr y grisiau, "wi'out 'is missus, I'll kick 'is arse in."

Ar ôl iddynt fynd bu tawelwch am dipyn nes i fam y plant ei dorri.

"There was no need for language like that."

Ychydig ymhellach ymlaen daeth y bws i bentre bach arall.

"Dere," meddai'r fenyw, "dyma ni."

Cododd ar ei hôl hi i'w dilyn a throi i wynebu rhai o'i wawdwyr – y fam a'r plant ac un neu ddau o bobl eraill. Wrth iddo fynd i lawr y grisiau clywodd sŵn chwerthin yn ei ddilyn.

Agorodd y gyrrwr y drysau iddynt.

"I don't want you on this bus again. D'you 'ear me?" meddai.

Wrth i'r bws symud i ffwrdd agorwyd rhai o'r ffenestri lan llofft; rhoddodd y plant eu pennau allan gan ddal eu trwynau a gwaeddodd rhai o'r oedolion: "Hicks! Sheepshaggers!"

" 'Na i chi ddymunol yw'r Saeson, weithiau," meddai'r fenyw. Ond erbyn hynny ni allai'r llanc feddwl am ddim byd ond am ei angen dybryd i fynd i'r tŷ bach.

"Dw i eisia' galw yn y siop 'ma am fatsys," meddai'r fenyw. "Gwell i ti a'r ci aros yma."

Edrychodd o'i gwmpas. Un siop, tafarn, rhes o dai, capel, blwch ffôn, blwch post, modurdy, mainc. Dim tŷ bach! Roedd y fenyw yn cymryd oes. Cododd Jaco ei goes a gwlychu yn erbyn postyn. Edrychodd y llanc i ffwrdd a dweud geiriau 'Imagine' John Lennon, gan geisio cau allan o'i glustiau sŵn y ci yn gwneud dŵr. Yna clywodd sŵn arall nad oedd e wedi sylwi arno o'r blaen, sŵn afon yn llifo drwy'r pentref. O'r diwedd daeth y fenyw o'r siop.

"Iawn, dere," meddai.

Cerddodd y llanc ar ei hôl hi gan ddilyn ei mwng o wallt lliw dur drwy'r pentref, heibio i'r tai a'r dafarn ac at lôn gul â pherthi bob ochr iddi. A fyddai hi'n sylwi pe bai'n mynd dros y gwrych i biso? Byddai. Beth bynnag, roedd y gwrychoedd yn rhy uchel ac heb fwlch ynddyn nhw. Ni allai biso ar un o'r perthi a hithau yn ei wylio. Ac eto, cyn hir, ni fyddai unrhyw ddewis arall. Pa mor bell oedd hi eto?

"Dyma ni," meddai fel petai'n darllen ei feddwl, wrth i fwthyn bach carreg ddod i'r golwg ar ôl tro yn y lôn. Yn araf chwiliodd yn ei phocedi am yr allwedd, rhoi'r allwedd yn y twll, ffwndro, ei throi yn araf; ildiodd y drws ddim; ei throi eto a'i swmpo.

"Ble mae'r tŷ bach?" gwaeddodd y llanc.

"Yn y cefn," meddai hi. Gwelodd y llanc ddrws cefn y bwthyn. Rhuthrodd ato. Roedd wedi'i follio mewn sawl lle. Rhedodd allan drwy'r drws ffrynt eto, a rownd y tŷ i'r cefn lle y gwelodd y cwt. Aeth i mewn ac yna, mewn perlesmair, ymollyngodd â'i ddyfroedd.

pennod 13

AR EI FFORDD allan daeth Tada Mawr wyneb yn wyneb â Griffiths, y porthor a gadwai lygad ar y swyddfeydd gyda'r nos; roedd papur newydd dan ei gesail. Bydden nhw'n cyfarfod fel hyn bron bob dydd, y naill yn gorffen ei waith am y diwrnod a'r llall ar fin dechrau. Gwnaeth Tada Mawr gamsyniad; gofynnodd:

"Sut 'ych chi, Griffiths?"

"Ddim yn ddrwg. Teimlo fel torri 'ngarddyrnau. Dw i'n well na ddoe, pan o'n i'n teimlo fel taflu fy hunan o ben yr adeilad 'ma."

Jôc Griffiths oedd ei fod yn mesur ei hwyliau yn ôl dulliau cyflawni hunanladdiad. Pan deimlai fel neidio o do'r swyddfa neu ymgrogi roedd e'n wirioneddol isel; nwy neu rasel, gweddol isel; tabledi cysgu, dim ond yn isel. Ond roedd e bob amser yn isel ac yn ystyried gwneud amdano'i hun, meddai fe.

Aeth yn ei flaen – unwaith roedd e wedi dechrau'i alarnad roedd yn anodd rhoi taw arno.

"Dw i'n diodde o bob ffobia dan haul, Jenkins," meddai. "Ailuroffobia – ofn cathod, gwelais gath nawr. Cynoffobia – ofn cŵn. Hypnoffobia – ofn cwsg, yr unig un sydd o fantais i borthor nos. Aracnoffobia – ofn corynnod. Triscaidecaffobia – ofn y rhif un deg tri. Brontoffobia – ofn taran. Demoffobia – ofn torfeydd. Pyroffobia – ofn tân, digon naturiol yn 'y ngwaith i. Agoraffobia – ofn llefydd agored – agor-a-ffobia, ti'n gweld? Mae'n nerfau fi'n rhacs, a'r jobyn 'ma sy'n gyfrifol."

"Lwcus nad wyt ti ddim ofn y nos," meddai Pwdin Mawr.

" 'Na'r un gwaetha, w! Achluoffobia – ofn y twllwch –

mae'r gwaith 'ma'n hala fy nerfau'n rhacs jibidêrs."

Heipocondria oedd ei unig broblem, hyd y gallai Tada Mawr weld. Bu'n darllen rhyw lyfr ar y pwnc, mwy na thebyg.

"A dyw'r newyddion 'ma ddim yn help," meddai Griffiths gan agor ei bapur. "Disglwch," meddai cyn i Tada Mawr gael cyfle i symud. "Disglwch. Merch fach yn cael ei lladd ar yr heol, mas yn y wlad, ddim yn bell o fan'yn. Ar ei phen ei hun, 'e'yd."

" 'Smo fi wedi clywed y stori 'na," meddai Pwdin Mawr gan wneud cymanfa o'i ddifaterwch.

"Mae wedi bod ar y newyddion, w! Y papurau cenedlaethol a'r papurau lleol i gyd. Ble ti wedi bod?"

" 'Smo ni'n cymryd y papurau."

" 'Sneb yn gwbod pwy o'dd hi na phwy a'i lladdodd hi," meddai Griffiths

"Mae'r heddlu'n siŵr o'i ddal e," meddai Pwdin Mawr gan ollwng ochenaid fel y plwm.

"Ond ble mae'i rhieni 'ddi? Mae eisia' chwilio'u penna, yn gatael plentyn bach fel'na i grwydro'r heol yn y nos ar ei phen ei hun." Edrychodd ar y papur gan siglo'i ben mewn anobaith fel petai'n gweld llun o'r corff yno. Edrychodd Pwdin dros ei ysgwydd. Doedd dim llun, dim ond pennawd mewn llythrennau mawr du ar y pedwerydd tudalen.

"Llofruddiaethau, llofruddiaethau," ychwanegodd Griffiths, " 'na i gyd 'ych chi'n ei glywed dyddia 'ma. W i'n ofni y bydda i'n cael 'yn llofruddio un noson."

"Fasa neb yn mo'yn dy lofruddio di," meddai Pwdin Mawr, yn union fel petai'n fraint ac mai dim ond y detholedig rai fyddai'n cael eu lladd. "Ta beth," ychwanegodd, " 'sneb yn cael ei lofruddio yn Aberdyddgu, nac oes?"

"Sa i'n siŵr, Jenkins," meddai Griffiths gan afael ym mraich Pwdin, "sa i'n siŵr, wir. Wa'th mae hyn wedi digwydd nepell o Lanhowys, jyst lan yr hewl."

"Falla taw damwain oedd hi," meddai Pwdin gan ysgwyd

ei benelin yn rhydd o grafanc Griffiths, "ac mae Llanhowys yn ddigon pell i ffwrdd. Sa i'n siŵr ble mae Llanhowys a gweud y gwir."

"Nace yn Llanhowys mae'r llofrudd nawr, w! Dyma'r dref agosa', ontefe? Falla' ei fod e yn ein mysg ni. Falla' 'i fod e wedi cerdded heibio i ni nawr, ar y stryd 'ma."

"Os yw e wedi'n pasio ni, wel, popeth yn iawn, ontefe?" meddai Pwdin. "Dw i'n gorfod mynd 'nôl at y wraig fach. Ond peidiwch â phoeni gormodd, Griffiths. Chi'n ddigon sâff yn yr hen swyddfa 'na."

Edrychodd Griffiths arno, yn gyfandir o amheuaeth, wrth i Bwdin Mawr gerdded i ffwrdd linc lonc fel arth yn mynd trwy gors siocled.

"Yr hen Sioni fenyw. Byddai fe wedi gofyn i mi aros i gadw cwmni 'da fe drwy'r nos 'taswn i wedi rhoi hanner cyfle iddo."

Symudodd Pwdin Mawr tua thre gan ymhyfrydu yn ei ryddid, er nad oedd ei arafwch yn awgrymu hynny. Rhyddid o'r swyddfa, rhyddid oddi wrth Madam Martinelli a Besserman a Casson a Griffiths. Edrychai ymlaen at noson yng nghwmni melys ei gariad. Teimlai'r gwynt o'r môr yn ffres ar ei ruddiau a chwifiai'i farf. Gallai arogli'r heli ar yr awel a chlywed cri'r gwylanod uwchben y traffig. Roedd byw ar lan y môr fel byw mewn pecyn o sglod a sgod.

Pan gyrhaeddodd y tŷ, 52 Stryd Wellington, 'Bro Dirion', gwelodd fod yr arwydd wedi troi o 'Vacancies' y bore i 'No Vacancies'. Pan welodd hynny gwyddai Pwdin Mawr fod noson o hwyl o'i flaen. Pwysodd ei fys ysbodolaidd ar y botwm ond agorodd y drws yn syth a dyna lle'r oedd Mama Losin, a'i breichiau ar led yn garnifal o groeso.

" 'Mynsen, fy losin." Plygodd i'w chofleidio a'i chusanu.

"O, Pwdin Pwd Pwds, dw i wedi gweld d'eisia' di drw'r dydd."

A dyna lle buon nhw am y chwarter awr nesaf yn rhoi

swsys y naill i'r llall, fel cariadon ifainc, fel dau nad oeddynt wedi gweld ei gilydd ers blynyddoedd yn hytrach na'r mater o oriau a oedd wedi'u gwahanu nhw mewn gwirionedd.

"Dere," meddai Mama Losin gan afael yn rhaw o law Pwdin Mawr, "mae 'da fi syrpreis i ti."

Dilynodd Mama Losin i'r lolfa, ac yno yn y gadair freichiau, o flaen y tân nwy gyda'i lo ffug a'i fflam o olau metelaidd yn troi yn ei hunfan, yn mwytho un o'r cathod a neidiasai lan ar ei lin, ac yn gwylio hen rifyn o *Oprah* ar y teledu lliw, roedd dyn ifanc.

"Dyma Patric," meddai Mama Losin, "ein gwestai am y noson."

Cynigiodd Pwdin Mawr ei sach datws o law arall – yr un nad oedd Mama Losin yn gafael ynddi – i'r dieithryn. Ysgydwyd dwylo. Siglwyd Patric o'i sedd, bron. Suddodd y gath ei chrafangau i gnawd ei goesau yn ei hamharodrwydd i gael ei thaflu i ffwrdd.

"Croeso," meddai Pwdin Mawr fel bowlen o driogl twym.

"Daeth Patric y prynhawn 'ma ar ôl gweld y notis yn y ffenest a dangosais i'r stafell iddo ac roedd e'n ei licio hi," meddai Mama Losin. "So, mae'n aros 'ma heno."

" 'Na neis," meddai Pwdin Mawr, a gwên yn ymddangos yng nghanol ei farf ac yn gwneud sioe o amrywiaeth o ddannedd lliw taffi, lliw cwstard, ac ambell un du fel cwrensen.

Edrychodd Patric ar y ddau'n syn. Oni bai bod y stafell mor anhygoel o rad ni fyddai wedi ystyried aros eiliad. Roedd y lle'n flêr, yn frwnt, yn ddrewllyd, ac anifeiliaid ym mhob man, ac roedd y ddau hyn â'u hiaith babanod yn greaduriaid allan o'r Grand Guignol.

"Alla i gael rhywbeth i ti, Patric? Te? Coffi? Sieri bach?"

"Sieri," atebodd yn betrus gan synnu at y cynnig ac ato ef ei hunan am ei dderbyn. Dim ond gwely a brecwast oedd ei angen a'i ddymuniad a dyma'r rhain yn ei alw yn 'westai' ac yn cynnig sieri iddo, yn ei drin, yn wir, fel y mab afradlon.

"Ni'n licio 'neud i'n gwesteion," meddai'r fenyw fach dew, fel petai wedi darllen ei feddwl, "deimlo'n gyfforddus ac yn gartrefol. On'd 'yn ni, Pwdin Mawr?"

"Ydyn," meddai hwnnw gan estyn gwydryn mawr braidd o sieri iddo. Pwdin Mawr! 'Na beth ddywedodd hi, 'na beth oedd hi'n ei alw fe; ceffyl gwedd o ddyn. Daeth awydd chwerthin dros Patric, ond roedd y bobl hyn o ddifri.

"Mae'r rhan fwyaf o bobl *Bed and Breakfast* yn y dre' 'ma," meddai'r fenyw gan eistedd ar fraich y gadair esmwyth lwydaidd gyferbyn, "maen nhw'n disgwyl i'w gwesteion fynd lan i'w stafelloedd a chadw mas o'u ffordd."

"Dim ond amser brecwast maen nhw'n eu gweld nhw," meddai'r dyn gan eistedd yn y gadair wrth ei hochr hi, ei goesau ar led, a'i ddwy benelin ar ei bengliniau, a bysedd ei ddwylo anferth wedi'u plethu.

"Ond nace dyna'n ffordd ni, nace fe, Tada Pwd Pwd Mawr? Tra bo ti'n aros 'da ni ti'n rhan o'r teulu," meddai'r fenyw.

"Sôn am y teulu, Mama Losin, wyt ti wedi cyflwyno aelodau eraill y tylwyth i Patric?"

"Dim eto, dim ond Besi," meddai gan bwyntio at y gath lwyd, drom a chramennog a oedd wedi'i phlannu'i hun ar ei goesau – a'i hewinedd yn eu pigo o hyd.

"Cer i nôl y lleill, Mama Losin."

Mama Losin! Clywsai'r cyfan nawr. Ni allai aros i ddweud wrth Alys. Byddai yn ei ffonio heno i'w sicrhau ei fod wedi cyrraedd Aberdyddgu yn ddiogel. Ond fyddai hi ddim yn credu'r bobl 'ma – er y bydden nhw'n apelio at ei synnwyr digrifwch hefyd pe bai hi'n gallu'u gweld nhw. Yna, yn nrws y lolfa fyglyd safai'r fenyw gydag o leiaf dair cath arall, ci brown a... tedi bêr.

"Dyma Lisi a Siani," meddai yn ei llais bach ewinedd-ar-wydr gan ddangos dwy o'r cathod iddo; cymerodd y dyn y llall oddi arni.

"A dyma Sindi," meddai fe, yn ei mwytho fel petai'n mynd i'w bwyta hi.

"Enw'r ci – wel, d'yn ni ddim wedi rhoi enw iddo fe eto. Ei gael e ar ôl un o'n gwesteion wnaethon ni. Ond dyma'n ffefryn," meddai hi gan ddal y tedi bach lan yn ei llaw o flaen ei thrwyn, "Shioli."

"Shioli bach," meddai'r dyn gan blygu'i ben tuag at y tegan a phwdu'i wefusau a'i gusanu.

Doedd dim modd dianc nawr – rhy hwyr – a'i gesys a'i ddillad yn y stafell laith, fwsoglyd, dywyll lan llofft, carreg fedd o gath ar ei arffed, sieri twym (sieri coginio) yn ei law ac yn ei stumog ac yn ei waed, a gŵr a gwraig nad oeddynt wedi talu'u tanysgrifiad i fod yn aelodau llawn o'r hil ddynol yn sefyll ac yn ei wynebu yn y drws.

"Wel," meddai'r epa-ddyn, "mae digon o amser 'da ni, mae'r noson o'n blaenau ni."

"Be faset ti'n licio'i gael i swper heno, Jeremy, mae'n flin 'da fi, Patric?" gofynnodd y fenyw.

"Wel, o'n i wedi meddwl mynd mas..."

" 'Sdim rhaid iti, nac oes Tada Pwdin Mawr? 'Sdim rhaid iddo fynd mas heno 'ma?"

"Nac oes, Jeremy 'chan. Ti yw'n gwestai heno. Bydden ni'n offended. Mama Losin yw'r gogyddes orau yn y Deheubarth neu beth bynnag 'yn ni nawr. Felly, be liciet ti gael? Cyw iâr, cig eidion, porc, oen, ffish?"

"Dw i ddim yn b'yta cig," meddai Patric, "dw i'n llysieuwr."

"Be?" meddai'r fenyw, fel petai'n ddyn bach gwyrdd o'r gofod. "Dim cig o gwbl?"

"Dim."

"Wel, gawn ni ffish 'te," meddai'r dyn.

"Mae'n flin 'da fi," meddai Patric yn amyneddgar, "dw i ddim yn b'yta pysgod chwaith. Dw i'n gigymwrthodwr."

"A!" meddai'r fenyw, a dealltwriaeth yn gwawrio ar y blaned lle'r oedd hi a'i gŵr yn byw. "Ti'n fejiterian."

Amneidiodd Patric i gadarnhau'i drwgdybiaeth. " 'Sdim ots," meddai hi, "mi wna i rywbeth i ti. Dere i'r gegin."

"Ie, dere i'r gegin," meddai'r gromlech. "Mae Mama Losin yn gallu 'neud gwyrthiau yn y gegin. Gawn ni siarad a'i gwylio hi'n coginio."

Roedd hi'n amlwg i Patric nad oedd 'Pwdin Mawr' yn 'Ddyn Newydd' a bod 'Mama Losin' yn ddigon hapus â'i *rôle* confensiynol. Fyddai Alys ddim yn credu'r peth. Neanderthaliaid yn byw yn Aberdyddgu. Fyddai hi wedi dweud wrth y Pwdin Mawr ble i roi'i botel o sieri a byddai hi wedi traddodi darlith ffeministaidd wrth Mama Losin nes iddi danysgrifio i *Spare Rib*.

"Beth am 'maid bach o fiwsig, Pwdin Wdin?"

"Be fyddet ti'n licio, Jeremy?" gofynnodd y dyn mawr, "Val Doonican, Max Bygraves, Des O'Connor, Daniel O'Donnell, Barry Manilow, Richard Clayderman? Mae tipyn o bopeth 'da ni."

"Gwell i chi ddewis," meddai Patric.

Yna roedd Mama Losin – roedd e'n meddwl amdani fel'na nawr – yn torri llysiau – brocoli, moron, madarch, tatws – wrth i gig ffrwtian wrth ochr llond padell o sawsiau, sosbenni'n berwi'n wyllt, caws yn cael ei falu'n doreth – a'r dyn mawr yn ei gwylio hi'n serchus. Fe orfodwyd Patric gan Bwdin Mawr i yfed can o *lager*. Roedden nhw'n bytis nawr. Roedd e'n dechrau cynhesu at y bobl hyn, wedi'r cyfan. Mor ddymunol oedden nhw, mor hael, mor hawdd oedd hi i ymlacio yn eu cwmni.

"Mae Pwdin Mawr a finnau'n mynd i gael 'maid o gig, Jeremy – sori, Patric, yntefe – ond paid ti â phoeni, w i'n mynd i 'neud rhywbeth arbennig i ti – heb ddim cig ynddo o gwbl."

"O diolch, Mama Losin," llithrodd yr enw dros ei dafod ac allan o'i wefusau cyn iddo sylweddoli.

Lle gwych oedd y gegin – pentyrrau o gylchgronau

(*People's Friend, Reader's Digest*), dillad anhygoel o lachar eu lliwiau ymhobman, basgedi i'r cathod a'r cŵn, bowlenni i'w bwyd a'u dŵr a'u llaeth, pum potel o saws ar y ford (tair goch, un frown, un *soya*), planhigion, cregyn, poteli gwin a chwrw, sieri, *gin*, fodca, a'r rhan fwyaf yn wag, ond digon ohonyn nhw'n llawn; anifeiliaid tsieina – moch, mulod sialc o Sbaen, eliffantod, cathod dirifedi, plant. Doedd dim cornel gwag na chymen yn y lle.

"W i'n 'neud petha twp weithiau, ti'n gwpod, Jeremy, on'd ydw i, Mama Losin? Un tro, reit, o'n i wedi bod yn siopa yn y dre' 'ma; yr haf oedd hi, diwrnod poeth ofnadw, ac o'n i'n teimlo fel rhywbeth oer i'w yfed. Felly, dyma fi'n mynd i dafarn ar y prom i brynu cwrw a mynd mas i'w yfed ac edrych ar y môr. Wel, doedd dim lot o le i eista a bu rhaid i mi rannu bord gyda chymeriad amheus yr olwg. Ti'n nabod y teip – siaced ledr, penglog ar y cefn, modrwyau arian trwy'i glustiau, ei drwyn, ei aeliau – ei wefusau hyd yn oed. Dim ots 'da fi, w i'n ddigon mawr. Eista lawr. Dodi'r bagiau ar y llawr. Ac o'n i wedi prynu Mars Bar hufen iâ. Gymerais i ddracht o'r cwrw. Hyfryd – oer fel teth gwrach. Peth nesa', dyma'r boi ma'n dechrau b'yta fy Mars Bar i! Meddylia am y peth, Jeremy. Wel, rhaid i mi 'weud, o'n i'n grac, achos o'n i wedi bod yn edrych ymlaen at y Mars Bar 'na. Ti'n gwpod be 'nes i? Plygu 'mlaen a gafael yn y Mars Bar – ei gymryd o law'r boi, cau fy safn amdano a chymryd hansh a dodi'r siocled i lawr ar y ford eto. Syllodd y cnaf arna i'n gas am dipyn – yna gafael yn y Mars Bar a b'yta pisyn arall. O'n i'n ffaelu credu'r peth. So, dyma fi'n cymryd y Mars Bar ac yn ei f'yta fe lawr i'r diwedd. Wel o'dd y boi 'ma yn gwgu arna i fel y diawl a 'taswn i wedi bod yn ddyn llai dw i'n siŵr y byddai fe wedi 'mwrw i – achos ro'n i'n ei herio fe, twel. Yn lle hynny dyma fe'n cydio yn 'y nghwrw i ac yn ei yfed ar ei dalcen. Codi a mynd. Doedd neb wedi gweud gair, cofia. O'n i'n ffaelu credu'r peth. Ond wfft, ei anghofio, 'na'r peth gorau i 'neud a mynd i brynu cwrw arall. Wel, oedd yr arian yn y bag siopa a phan es i i dwrio amdano dyma fi'n ffeindio Mars Bar yn dechrau toddi! O'n i wedi 'neud camsyniad. Ei Mars Bar e oedd yr un o'dd e'n ei f'yta! O'n i ddim wedi cymryd f'un i o'r bag!" Chwarddodd Pwdin Mawr a Mama Losin am ben yr hanes fel dau jeli yn crynu.

"Mae'r bwyd yn barod, bois," meddai Mama Losin.

Unwaith plygodd Pwdin Mawr dros y ford – a'i fwstás morlo yn diferu gan saim – a gafael yn Patric gerfydd ei arddwrn chwith pan oedd e'n torri'r stwnsh llysieuol y gwnaethai Mama Losin iddo (*vegetarian* syrpreis, meddai hi).

"Ew! Watsh Mickey Mouse!" meddai Pwdin Mawr drwy'r holl fwyd yn ei ben. "Iefe watsh Mickey Mouse go-iawn yw e, ynteu watsh Mickey Mouse Mickey Mouse?"

"Mickey Mouse go-iawn," meddai Patric gan ysgwyd ei law yn rhydd o'r balf anferth.

"Dw i'n dwlu ar Mickey Mouse, on'd ydw i Mama Losin?"

"Wyt, cariad," meddai Mama Losin gan eistedd i fwyta.

pennod 14

"OND, BLE MAE HI?"

Pe gwyddai'r ateb byddai hi wedi'i hateb. Sawl gwaith yr oedd hi wedi gofyn y cwestiwn nawr? Sawl gwaith yr oedd hi wedi bod o gwmpas y tŷ yn chwilio ym mhob twll a chornel – dan y gwelyau, yn y wardrob, yn y cypyrddau?

"Dw i'n ofni'i bod hi wedi diflannu. Aeth hi allan, Mam. Dyna be ddywedest ti, ontefe, Mam? Ddywedest ti wrthon ni am beidio â mynd allan neu fydden ni'n diflannu a byth yn dod yn ôl. Ddywedest ti on'd do?"

Yr un cwestiynau o hyd ac o hyd yn ei dilyn o gwmpas y tŷ, fel ei chysgod, fel ei heuogrwydd, fel ei galar ingol.

"Be 'nawn ni, Mam? Be 'nawn ni?" A'i phryder yn ddirdynnol, yn briwio'i chalon.

Yr un cwestiynau oedd yn ei chalon hi ei hun, wedi'r cyfan, yr un pryderon, ond doedd wiw iddi ddangos.

"Mam, alla i ddim cysgu hebddi."

Na, alla i ddim cysgu hebddi, chwaith, 'merch i. Ond, o'r diwedd daethai cwsg i'w threchu hi. Dyna lle'r oedd hi nawr yn cysgu ar ymyl y gwely a diffeithdir gwyn rhyngddi a'r ffenestr. A nawr roedd hi'n gorfod dioddef rhywbeth gwaeth nag annealltwriaeth a chwyno a holi a stilio diddiwedd y plentyn, roedd hi'n gorfod wynebu'r distawrwydd ar ei phen ei hun. Y tawelwch yn ei chyhuddo hi. Penyd oes. Chyneuasai mo'r gannwyll, gadawsai i'r tywyllwch ei hamgylchynu. Eisteddai ar y gadair wrth ochr y gwely gan wylio'r plentyn a'i hastudio yng ngwawl erlidiol y lloer.

O hyn ymlaen byddai popeth yn wahanol. Arni hi'i hun roedd y bai; fe'i cyhuddai'i hunan, fe'i cystwyai'i hunan. Ei bai hi oedd y cyfan. Bu'n rhy styfnig – gallai weld hynny nawr, ond roedd hi'n rhy hwyr. Onid oedd ei bywyd wedi bod yn un camgymeriad ar ôl y llall? Yr un blaenorol, fel petai'n ategu ac yn caledu'r un nesaf ac yn arwain at un arall. Ei chamgymeriad cyntaf oedd iddi ymddiried mewn dyn.

Yn awr byddai hi wedi gweddïo pe bai yna Dduw, ond doedd dim byd ond y tywyllwch a'r nos – noson, oes o ddyfaru – ac yna tywyllwch eto. Pam aros am y tywyllwch hwnnw nawr? Beth oedd diben cario ymlaen, brwydro dim ond i ddioddef?

Teimlwn mor ddigalon fel na allwn i ddim cysgu, o'n i eisiau bod gyda hi o'n i'n ei cholli hi gymaint, eisiau bod gyda hi. Alla i ddim goddef y teimladau 'ma eto. Dw i'n eu cloi nhw yng ngharchar fy mynwes. Ac alla i ddim curo'r iselder 'ma, mae'n mynd yn waeth bob dydd. Dw i'n beio fy hun. 'Taswn i ddim wedi troi 'nghefn, ond wedi cadw llygad arni... Dw i'n gofyn pob cwestiwn drosodd a throsodd – yr un cwestiynau â hi – yn 'y mhoenydio fy hun. Dw i'n ceisio dod o hyd i'r nerth i gario ymlaen ond mae'n anodd, ar ôl i ti golli rhan ohonot ti dy hun. Mae 'nghalon wedi'i thorri a dw i'n chwilio am ran ohoni.

A dw i'n ddig! Yn grac. Yn grac 'da mi fy hun – gyda hi – gyda Duw – gyda dynoliaeth – gyda dynion – gyda'r byd. Yn grac wrth fywyd ac yn grac wrth farwolaeth! Dw i eisiau lladd Duw, gafael ynddo gerfydd ei gorn gwddw a'i dagu fe!

Doedd neb wedi dweud wrtho i fod colled yn debyg i ofn. Dw i ddim yn ofnus ond mae'r teimlad yn debyg i ofn. Mae 'na ryw flanced anweladwy rhyngof fi a phopeth arall. Dw i'n ei chael hi'n anodd cymryd pethau i mewn.

Dw i'n gweld penglog Angau ym mhobman, rownd pob cornel, y tu ôl i bob coeden.

Ond daeth llygedyn o obaith iddi fel pelydrau'r lleuad drwy'r llenni. Troes y plentyn drwy'i chwsg. Rhaid iddi aros, rhaid iddi frwydro yn 'i blaen. Wyddai hi ddim i sicrwydd eto beth oedd wedi digwydd. Efallai y deuai hi yn ôl. Pam roedd hi wedi rhoi'r gorau i'r gobaith hwnnw mor sydyn? Rhaid iddi gredu y deuai yn ôl atynt – a dweud hynny wrth y plentyn.

Cododd yn dawel o'r gadair ac edrych trwy'r ffenestr a'i hagor – am dipyn – er gwaethaf yr oerni.

pennod 15

ROEDD Y BACHGEN yn y tŷ bach, felly, cyneuodd Tanwen dân. Daeth y ci ati i'w gwynto hi'n amheus wrth iddi dwrio ymhlith yr ulw a gosod y priciau a'r glo. Mwythodd ben y ci – gan faeddu'r seren wen hyfryd ar ei dalcen gyda'i bysedd llychlyd – ac edrych i'w lygaid lliw te twym (heb laeth).

"Paid â phoeni," meddai wrtho, "dwyt ti na'th feistr ddim yn mynd i aros 'ma'n hir. Dim ond noson."

Pan oedd y tân yn dechrau tynnu golchodd ei dwylo a sychodd y smotyn o ben y ci. Yna daeth y dyn ifanc yn ôl i'r bwthyn.

"Ddrwg gen i am hynna," meddai'n chwithig, gan wrido o dan ei farf a than haen am ben haen o fryntni. Ac yn wir, roedd e'n drewi hefyd; chwarae teg i'r bobl ar y bws, roedd sail i'w hachwyn wedi'r cyfan. Pam roedd hi wedi gwahodd y creadur ffiaidd hwn i'w chartref? Roedd e'n siŵr o fod yn alcoholig os nad yn sgitsoffrenig ac yn gaeth i gyffuriau anghyfreithlon. Daeth golygfa i'w phen: yr heddlu yn torri i mewn liw nos ac yn canfod cocain a heroin yn ei dillad hi, wedi'u cuddio yno gan y dieithryn hwn, a hithau'n mynd i garchar am weddill ei hoes.

"Dw i'n mynd i 'neud pryd o gawl i ni'n dau," meddai Tanwen, "ac wedyn dw i'n mynnu dy fod ti'n cael bath. Fe wna i ddangos y stafell ymolchi i ti nes ymlaen. Ond paid â dod mas nes dy fod ti'n hollol lân a phaid â gadael dim budreddi ar d'ôl chwaith. Dim baw. Dim blew. Golcha'r baddon yn lân cyn dod mas."

Edrychodd y ddau arni'n swil – y ci a'r dyn. Aeth Tanwen i ôl cadair bren a'i gosod ar bwys y tân newydd. Doedd hi ddim eisiau iddo eistedd ar y soffa cyn iddo gael trochiad yn y twba. A dyna lle y byddai fe'n cysgu wedyn; ar y soffa. Felly, rhaid iddo fod yn lân.

"Eista lawr," meddai yn ddigon gorchmynnol a diamynedd.

Sylwodd y llanc fod y lle coginio a'r lle tân, y lolfa, i gyd yn un stafell, felly roedd hi'n hawdd iddi gadw llygad arnynt wrth iddi baratoi'r bwyd. Doedd hi ddim yn trystio'r naill na'r llall, y llanc na'i gi.

Doedd dim llawer o ddewis; brocoli, hanner moronen fawr, winwns, tatws, caws a bara. Bwyd plaen, maethlon a rhad (dyma rywun yn byw ar geiniog a dimau), ac nid Delia Smith mohoni. Torrodd y llysiau rywsut rywsut – cylffiau o foron, blociau o datws, canghennau o frocoli – a'u berwi mewn dŵr a Marmite. Malodd y caws ac o fewn ugain munud dyna lle'r oedd hi'n eistedd gyferbyn â'r dieithryn wrth y ford bren fechan ansad (oherwydd nad oedd llawr carreg y gegin yn wastad – ac roedd nam ar un o goesau'r ford) yn ei wylio'n sgloffio'r bwyd. Bwytaodd Tanwen un llond bowlen a gwnaethai ddigon fel y gallai fe gael tri. Ni fu neb erioed mor werthfawrogol o'i choginio dieneiniad hi. Rhwygai'r ddau y bara – nad oedd yn newydd iawn – â'u bysedd a dowcio darnau yn yr hylif claear dyfrllyd.

Bob hyn a hyn rhannai'r dyn ifanc daten o'i fowlen gyda'r anifail. Weithiau edrychai'r llanc o'r ci ati hi ac yna yn ôl at y ci. Roedd y neges yn ddigon clir: beth oedd y ci'n mynd i'w gael? Nid trwy datws yn unig y bydd byw ci. Ond doedd ganddi ddim cig, dim wyau hyd yn oed.

"Iawn ," meddai hi ar ôl iddo ddryllian yn swnllyd y diferyn olaf o'r cawl, y briwsionyn olaf o'r bara sych. "Dere i mi gael dangos y stafell ymolchi i ti."

Dilynodd hi lan y grisiau pren cul oedd yn debycach i ysgol nag i risiau go-iawn, i'w llofft. Matras ar y llawr oedd ei gwely a phentwr o gwiltiau amryliw ond hen yr olwg drosti (y lliwiau wedi pylu).

"Dyma'r stafell ymolchi," meddai gan godi clicied drws pren yng nghefn y llofft. "Mae 'ma ddigon o lieiniau, sebon a siampŵ. Os bydd rhaid i ti ddefnyddio'r cyfan i ddod yn lân, yna, defnyddia nhw. Ond cofia adael y twba'n lân hefyd. Nawr, dw i'n mynd i d'adael di yn fan'yn a bydda i'n aros y tu allan i'r drws nawr – tafla dy ddillad mas i mi."

"Ond...'

"Gwranda, cei di fynd nawr os nad yw'r trefniadau hyn yn dy siwtio di. Tafla dy ddillad mas i mi."

Safodd Tanwen gyda'r ci wrth ei thraed y tu allan i'r stafell ymolchi gan wrando, a syllu ar yr hen ddrws â'r glicied haearn henffasiwn. Ni ddeuai'r un smic o sŵn drwyddo. Pum munud yn ddiweddarach agorwyd cil y drws ac estynnodd braich hir, flewog, hynod o wyn, fwndel o garpiau iddi. Cymerodd hithau'r rhacs gan eu dal nhw â blaenau'i bysedd mor bell ag y gallai oddi wrth ei thrwyn. Diflannodd y fraich denau yn syth a chaewyd y drws â chlep.

"Dylai'r dŵr fod yn ddigon poeth," gwaeddodd Tanwen drwy'r pren, "y tân sy'n ei gynhesu." Dim ateb.

Aeth Tanwen i lawr y grisiau gyda'r ci a thaflu'r sypyn o hen ddillad drewllyd (byw!) ar y tân a'u dal nhw yno â'r procer nes eu llosgi'n llwyr. Llanwyd y stafell â mwg melyn ffiaidd am hanner awr.

"Dere," meddai wrth y ci, heb synnu ei bod hi'n ei chael hi mor hawdd siarad ag ef, "r'yn ni'n mynd i'r pentre'."

Dododd y llanc ei droed dde yn y dŵr poeth ewynnog, yna'r llall. Safodd fel'na ennyd, yna gollwng ei hunan i lawr fesul tipyn. Ei goesau, ei ben-ôl, ei wasg, yna ei gefn. Breuddwydiasai am beth fel hyn dros yr wythnosau diwethaf. Ymhyfrydodd yn nheimlad y dŵr cynnes yn lapio am ei gorff gan raddol ddisodli'r oerni a'r poenau. Gadawodd i'r dyfroedd orchuddio'i stumog a'i frest hyd at ei wegil a'i ên a gwlychu'i farf. Am y tro roedd popeth yn iawn. Wnâi e ddim meddwl be nesa' na hyd yn oed am yr awr nesa'. Cydiodd mewn potel o siampŵ oren ac arllwys globen o'r hylif persawrus dros ei ben. Tylinodd ei wallt â'i fysedd yn egnïol nes bod y swigod gwyn yn hufen ar ei gorun a'i dalcen.

Dilynodd y ci yn sionc wrth sodlau Tanwen i'r pentref. Roedd e'n gi deallus a phan gyraeddasant y siop cododd Tanwen ei bys ac eisteddodd yr anifail wrth y drws i aros amdani.

Roedd y siop fechan yn orlawn – hynny yw roedd yno ddau gwsmer o'i blaen hi. Rhyw fenyw o Birmingham oedd y naill a Mared oedd y llall. Synhwyrodd yn syth fod yno broblem.

"I've told you before," meddai'r dyn a gadwai'r siop, a'i amynedd yn amlwg ar ben, "it's no use you comin' in 'ere and jabberin' away like that. It's pointless."

Safai Mared wrth y cownter, yn ei hen, hen got frown, a golwg benderfynol ar ei gwefusau, a thri phecyn o flawd, pwys o siwgr, halen a menyn yn ei basged.

"Burum," meddai Mared, "am y pumed tro, bu-rum."

"Yeast," meddai Tanwen, "she wants some yeast."

"Well why didn't she say so herself – we've been 'ere ages trying to get it out of her," meddai'r perchennog gan fingamu at un o'r silffoedd am dun o furum.

Pan oedd Mared yn talu sibrydodd y Saesnes yng nghlust Tanwen, "Ee, she's an awkward bugger."

Ar y ffordd allan troes Mared at Tanwen a dweud "Diolch", a dyna'r tro cyntaf iddi dorri gair â hi.

"Well, I'm glad to see the back of her," meddai gŵr y siop, "all the rest of you can speak English round here. But not her. Insolent."

"Stubborness, that's what it is," meddai'r Saesnes a eisteddai ar gadair wrth y cownter; yno am y prynhawn i hel clecs, dim byd yn ei basged.

Aeth Tanwen i chwilio am dun o gig i'r ci a phecyn o rasal. On'd oedd eisiau chwilio'i phen? Pam oedd hi'n gwario'r holl arian a enillasai am ganu ar drempyn a'i gi? Mwy na thebyg ei fod e'n mynd trwy'i phethau yr eiliad honno, yn darllen ei llythyron, yn ysbeilio'i chartref ac yn llosgi'r bwthyn i'r llawr. Ond âi e ddim yn bell ym mis Tachwedd heb ei ddillad.

Canodd cloch drws y siop a daeth y cynghorydd Mair Probert i mewn gan lenwi'r lle gyda'i *eau de cologne* rhad a'i phersonoliaeth radlon. Er nad oedd yn cyrraedd pum troeddfedd roedd hi'n gymeriad sylweddol.

"*Hello*, prynhawn da," wrth bawb yn gyffredinol, neb yn benodol. "Lovely to see a little bit of sun now at this time of year, though it's still quite chilly." Dadansoddiad moel ond digon ffeithiol o'r hyn oedd yn amlwg i bawb.

Roedd hi wedi cipio'i phecyn o *custard creams* a'i sodro ar y cownter a dechrau cymryd ei harian o'i phwrs cyn i Tanwen ddod o'r cornel lle y cedwid bwyd anifeiliaid. Er bod y siop yn fach roedd yno dipyn o bopeth ond roedd rhaid chwilio am rai eitemau rhwng y colofnau o duniau serfyll a'r mynedfeydd cul rhwng y silffoedd o nwyddau.

Roedd yn gas gan Tanwen y siop hon. Y perchenogion oriog – weithiau'n ymgreinllyd o wasaidd, bryd arall yn oeraidd a diserch – y silffoedd cul a'r haenau o lwch dros y tuniau a'r pacedi, y pethau amheus mewn jariau a photiau hynafol yr olwg. Un tro prynasai Tanwen becyn o basta sych yn y siop hon a dim ond ar ôl iddi ddechrau coginio peth ohono y sylwodd fod y bwyd wedi pasio'i ddyddiad gwerthu o ddeunaw mis! Pan aeth hi â'r pecyn yn ôl gwadodd yr Inchlings fod y pasta wedi dod o'u siop nhw – doedden nhw ddim yn rhoi derbynebau i'w cwsmeriaid. Clyfar iawn. Ond 'na fe, doedd 'na ddim dewis arall yn y pentref, nac oedd?

"And how are you, Mr Inchling?"

"Very well, thank you, Mrs Probert."

"And Mrs Beckwith?"

"Can't complain."

"And how are you, Miss Lewis?"

"Da iawn, diolch yn fawr," atebodd Tanwen, yn awyddus i dalu a mynd yn ôl i'r bwthyn. Poenai hefyd am y ci – a oedd e wedi rhedeg i ffwrdd neu wedi cael ei ladd gan lori ar yr heol neu'n cwrso defaid yn y caeau neu'n brathu plant? Ond châi hi ddim mynd mor rhwydd â hynny gan fod y cynghorydd Probert yn cynnal ei llys.

"Now, tell me. Did I or did I not see Mared coming out of here just now?" gofynnodd yn ei Saesneg araf, gorgywir.

"You did, Mrs Probert. And we couldn't get any sense out of her until this young lady," meddai Mr Inchling gan gyfeirio at Tanwen, a gwên fel margarîn ar ei wyneb, "came to our rescue."

"You acted as interpreter, did you, Miss Lewis?"

"Do," atebodd Tanwen ar fin colli amynedd – i feddwl ei bod wedi pleidleisio dros hon yn etholiad diwethaf y cyngor am ei bod yn sefyll dros Blaid Cymru, the (Not Too Awfully Welsh) Party of Wales.

"Refused to talk sense," meddai Inchling yn dal i sôn am Mared. "It's the same when you go to France though; so many of them just won't speak English. So rude."

"Mind you," meddai Mrs Beckwith, "you can tell she hasn't had much education, that one. She probably can't speak much English, living out in the back of beyond as she does."

Mynd i ollwng ei neges o'i breichiau ar y cownter a gorffen ei busnes – a dianc o'r siop cyn iddi golli'i limpin – yr oedd Tanwen pan blygodd Mrs Probert a sibrwd yn gynllwyngar:

"Actually, in defence of Mared, I have to say that isn't quite true." Oedodd, roedd hi'n mynd i ddweud rhywbeth pwysfawr. "We were in college together, in Caerefydd." Edrychodd o'i chwmpas ac edrychodd pawb arni'n syn wrth iddi gymryd ei gwynt ati ac ychwanegu: "We both did joint honours, English and Welsh. I was quite jealous when she got a first. Not that it was a surprise, she was very bright.

But it's a long time ago, though she's not as old as she looks. I can't understand why she's become so eccentric and reclusive." Doedd dim taw ar Mrs Probert ar ôl y datguddiadau hyn. "It started after she went back to Caerefydd to do research – nine, ten years ago – Ph.D. But she never finished it and I think she felt very disappointed about that. But it's hard to say what the reason is, really."

"Esgusodwch fi, Mrs Probert," meddai Tanwen, yn pryderu am y ci, yn meddwl am y dyn yn y bwthyn, "ond ga i dalu am y pethau 'ma?"

"Wrth gwrs, *lovely*."

Gwthiodd Tanwen ei hunan rhwng Mrs Probert a Mrs Beckwith a phan dalodd am y rasal gwyddai ei bod wedi porthi'r triawd â thestun rhagor o glecs am o leiaf yr hanner awr nesaf – ar ôl iddi adael.

Roedd y ci yn ei haros fel petai'n deall ei bod wedi prynu tun o Chappie iddo.

Ar ei ffordd yn ôl i'r bwthyn troes ei gwybodaeth newydd am Mared yn ei phen. Syfrdanol. Rhaid iddi gyfaddef na fu ei syniad o'r fenyw od yn wahanol nac yn llai rhagfarnllyd na'r eiddo Mrs Beckwith, ond roedd Mrs Probert wedi'i gweddnewid ac wedi gwneud hynny mewn ffordd hynod o syml, drwy hel clecs, drwy ychwanegu ychydig o fanylion bywgraffyddol annisgwyl am eu cymdoges. Pwy fyddai'n meddwl?

Beth bynnag roedd Tanwen yn falch i weld fod y bwthyn yn sefyll o hyd, dim coelcerth, dim ysbail. Aeth lan llofft. Oedd, roedd e yn y twba o hyd.

Twriodd Tanwen yn ei basged ddillad. Byddai un o'i chrysau T yn ei ffitio – yr un â Tom a Jerry arno – doedd e ddim yn ddyn mawr ac roedd ganddi hen ddigon o siwmperi gwlân i'w sbario – pob un o'r rheini yn fawr cyn dechrau ac wedi'u stretsio wrth eu golchi gannoedd o weithiau. Câi ddewis rhwng yr un werdd, nad oedd hi'n rhyw hoff iawn ohoni, a'r un oren â blodau pinc a choch am y gwddwg a'r cyffs. Roedd ganddai sanau glân a stretsiai ond ni allai gynnig unrhyw ddillad isaf iddo – na dim jîns na throwsus. Problem! Sgert? Doedd dim dewis arall. Hynny yw, roedd digon o ddewis o ran sgertiau, eithr dim dewis *ac eithrio* sgertiau. Oedd, roedd ganddi jîns; byddai'n gwisgo jîns bob amser – yn wir, ni chofiai'r tro diwethaf iddi wisgo un o'r hen sgertiau hyn – ond doedd hi ddim yn fodlon rhoi benthyg unrhyw bâr o jîns iddo fe. Rhaid iddo fodloni â'r drefn.

Curodd ar ddrws y stafell ymolchi.

"Dw i wedi dethol dillad glân i ti."

"Diolch," meddai; sŵn dyfrllyd yn y cefndir.

"Ga i 'u rhoi nhw drwy'r drws i ti? Paid â phoeni, wna i ddim edrych."

"Iawn," meddai fel petai dewis ganddo.

Pan agorodd Tanwen y drws clywodd y dyn yn mynd i lawr yn ddyfnach i'r dyfroedd – i guddio'i hunan, mae'n debyg. Gwirion. Hyd yn oed pe bai hi wedi dymuno edrych roedd y stafell yn llawn stêm fel na allai weld ei llaw o flaen ei llygaid yn llythrennol.

"Dw i wedi prynu pecyn o rasal *disposable* i ti," meddai. "Dw i'n eu gadael nhw yma 'da'r dillad – rhag ofn dy fod ti eisia' cael gwared â'r farf hyll 'na."

Caeodd y drws yn dynn ar ei ôl. Yn y gegin agorodd y tun i'r ci a bwytaodd hwnnw yr un mor awchus ag a wnaethai'i feistr yn gynharach. Ychwanegodd sawl cnepyn o lo at y tân ac eistedd ar y soffa i'w gwylio'n llosgi. Roedd hi wrth ei bodd yn edrych ar y tân, yn dilyn y fflamau wrth iddynt lyfu'r glo a lledaenu o'r naill golsyn i'r llall gan ddawnsio a bwyta'r cerrig duon ar eu ffordd nes bod y cyfan yn goch ac yn oren. Sylwodd fod y ci yn edrych arni. Roedd ganddo lygaid hynod o ddeallus, fel petai'n gallu darllen ei meddwl. Seiciatrydd y dylet ti fod, meddyliodd Tanwen. Gorweddai o flaen y tân, y lle cynhesaf, a'i drwyn yn pwyso ar ei bawennau blaen, a'i lygaid lliw sieri yn disgwyl lan i'w hwyneb.

Bydda i'n cael gwared â'r ddau yfory, meddyliai Tanwen. Hwyrach y deuai rhyw les o'i charedigrwydd. Roedd hi wedi lleddfu'i chydwybod ac efallai y byddai hi'n gallu'i ddarbwyllo i chwilio am le mewn hostel yn y dref, neu rywbeth. Ond ni allai gyfrif am ei haltrwistiaeth newydd. Ni wnaethai ddim byd tebyg i hyn o'r blaen. Beth oedd yn bod arni? Gobeithai nad oedd hi'n mynd i gael tröedigaeth grefyddol! Doedd hi ddim eisiau troi'n 'dw-gwdar' chwaith.

Petasai'n ei threisio ac yn ei lladd yn ystod y nos arni hi'i hun y byddai'r bai a neb arall. A byddai neb yn cydymdeimlo â hi. " 'Na fe, denu'r dyn i'w chartre 'nath hi. Gofyn amdani." Gallai eu clywed nhw'n ei chollfarnu yn barod. "Ond roedd e'n edrych mor ddiniwed ac mor ddiymadferth ag oen – nid oen, roedd e'n debycach i ddafad neu i hen afr a gweud y gwir. Sut o'n i i wybod ei fod e'n llofrudd gwallgof?"

Yn sydyn cododd y ci ei glustiau a'i ben a sefyll i fyny gan edrych i gyfeiriad y grisiau y tu ôl i'r soffa. Troes Tanwen hithau ei phen. Y peth cyntaf a welodd oedd pâr o draed mewn sanau gwlanog glas, crimogau blewog tenau, yna hen sgert nad oedd hi wedi'i gwisgo er y saithdegau, sgert hipi, yna'r siwmper oren, yr un gyda'r blodau bach ar y cyffs, ac yna, ei wyneb wedi'i eillio'n lân.

pennod 16

TROES EI GOESAU'N DDŴR, prin y gallent ei gynnal. Aeth saeth trwy'i galon, saeth o ofn, nes iddo'i sadio'i hun.

Am beth mae hi'n sôn, nawr? Gan bwyll, Mal bach. Efallai taw sôn am Lois mae hi. 'Dyw hi ddim yn gwbod dim am y ddamwain, Mal, mae'n amhosibl.

"Gwbod y cyfan am beth, Toni?" Gwyddai fod ei eiriau'n swnio'n annaturiol – y 'Toni' 'na, mor ffals, mor ormodol ac artiffisial.

"Ti'n gwbod yn iawn."

"Does 'da fi ddim syniad am beth yn y byd ti'n siarad, cariad." Un 'cariad' yn ormod eto. Ond roedd ei goesau'n dal i siglo, roedd actio yn naturiol – mor naturiol ag y gallai – yn gofyn iddo roi pob gewyn ar waith, a chanolbwyntio, rhoi'i holl sylw i'r ymdrech. Eisteddodd.

"Dw i'n siarad am dy odderchwreg."

"Beth?"

"Dy odderchwreg – dy feistres!"

Claddodd Maldwyn ei ochenaid o ollyngdod yn ei fron. Os oedd hi wedi dyfalu am Lois yna roedd hynny'n well na'r ddamwain. Ar ôl misoedd o euogrwydd ysgeler ac ofn cael ei ddal roedd ei bryderon ynglŷn â'i anffyddlondeb wedi cilio a chrebachu dan gysgod rhywbeth llawer gwaeth.

"Fy 'meistres', a phwy yw honno os ga i fod mor hy â gofyn?"

"Ti'n gwbod yn iawn," meddai Toni, gan eistedd a dechrau llefain i'w hances. Edrychai mor debyg i'r noson honno pan oedd yn galaru ar ôl ei chath.

"Nac ydw," meddai Maldwyn, gan lwyddo, o hyd, i gadw ei ben.

"Est ti ddim i ddarlithio wrth Ferched y Wawr Llanhowys ac Aberdyddgu y noson o'r blaen, naddo? Celwyddgi!

"Pam rwyt ti'n gweud hynny?" Roedd ei Chymraeg henffasiwn yn codi'r dincod arno – dan amgylchiadau eraill byddai fe wedi gorfod mygu ei chwerthin.

"Achos mae ysgrifenyddes y gangen wedi bod ar y ffôn a gofyn i ti ddod mis nesa'. Ac roedd Mrs Probert yn synnu i glywed fi taeru i ti fod yno echnos oherwydd doedd 'na ddim cyfarfod o gwbl. Felly, ble o't ti?" Edrychodd arno, a'i dagrau ar ei gruddiau yn ei rybuddio rhag llithro nawr.

Mae dau ddewis 'da ti, Mal 'chan; meddwl am gelwydd arall yn gyflym; neu, gweud y gwir, cyfaddef i ti dalu putain i chwipio dy ben-ôl di. Anghofia'r ail.

"Cyfarfod cyfrinachol, Toni," meddai gan feddwl bod un Toni dros ben yn well na 'cariad' arall – ac yn ei longyfarch ei hun ar yr un pryd ar y fflach o ysbrydoliaeth.

"Cyfarfod cyfrinachol? Ti disgwyl i mi gredu hynny? Ti meddwl 'mod i'n dwp."

"Cyfarfod cyfrinachol. Mae criw o fois yr iaith wedi gofyn i mi weithredu. Maen nhw wedi gofyn i mi ymuno â nhw mewn gweithred wleidyddol symbolaidd dros yr iaith i fynegi barn ynglŷn â brad y Llywodraeth Lafur – a mynd yn syth at yr heddlu wedyn. Ond ar hyn o bryd gellid ystyried y peth yn gynllwyn, felly doeddwn i ddim yn gallu gweud dim am y peth wrth neb, hyd yn oed ti." Dim 'cariad', dim eto.

"Dydw i ddim yn dy gredu di. Pa weithred? Beth wyt ti mynd i 'neud?"

"Heb benderfynu eto. Mae'r cynllun ar y gweill o hyd. Rhywbeth symbolaidd."

"Maldwyn, ti aelod o'r Bwrdd er Hybu'r Gymraeg. Dywedaist ti y byddet ti rhoi'r gorau i annerch ralïau a gweithredu'n uniongyrchol a phethau fel'na."

" 'Dyw hi ddim mor syml â 'ny, Toni. Alla i ddim gwerthu f'egwyddorion i gyd fel'na. Hyd y gwela i, does dim byd yn fy rhwystro rhag bod yn aelod o'r Bwrdd a bod yn weithredol yn y mudiad iaith hefyd." Roedd ei gelwydda yn mynd i hwyl nawr, a'i goesau'n adennill eu nerth wrth iddo fagu hyder newydd.

"Fel'na ti cael dy deisen ac yn ei bwyta hi."

"Cyfieithiad eitha' da, Toni. Chwarae teg iti."

"Y pwynt yw dy fod ti cael dy dalu i fod yn cwangorwr ac yn dal i obeithio bod yn arwr y werin."

"Y pwynt, os ydw i'n cofio'n iawn, Toni, yw nad oes dim 'meistres' 'da fi. Ti sy'n ddrwgdybus, heb sail i'th amheuon o gwbl."

Aeth Toni i'r lolfa ac eistedd ar y soffa yn bwdlyd – y soffa lle'r eisteddasai wrth ochr corff ei chath y noson honno.

Aeth Maldwyn i'w lyfrgell. Gwelodd yr ardd Zen eithr gwnaeth ei orau i beidio ag edrych arni. Daethai'r syniad am y stori iddo fel seren wib ddisglair. Roedd e'n dod yn balwr celwyddau heb ei ail. Ond doedd e ddim mor siŵr bod Toni wedi'u llyncu.

Daeth llu o ofidiau i ymosod ar ei feddwl. Roedd cyfarfod o'r Bwrdd cyn hir. Cawsai'i feirniadu am ymuno â'r Bwrdd gan rai o'i gydnabod a'i gydweithwyr ac, i geisio dyhuddo pawb, dywedasai wrth Tudur Aled Ifans, Trefnydd Cymdeithas Weriniaethol Siaradwyr y Gymraeg, ei fod yn fodlon annerch ralïau'r Gymdeithas, ac roedd rali i fod cyn hir hefyd. Doedd y ffon ddwybig ddim haws ei chwarae nag oedd cadw i fyny gyda'r cŵn a'r cadno. Synnodd Maldwyn at ei allu i ystumio hen idiomau gwerinol, gwirion hyd yn oed pan oedd ei feddwl yn gymysglyd. A ddylai fe ddweud wrth Tudur Aled ei fod e'n barod i weithredu hefyd, er mwyn rhoi sail i'w stori? Ond pe bai'n gweithredu byddai'n sicr o golli'i le ar y Bwrdd a'r segurswydd werthfawr honno. Sut roedd e wedi suddo i'r fath gors o broblemau?

Yna daeth Toni i'r llyfrgell.

"Roedd 'na alwad ffôn i ti," meddai heb ddangos unrhyw

arwydd o'r geiriau croes a fu rhyngddyn nhw.

"O, ie, oddi wrth bwy?"

"Maen nhw eisiau i ti fod ar y rhaglen 'na lle mae 'na banel sy'n ateb cwestiynau'r gynulleidfa."

"O na, does 'da fi gynnig i raglenni fel'na."

"Ond, ti licio bod ar y teledu, on'd wyt ti?" meddai Toni yn ddeifiol. "A ti licio'r arian." Chwarddodd gan ddangos y llenwadau lliw arian yn ei dannedd. Mor oriog oedd hi ac mor hygoelus, meddyliodd Maldwyn.

"Ti'n licio'r pethau dw i'n gallu'u prynu i ti gyda'r arian," meddai Maldwyn. "Beth wyt ti eisiau nawr? Cath arall? Cwt moethus arall ar gyfer mwy o gathod?"

"Car newydd," chwarddodd Toni eto. Credai Maldwyn ei bod hi'n cael rhyw dabledi oddi wrth y doctor i 'godi'i chalon'. Ond roedd y sôn am gar newydd wedi pigo'i gydwybod. Bu'n ystyried newid y car coch ar ôl y ddamwain – yn wir, roedd e'n gorfod ei newid, er ei fod yn newydd sbon. A nawr, gwelodd ei gyfle.

"Beth am inni newid y ddau? Dw i ddim yn hapus gyda'r Alfa-Romeo 'na."

"Na? Pam?"

"Mae'n anghyfforddus."

"Ti sy wedi mynd yn rhy dew i yrru unrhyw gar yn gyfforddus. Cest ti drafferth i fynd i mewn i 'nghar i y diwrnod o'r blaen, do? O'n i'n dy wylio di yn gorfod gwasgu dy fola mewn o dan yr olwyn fel menyw feichiog."

Chwarddodd y ddau. Dau chwerthiniad ffug, llawn tyndra a dicter. Yna canodd y ffôn. Aeth Maldwyn i lawr y grisiau i'w ateb.

"Hylô, Dr Maldwyn Taflun Lewis?" meddai'r llais hynod o ogleddol y pen arall – mor werinaidd a phriddllyd a Gwyneddaidd , yn wir, fel ei fod yn amlwg bod y siaradwr wedi dysgu Cymraeg.

"Yn siarad."

"Tudur Aled Ifans, trefnydd CWSG sy 'ma."

Daeth Toni i'r lolfa ac, ar ôl taro cipolwg arno, aeth allan at y cytiau a'i chathod. Chawsai mo'i hargyhoeddi gan ei stori am eiliad. Cyd-ddigwyddiad rhyfedd bod Tudur ar y ffôn yn awr yn ei 'wahodd' i 'gymryd rhan mewn gweithred wleidyddol symbolaidd'. Ond, hyd yn oed wrth iddo wrando ar yr wltra-ogleddwr roedd Maldwyn wedi penderfynu'i wrthod.

pennod 17

Y CAR MAWR COCH yn torri trwy'r tywyllwch. Y trawsffurfiad ohono. Y fampir yn codi o'i arch gyda'r tywyllwch, neu'r blaidd-ddyn yn troi'n greadur ffyrnig, blewog, gwyllt yng ngolau'r lleuad, neu Dr Jekyll yn troi'n Mr Hyde ar ôl yfed y moddion ewynnog. Teimlai'n ifanc ac yn gryf ac yn ddeniadol. Cofiai'r teimladau hyn yn awr yn y car newydd, newydd. Bu gyda Lois, dywedasai gelwydd wrth ei wraig, wedi dweud ei fod i ddarlithio'r noson honno wrth Ferched y Wawr Llanhowys – oherwydd dyna'r dref agosaf at gartref Lois, hanner celwydd, hanner gwirionedd, gan ei fod wedi bod mewn cysylltiad â'r gangen honno yn ddiweddar. A nawr roedd e'n gyrru ar hyd y ffordd ofnadwy honno tuag adref.

Teimlai fel Ben Hur yn y car newydd, wrth ei fodd, ac roedd e'n gwrando ar rywbeth ar y chwaraeydd cryno-ddisgiau; pwy? Sarah Vaughan? Na. Ella Fitzgerald? Na. Wrth gwrs – Frank Sinatra:

> Moooon-Reeeever
> widerthana mile
> A'm crossin yooinstyle
> Some day...

Roedd e'n rhydd, yn arnofio ar lais ei hoff ganwr. Y tu mewn i'r car fel cell beilot mewn awyren – clociau, deialau a mesuryddion wedi'u suddo mewn goleuni gwyrdd hylifaidd, swynol, yr unig liw yn y byd y noson honno. Yr unig liw? Yr unig olau?

Yna, yn rhyfedd iawn, daethai i'w gof ddarnau o *Vol de*

Nuit gan Antoine de Saint-Exupéry – y darn am y distawrwydd yn peri iddo – y peilot – ei ffansïo'i hun fel bugail yn mynd am dro bach tawel; rhywbeth am fugeiliaid Patagonia yn symud fel awyren o'r naill braidd at y llall. Cymhariaeth od ond digon barddonol. Ac yntau'n gyrru'n gyflym, yn dotio at rym y cerbyd ar y troadau, y rhwyddineb. Teimlai fel aderyn du yn y nos, yn hedfan rhwng y sêr, yn astudio'r ddaear – profiad allgorfforol, bron, tebyg i'r Bardd Cwsc ar ddechrau'r Weledigaeth gyntaf. Aderyn du yn rhan o'r tywyllwch a'r car yn gyfforddus a chynnes fel nyth o'i gwmpas. Y lledr newydd yn ei atgoffa o ledr Lois – ei chwip yn curo'i gorff. Y profiad o yrru yn gyffrous, yn rhywiol, bron.

> She getshungry
> For dinnerateight
> She lurvesthetheater
> Butdoesntcumlate...

Cofiai feddwl mor hawdd oedd gyrru yn y nos oherwydd bod y gyrrwr yn gallu gweld ceir yn dod o bell. Goleuadau ceir yn y pellter fel llygaid. Roedd hi'n bwrw glaw. Sylwodd e ddim. Glaw ysgafn, dim gwerth defnyddio'r weipars hyd yn oed. Ond doedd 'na ddim ceir.

> ... a quietliddleplacenhave
> a drink or two
> and then I goanspoilitall...

Rhan o'r nos. Tylluan, broch, 'stlum, pry cop neu chwilen ddu. Doedd 'na ddim hyd yn oed oleuadau melyn i'w gweld yn y pellter erbyn hyn. Erbyn hyn? Pam erbyn hyn? Pryd oedd hyn? Ble yn y byd roedd e? Ar goll, er y gwyddai yn union i ble'r oedd e'n mynd.

Yna roedd y cof am y ddrama od honno wedi dod i'w

feddwl, yr un a welsai gyda Toni (neu ynteu yng nghwmni Eleri, ei wraig gyntaf?). Pobl gyfoethog yn aros mewn bwthyn yn y wlad, tŷ haf, ac yn cael parti mawr. Y bwthyn yn cael ei feddiannu gan ysbrydion. Y bobl yn edrych allan drwy'r ffenestr gan sylweddoli taw gofod a gwagle oedd yn eu hamgylchynu. Fel'na roedd e wedi teimlo. Neu a oedd 'na rywbeth yn y tywyllwch a welsai? Bwthyn, car, rhywun yn symud? Roedd e wedi teimlo fel teithiwr yn y gofod, astronawt yn mynd o blaned i blaned yn ei unigrwydd. Dim ond tywyllwch a distawrwydd a gwacter du o'i gwmpas. Neu a oedd 'na rywbeth yn y tywyllwch?

Y cyflymiadur – wyth deg, naw deg, naw deg pump. Dim sŵn, dim sigl. Cant. Cant a deg. Gŵr Pwyll yn ceisio dal Rhiannon, R.T.Jenkins yn chwilio am Landeloy ac yn y diwedd yn amau taw rhith oedd y lle.

Roedd e'n mynd tuag adref ond roedd e ar goll.

And now
The endisnear
And solface
Thefinalcurtain...

Frank a Maldwyn, Maldwyn a Frank yn canu gyda'i gilydd unwaith eto un o'u deuawdau enwog, poblogaidd yn Neuadd Carnegie.

Ond, mewn gwirionedd, ar ei ben ei hun yr oedd e, yn unig, yn ei gar newydd.

Dyna pryd y trawodd y ferch.

Gwelsai hi, do, ond yn rhy hwyr. Roedd e wedi'i tharo ac wedi gyrru drosti wrth ei gweld hi. Teimlodd y car yn mynd dros ei chorff. Un eiliad doedd dim byd o'i gwmpas nac o'i flaen ond düwch. Düwch? Oedd 'na rywbeth arall? Rhyw olau yn rhywle? Yna'r ferch, fel rhith. Gwallt du dros ei hysgwyddau, ffrog ysgafn werdd ac arni flodau melyn. Yn union fel y disgrifiadau ar y radio, ar y teledu, yn y papurau o hyd ac o hyd nawr. Doedd 'na ddim taw ar y peth. Pawb yn siarad amdani, y ferch fach ar yr heol. Ond doedd neb yn gwybod pwy oedd hi. Roedd yr amser yn pasio a doedd neb wedi dod ymlaen i ddweud: "Fy merch i oedd hi". Dim ffrindiau, dim perthnasau, dim cymdogion. A doedd neb yn gwybod pwy a'i lladdodd hi – ac eithrio Dr Maldwyn Taflun Lewis.

yr heol dywyll

pennod I

" 'TASET TI," meddai Tada Losin gan ddechrau un o'u hoff gemau, " 'taset ti'n gorfod dewis un peff, un peff yn unig, i'w gadw, a cholli popeff arall, 'tasa'r lle 'ma'n mynd ar dân, be faset ti'n ei achub o'r fflamau?"

"Ti, Tada Losin Pwdin Mawr," gwichiodd hi gan afael yn ei fochgernau blewog a'u pinsio a'u gwasgu fel clai.

"Rhyw beff, Mama Losin Bwten Ronen Fach, rhyw *beff*. Chei di ddim dewis person."

"Felly, dw i'n gorfod mefwl, nawr," meddai Mama Losin. "Gad imi gysidlo am dipyn."

"Cysidla 'te, 'Mwten i," meddai Pwdin Mawr gan wasgu'i thrwyn bach coch yn dyner.

Edrychodd Mama Losin o gwmpas eu cartref llawn trugareddau gan chwilio am yr ateb. Roedd hi'n dra hoff o'r hen gloc cas hir a safai'n tician yn y gegin a'r cocatŵ stwffiedig wedi'i liwio'n binc yn crogi o nenfwd y stafell wely; roedd rhai o'i hoff bethau yn y stafell ymolchi hefyd, fel y drych a'i ffrâm a wnaed o bibellau copr â thri canhwyllbren ar bob ochr i'r gwydr, a'r canhwyllbren a ffitiai ar ymyl y baddon ei hun a allai ddal chwe channwyll i gyd a gwydryn o win; Shioli y Tedi Bêr a wnaed gan Steiff yn ôl rhai arbenigwyr (ond a brynasid iddi gan ei mam yn Ynys y Barri ar drip ysgol Sul am hanner coron pan oedd hi'n groten fach). Ond dywedasai Tada Mawr fod rhaid iddi dewis *peth*, ac roedd Shioli yn berson, i bob pwrpas; y blwch cadw-mi-gei crochenwaith ar ffurf arch Noa, dau eliffant glas, dau siraff oren, dau lew melyn, dau deigr melyn a du, dau sebra du a gwyn, buchod, defaid, cŵn, cathod, peunod ac yn y blaen, a'r cwningod bach,

bach, dim mwy na maint gronyn o reis; yr hen fenywod tsieina yn y wisg Gymreig yn cael te parti – prin y gallai benderfynu yn wyneb y fath ddewis eang. Ond yn y diwedd roedd yr ateb yn amlwg.

"Dim ond un peff," meddai, "sef y llun 'na ohonon ni'n dau yn sefyll ar y prom. 'Na'r peff baswn i'n ei gadw, Tada."

"Lyfli," meddai Pwdin Mawr gan orwedd yn ôl ar ei gefn.

"A beff amdanat ti, Tada Mawl, be faset ti'n ei gadw? Ti wedi cael amser i feddwl."

"Baswn i'n cadw'r ardd, Mama Losin, baswn i'n cadw'r ardd."

Yr ardd, wrth gwrs. Beth arall? Roedd yr ardd yn rhan ohonyn nhw, eu bywyd nhw. Allen nhw byth adael yr ardd, felly, doedden nhw ddim yn gallu gadael y tŷ, tân neu beidio. Roedd Pwdin Mawr wedi meddwl am hynny a gwenai Mama Losin wrth ddilyn trywydd ei feddwl a gweld y direidi yn pefrio yn ei lygaid.

"Yr ardd a ni, ni a'r ardd," meddai Mama Losin dan ganu yn ei llais uchel craciedig a swniai fel cerddoriaeth bêr i Bwdin Mawr.

" 'Taswn i'n anifail," meddai Mama Losin gan gychwyn un arall o'u hoff chwaraeon, "pa fath o anifail faswn i?"

"Pecinî, baset ti'n becinî gyda dy dlwyn smwt a'th dafod bach pinc, cynffon a chlustiau pluog a dau lygad fel dau dlopyn siocled brown."

"O 'na lyfli, Tada Da-da."

"Pa fath o anifail faswn i 'te?"

"Baset ti'n llew mawr blewog; tafod piws, coesau fel coed, mwng llew o gwmpas dy wyneb, cynffon fel ysgub."

"Be 'taswn i'n adeilad 'te?"

"Baset ti'n deml anferth wen â phyllau a phalmwydd o'th gwmpas."

"A baset ti'n fwthyn to gwellt, Mama Losin, mas yn y wlad a rhosynnod yn tyfu o gylch dy ddrws," meddai Pwdin Mawr gan anwesu'i gruddiau fel petai'n gweld y blodau ynddynt.

"Ew!" meddai yn sydyn gan edrych ar yr oriawr Mickey Mouse ar ei arddwrn. "Blom amsel i Bwdin Mowl fynd if ei waiff. 'Smo fe mo'yn mynd o gw gws, Mama Losin."

"Ond mae laid iti fynd, Pwdin Mowl. Mae Mama Losin a Shioli bach yn dibynbyns alnat ti. Ac mae lot lot o waiff 'da Mama Losin i 'neud. Gwaiff clirio lan ar ôl yr holl hwyl neiffiwr."

"Wlff gwls, Mama Losin. Laid i mi fynd."

pennod 2

CAFODD MALDWYN ei feddiannu gan chwant bwyd yn ystod un o'i ddarlithiau. Clywid ei stumog gan ei fyfyrwyr yn canu grwndi fel teigr gwancus er mawr ddifyrrwch iddyn nhw. Ei fai ef am beidio â bwyta'n iawn, yn ei bryder. Aeth yn syth i'r ffreutur ar ôl gorffen darlithio. Dewisodd salad ham ac wyau – rhywbeth ysgafn ond maethlon – a chymryd *salad dressing* mewn cwdyn a the ac *éclair* siocled a mynd â'i hambwrdd i'r cownter i dalu'r fenyw a edrychai fel Brünnhilde Natsïaidd. Roedd hi'n gwisgo bathodyn yn dweud ei bod hi'n siarad Cymraeg. Edrychodd hithau ar ei ddewisiadau gan gyfrif amdanynt ar y til.

"Ffowr pownd sefenti ffeif, plis," meddai yn Gymraeg.

"Diolch yn fawr," meddai Maldwyn wrth roi papur pumpunt iddi.

"Thenciw," atebodd morwyn y Gestapo heb smic o hynawsedd wrth roi'r newid iddo. *Service with a snarl* meddyliodd Maldwyn wrth chwilio am ford mewn cornel ar ei ben ei hun lle gallai nyrsio'i ofidiau.

"Maldwyn!" galwodd rhywun arno. Doedd dim gobaith cael ymencilio yn y ffreutur, dylai wybod hynny'n iawn. Yr Athro Emeritws Sylvia Jones oedd wedi galw arno o'i chwmwl o fwg. Doedd ganddo ddim dewis ond ymuno â hi.

"Chi'n cael eich te wrth y cownter," sylwodd Sylvia wrth i Maldwyn drosglwyddo pethau o'i hambwrdd i'w ford. "Byddaf i bob amser yn cymryd fy nhe neu fy nghoffi o'r peiriant yn y cornel. Mae e ddeg ceiniog yn rhatach."

Eisteddodd Maldwyn gyferbyn â'i hen ddarlithydd gan edrych arni drwy niwl ei sigarét. Roedd hi'n hen pan oedd e'n fyfyriwr ifanc wrth ei thraed erstalwm yn cymryd nodiadau o'i darlithiau hynod o glogyrnaidd ac undonog ar Charles Edwards ac roedd hi'n dal yn hen; doedd hi ddim wedi newid dim er ei bod wedi ymddeol ers blynyddoedd. Roedd hi'n dal i ddod i'r ffreutur bob dydd a chan nad oedd stafell ganddi yn ei hen adran, lle nad oedd neb yn ei licio hi, gweithiai ar ei phapurau ysgolheigaidd troednodlyd, pedestraidd a henffasiwn mewn carrel yn llyfrgell y coleg – rhatach na chynhesu'i fflat ei hun bob dydd.

Dim ond cwpaned o goffi oedd ganddi a banana. Wrth i Maldwyn ddechrau ar ei ginio dechreuodd hithau agor ei banana.

"Maen nhw'n gofyn crocbris am eu bananas yn y ffreutur 'ma hefyd," meddai, a'i phen yn llawn o'r ffrwyth melyn. "Fy hunan, byddaf yn eu prynu yn y ddinas, yn y farchnad cyn dod lan. Maen nhw bum ceiniog yn rhatach – wyth ceiniog yn rhatach ar stondin Puw."

Sawl gwaith y clywsai Maldwyn y bregeth hon? Ugeiniau o weithiau, cannoedd efallai? Byddai hi'n mynd ymlaen nawr i sôn am rinweddau'r banana yn ei llais cryg a'i Chymraeg gorgywir.

"Mae bananas yn dda i chi. 'Sdim braster ynddyn nhw, maen nhw'n llawn fitaminau a mineralau. Ac maen nhw'n rhad."

Diwedd cân Sylvia Jones bob tro oedd y geiniog, a'r geiniog yn llythrennol yn amlach na pheidio. Roedd ei chybydd-dod yn chwedlonol, er y gwyddai pawb ei bod hi'n drewi o arian.

"Co pwy sy'n eistedd draw 'na," sibrydodd, "y bastad Dahmer Eynon. Bastad gwrth-Gymraeg ac yntau'n fab i weinidog o Ystalyfera. Mae'n gallu siarad Cymraeg glân. Bradwr."

Roedd hi'n ddiflewyn-ar-dafod, chwarae teg iddi. Y tu ôl i gefnau pobl.

"Sut mae'r hen adran?" Yr hen gwestiwn anochel.

"Iawn," meddai Maldwyn, yn benderfynol o fod mor niwtral ag y gallai.

"Sut mae'r hen Ddedwydd? Snob uffernol. 'Sdim byd yn cyfrif i honna ond Rhydychen a Chaergrawnt. Weithiau, wnaiff hi ddim siarad â rhywun oni bai bod gradd ganddo o Rydychen. A phan ddaw rhywun yma o Rydychen i draddodi darlith, wel, mae'r ffordd mae hi'n ymgreinio ac yn gwenieithu yn codi pwys arna i. Ych-a-fi."

Doedd Maldwyn ddim yn gwrando'n astud. Clywsai'r holl chwerwedd 'ma ddigonedd o weithiau. Yn ei ddychymyg roedd e'n gweld y ferch ar yr heol. A ddylai fynd at yr heddlu wedi'r cyfan? Doedd hi ddim yn rhy hwyr, nac oedd hi? Ac eto…

"A beth am y pwffta bach 'na o Ganada? Sut mae rhywun fel'na'n gallu cywiro ymarferion gloywi iaith myfyrwyr Pen Llŷn liciwn i wybod."

A'i banana wedi'i orffen cynheuodd Sylvia sigarét arall. Smygai fel petai mewn cystadleuaeth smygu'r nifer fwyaf posibl o sigaréts yn yr amser lleiaf posibl a gallai smygu dros Gymru. Ni chaniatéid smygu yn y ffreutur o gwbl ond ni chymerai Sylvia sylw o reolau dibwys fel'na.

"A blydi Juno Hardacre. Blydi pwffta arall. Yn rhedeg ar ôl y bechgyn pert ym mhob blwyddyn newydd."

Gwyddai pawb fod Sylvia yn lesbiad – yn wir dyna'r peth cyntaf y dysgai pob newydd-ddyfodiad i'r Adran amdani. Ond ni olygai hynny yr ymataliai rhag collfarnu gwrywgydwyr a lesbiaid eraill – yn wir unrhyw ymddygiad rhywiol. Credai Sylvia fod y gyfrinach ynglŷn â'i rhywioldeb ei hun yn ddiogel ac âi i lawer o drafferth i'w chadw. Gwastraff amser ac egni gan fod pawb y tu ôl i'w chefn yn ei galw yn Doctor Deic. Roedd hi'n fersiwn benywaidd o Charlus yn nofel Proust, yn lesbiad gyfrinachol a gasâi lesbiaid a hoywon, yn hen glecast ddauwynebog a siaradai am bawb y tu ôl i'w cefnau, ond a ofnai fod pobl yn siarad amdani hi.

"A sut mae'r hen Heulwen?" gofynnodd, "yr hen glecast fel ag yr yw hi."

Daeth morwyn y Gestapo draw atyn nhw o'r tu ôl i'w chownter.

"Sorry," meddai wrth Sylvia, "you're not allowed to smoke in here."

"Siaradwch yn Gymraeg," ebychodd Sylvia.

"Dim smoco."

" 'Dim smoco'," dynwaredodd Sylvia yn greulon. "Dw i'n 'smoco' 'ma bob dydd a chi'n gwbod hynny'n iawn."

"Ie, a w i wedi gweud 'thoch chi dim smoco. Os 'ych chi ddim yn stopo cewch chi'r cic owt."

" 'Cic owt'! Chi'n gwbod pwy ydw i, on'd 'ych chi?"

" 'Sdim ots da fi," meddai 'Brünnhilde', "os 'ych chi'n Cwîn Meri, os nad 'ych chi'n stopo smoco, mas 'da chi."

Diffoddodd Sylvia ei sigarét yn ffyrnig ac yn brotestgar yn soser Maldwyn gan mai dim ond cwpan plastig oedd gyda hi.

"Cliriwch y ford 'ma wnewch chi," meddai Sylvia wrth y weinyddes yn ffroenuchel.

Sychodd Brünnhilde'r ford yn surbwch a chymryd cwpan gwag Sylvia a chwpan a soser Maldwyn.

"Hen ast," meddai Sylvia gan ei gwylio yn mynd yn ôl i'r gegin. "Rwy'n mynd i sgrifennu at reolwr y ffreutur amdani hi."

Prin yr oedd Maldwyn wedi sylwi ar y ddrama hon gan ei fod yn dal i weld y ddamwain yn chwarae drosodd a throsodd yn ei ben fel un o bregethau ailadroddus Sylvia Jones.

"A sut 'ych chi, Maldwyn?" meddai hi drwy len o fwg a thinc o chwilfrydedd cyfrwys yn ei llais. "Be ddigwyddodd i'r fenyw 'na?"

"Pa fenyw?" gofynnodd Maldwyn. Roedd ei ddiniweidrwydd yn ddilys gan nad oedd yn meddwl am ei orffennol pell ar y pryd.

"Chi'n cofio. Roedd hi'n gwneud gwaith ymchwil. Chi oedd yn cyfarwyddo'i thraethawd. Yna, roedd 'na dipyn o helynt. Eich perthynas yn rhy... bechingalw."

Dim ond Sylvia fyddai'n cofio peth fel'na, yn ei storio, yn arfogaeth i'w defnyddio yn y dyfodol efallai.

"Dw i ddim yn gwbod beth yw 'i hanes," meddai Maldwyn. Roedd e'n dweud y gwir ond edrychai Sylvia arno gydag anghrediniaeth. Cafodd bwl o beswch – tagfa smygwraig.

"Co pwy sy'n dod," meddai pan ddaeth ati'i hun eto. Gwelodd Maldwyn Dedwydd yn dod tuag atynt yn cario hambwrdd trymlwythog.

"Ga' i ymuno â chi?" gofynnodd.

"Wrth gwrs," meddai Sylvia yn fêl i gyd.

"*God*, dw i'n *exhausted*," meddai Dedwydd wrth osod ei hambwrdd ar y ford.

"Pam 'ych chi'n cael eich coffi wrth y cownter?" gofynnodd Sylvia. "Mae e ddeg ceiniog yn rhatach o'r peiriant yn y cornel."

"Dw i ddim yn licio blas y coffi o'r *plastic cups* 'na," meddai Dedwydd gan geisio agor cwdyn o siwgr ond torrodd y papur a thasgodd y llwch gwyn melys dros y ford a thros ei chinio hi.

"*Shit*, dw i'n *hopeless* heddiw," meddai.

Teimlai Maldwyn yn annifyr. Ni allai ganolbwyntio ar y sgwrs rhwng y ddwy – beth bynnag, gwyddai beth oedd yn mynd i ddod nesaf o enau Sylvia Jones gan fod banana ar hambwrdd Dedwydd – ac roedd e'n awyddus i fod ar ei ben ei hun er mwyn ceisio clirio'i feddwl.

"Pam 'ych chi'n prynu'ch bananas yma, Dedwydd? Maen nhw'n codi crocbris. Maen nhw bum ceiniog yn rhatach yn y ddinas, yn y farchnad. Wyth ceiniog yn rhatach ar stondin Puw."

Cyn iddi ddechrau sôn am rinweddau'r banana eto cododd

Maldwyn ar ei draed a dechrau symud i ymadael.

"Rhaid i chi f'esgusodi," meddai wrth y ddwy.

"Ond, chi ddim wedi twtsio'ch teisen," meddai Sylvia gan lygadu'r *éclair*, "peidiwch â'i gwastraffu, maen nhw mor ddrud."

"Dw i'n llawn," meddai Maldwyn a tharo'i fol llydan yn ysgafn. A chan esgusodi'i hunan yn gwrtais unwaith eto llithrodd i ffwrdd.

Ar ôl iddo fynd tynnodd Sylvia Jones y plât gyda'r *éclair* arno tuag ati.

"Be sy'n bod ar Maldwyn? Mae rhywbeth yn bod arno on'd oes?" meddai Sylvia.

"Dim byd hyd y gwn i," meddai Dedwydd.

" 'Dyw e ddim yn cyhoeddi llawer o'i waith ymchwil, nac yw e?" meddai Sylvia, a hufen a siocled o gwmpas ei gwefusau tenau. "Hen greadur diog, blonegog. Dim gwaith yn ei groen, nac oes?"

pennod 3

MAE'R SAWL SY'N GYRRU TACSI gyda'r nos – y fi, er enghraifft – yn treulio llawer o amser ar ei ben ei hunan. Amser i athronyddu ac ymsona. Bydda i'n treulio oriau bwy gilydd yn siarad â mi fy hun, yn cael sgyrsiau bach difyr hefyd. Rhoi'r byd yn ei le, trafod gwleidyddiaeth y dydd a'r newyddion. Cymer, er enghraifft, y busnes 'na amser 'nôl ynglŷn â banio cyllyll a'r broblem o ddiffinio'r gwahaniaeth rhwng *combat knife* a *kitchen knife* finiog. 'Na chi dwp oedd y gwleidyddion o bob plaid pryd 'ny. Nace'r diffiniad o'r gwahaniaeth oedd y broblem. Ond o fanio *combat knives* 'na i gyd fasa'r crwcs yn ei 'neud wedyn fasa defnyddio *kitchen knives* – amlwg! Ond doedden nhw ddim yn ddigon hirben i weld hynny, nac o'n nhw? Na. A 'na i gyd yw hi 'da nhw nawr 'to yw Moesoldeb Moesoldeb Moesoldeb. Gwleidyddion yn pregethu moesoldeb wrthon ni, os gwelwch yn dda, fel 'sai neb yn cofio Profumo a Rod the Sod. Dw i ddim yn cofio 'yn hunan, wrth gwrs, rhy ifanc, ond w i wedi gweld y ffilm. W i'n cofio Rod yn iawn – y bastad hunangyfiawn. Ac weithiau, bydda i'n trafod pethau *topical* fel'na gyda'm cwsmeriaid. Yn Gymraeg neu yn Saesneg. Ond Saesneg fel arfer yn yr ardal hon. Yn ystod y blynyddoedd diwetha 'ma dw i wedi gweld Aberdyddgu yn troi o fod yn dref lan y môr ddigon Cymreigaidd i fod yn lle hollol Seisnig, bron. Fi yw'r unig un o blith y gyrwyr tacsis sy'n gallu siarad Cymraeg. Dw i wedi dodi sticeri CYD yn y ffenest 'Siaredir Cymraeg Yma'. Wel, man a man i mi ddefnyddio'r radd yn y Gymraeg ges i yn y coleg yn y ddinas, yntefe? Wedi'r cyfan, sawl un sy'n gyrru tacsi sydd â gradd yn y Gymraeg? Wel, eitha' lot a gweud y gwir. Eitha' lot o raddedigion yn y ddinas ac yn Aberystwyth, Abertawe a Bangor. Ac mae lot o raddedigion yn y Gymraeg yn gweithio yn Macdonald's a rhai yn Spud-u-Like a Toys-R-Us a W.H.Smith ac yn y blaen – a'r rheini yw'r rhai sydd wedi bod yn ddigon lwcus i *gael* gwaith. Ond fi, fel dwedais i, yw'r unig Gymro yn y dref Gymraeg 'ma – neu gyn-Gymraeg, yn hytrach – sy'n gyrru tacsi. Hen bobl yw'r unig gwsmeriaid sy'n siarad Cymraeg â mi yn gyson, heblaw am ambell ddysgwr. A diolch amdanyn nhw. Maen nhw'n dod ata i yn arbennig am 'y mod i'n siarad Cymraeg – rai ohonyn nhw. A gweud y gwir 'sdim ots y naill ffordd na'r llall 'da'r rhan fwyaf o Gymry os 'yn nhw'n clywed Cymraeg mewn tacsi neu beidio. 'Sdim ots 'da'r rhan fwyaf o Gymry os yw'r iaith yn parhau neu beidio. Cymry neu beidio dw i'n cael lot o gwsmeriaid diddorol a lliwgar yn yr ardal 'ma. Dyna un o'r rhesymau 'nes i droi fy llaw at yrru tacsi – i gwrdd â phobl, amrywiaeth ohonyn nhw. Ar wahân i hynny o'n i eisia'r arian. Doedd dim jobyn 'da fi na dim gobaith cael un chwaith. W i'n meddwl weithiau cadw llyfr nodiadau yn y car 'ma, nodi'r pethau diddorol a difyr mae rhai'n gweud, disgrifio rhai ohonyn nhw a throi'r cyfan yn nofel. Wa'th 'nes i'r cwrs sgrifennu creadigol yn y coleg 'na yng Nghaerefydd. Ond 'smo fi wedi sgrifennu dim ers i mi adael chwe blynedd 'nôl a dod i'r dref 'ma i fyw. Ond mac 'da fi ddigon o syniadau'n troi yn 'y mhen, 'na be sy'n bwysig, a digon o ddeunydd crai yn y bobl sy'n dod i'r cab 'ma. Cymer er enghraifft y boi 'na sy'n dipyn o lenor ei hunan, enillodd e ryw wobr fach yn y Steddfod amser maith yn ôl, tipyn o la-di-da, tipyn o snob, meddwl ei hunan. Ond 'smo fi wedi darllen dim o'i stwff e, ddim hyd yn oed yn y coleg. Wel mae hwnnw'n ordro tacsi – unwaith y mis – o'r archfarchnad yn y dref ac yn ôl i'r pentre' lle mae'n byw, wedi'i lwytho gan fagiau siopa. 'Sdim car 'da fe, twel. 'Na i gyd ma' fe'n siarad amdano yw pethau fel llofruddiaethau, UFOs ac ysbrydion a phethau fel anghenfil Loch Ness, Yeti a

Bwystfil Bont. Ew, mae'n hala'r crîps arna i. Ond 'wedais i 'mod i wedi gweld Bwystfil Bont yn croesi'r heol un noson. Oedd e'n licio 'ny; eisia' gwpod mwy. Ond o'n i ddim wedi gweld y creadur o gwbl. Eu rhaffu nhw o'n i. Wedyn mae 'na fenyw sy'n defnyddio'r tacsi'n gyson. Ma' 'da hi fodrwyau ym mhobman. Nace ar ei bysedd a'i chlustiau yn unig – er bod llond cert ohonyn nhw 'da hi ar y rheini, hefyd – ond ar ddwy ochr ei thrwyn ac un yn y canol ac ar ei haeliau a'i gwefusau, hyd yn oed. A chlywais i gan un o'r gyrwyr eraill (sy'n gwpod mwy 'na fi) fod ganddi fodrwyau mewn mannau mwy – be alla i 'weud – mwy dirgel. Dw i ddim yn mynd i 'weud rhagor, dim. Gadael y peth i'r dychymyg – a beth bynnag ti'n ei ddychmygu yn yr achos hwn, bydd e'n iawn, mwy na thebyg. Ta beth, un diwrnod gwedodd hon wrtho i ei bod hi wedi cael *trepanation*, a dyma fi'n gofyn (yn gwbl ddiniwed) – gan feddwl taw rhyw fath o driniaeth feddygol at ryw anhwylder oedd e – dyma fi'n gofyn beth oedd *trepanation*. Ac o'n i'n gyrru'r car 'ma ar y pryd, a dyma hi'n esbonio fel maen nhw'n agor twll bach yn y benglog drwy ddrilio – ie, drilio – drwy asgwrn y corun! Bu ond y dim i mi fynd oddi ar yr heol a llewygu wrth feddwl am y driliau mawr 'ma a sŵn dril deintydd yn mynd trwy'r pen. Sut maen nhw'n eu stopio nhw rhag mynd yn rhy ddwfn – i mewn i'r ymennydd? Ych-a-fi! "Pam ti'n 'neud peth fel'na?" gofynnais, unwaith eto, yn ddiniweidrwydd i gyd. "Mae'n codi f'ymwybyddiaeth," meddai, "dw i'n gallu gweld yn well, gwynto'n well, mae bwyd yn blasu'n well, mae pethau'n teimlo'n well wrth i chi gyffwrdd â nhw, mae pob sŵn yn fwy clir. Ar ben hynny," meddai hi, "dw i'n deall mwy, yn amgyffred mwy. Ac wrth gwrs," meddai, fel petai'r peth yn gwbl amlwg, "mae cyfathrach rywiol yn well o lawer." Wel, afraid gweud, allwn i ddim meddwl am ddim byd arall i'w ychwanegu. Yna mae 'na foi sy'n perfformio yn y dref, weithiau. Weithiau bydd i'w weld yn siwglo peli lliwgar ar gornel un o'r strydoedd neu ar y prom. Mae'n gallu cadw chwe phêl yn yr awyr ar yr un pryd, sa i'n deall sut mae'n ei 'neud e. Bryd arall bydd e'n reido *monocycle* – nawr 'te, beth yw hwnna yn Gymraeg? Ti ddim yn gallu gweud 'beic un olwyn' – 'dyw e ddim yn 'neud synnwyr, achos mae 'beic' yn golygu dwy olwyn. Ta beth, ma' fe'n gallu siwglo peli *ar ben* y *monocycle* neu'r *unicycle* 'ma. Ac weithiau mae'n gallu bwyta tân – ac weithiau – mae hyn yn anhygoel – mae'n reido'r 'unolwyn' *ac* yn llyncu proceri fflamllyd *ar yr un pryd*! Nawr 'te! Be ti'n feddwl o hwnna? Mae'n hala ofon arna i jyst i edrych arno fe. Be 'tase fe'n cwympo? Mae'n perfformio, weithiau, ar bwys yr archfarchnad lle mae'r tacsis yn crynhoi i aros am gwsmeriaid a byddwn ni'n cael sioe am ddim. Pan ddaeth e yn y tacsi 'da fi un tro roedd cleisiau ofnadw 'da fe ar ei wyneb a swigod o gwmpas ei wefusau a phrin y gallai siarad. Person diddorol arall yw'r fenyw 'ma sy'n gwisgo lot o golur ar ei hwyneb. Pawb yn ei nabod hi. Un o gymeriadau'r dref 'ma, er ei bod hi'n dod o'r gogledd yn wreiddiol. (Dw i'n cael trafferth ofnadw i'w deall hi'n siarad.) Mae honna'n dod ata i am dacsi'n aml. "Dw i'n teimlo'n saff hefo chdi, cyw." Wastad yn rhoi cil-dwrn bach. Yn ôl rhai o'r bois ar y tacsis 'ma – faswn i ddim yn gwpod peth fel hyn – mae hi'n gadael cardiau bach ym mhob blwch ffôn yn y dref, mae hi'n hysbysebu'i *Massage and French Polishing*. Ond gwedodd un o'r bois – a hwyrach ei fod e'n gwpod, dwn i ddim – yn ôl y boi 'ma, 'dyw hi ddim yn fenyw o gwbl! Dyn yw 'hi' ond ei bod wedi cael triniaeth lawfeddygol i'w throi hi'n fenyw. Dyn neu fenyw – hi neu fe 'te? Sa i'n siŵr, wir. Tro diwetha daeth hi i'r cab edrychais ar ei choesau a'i breichiau, ond do'n i ddim yn gallu gweld dim blew. Ond mae ei dwylo'n fawr, rhaid i mi 'weud, a'i llais yn ddwfwn ac mae 'na awgrym o afal breuant yn ei llwnc. Felly, falle bod 'na ryw wirionedd yn y stori. Cofia, dw i ddim yn beirniadu neb. Mae hi'n berson hynod gyfeillgar ac yn gwsmer da, 'na be sy'n bwysig i mi.

Dw i'n ei licio hi ac yn barod i'w galw hi'n 'hi' os dyna be ma' fe'n mo'yn. R'yn ni'n cael pob sort yn y cabiau 'ma a rhaid inni eu derbyn nhw i gyd fel ei gilydd. Fel gyrrwr tacsi dw i'n gorfod cymryd pawb a phopeth yn ddigwestiwn. Mae 'na lot o bobl gyfoethog yn yr ardal 'ma hefyd, o oes. Mae'r aelod seneddol wedi bod yn 'y nghab i unwaith. Ac mae 'da ni sawl 'syr' yn y cylch – mae'r rheini wedi defnyddio'r cab, hefyd – a dau arglwydd ac maen nhw, ill dau, yn gwsmeriaid cyson. Byth yn gyrru ac yn yfed – ond maen nhw'n yfed eitha' tipyn pan nad 'yn nhw'n gyrru. 'Smo nhw'n hael iawn, serch 'ny. Ond mae 'na ŵr a gwraig, dau o gymeriadau mwya' lliwgar y dref 'ma, basa rhai'n eu galw'n od, sy'n anhygoel o hael er d'yn nhw ddim i'w gweld yn arbennig o gefnog. Mae hi'n fenyw fach gron sy'n llifo'i gwallt yn felyn ac yn gwisgo dillad o bob lliw yn yr enfys; coch (wastad digon o goch), porffor, oren, gwyrdd, glas ac yn y blaen; ac ma' fe'n gawr o ddyn blewog, locsyn mawr, fel Sascwatsh. Bydd y ddau'n eista yn y cefn ac yn dal dwylo ac yn siarad â'i gilydd fel cariadon bach yn eu harddegau yn mynd mas 'da'i gilydd am y tro cynta' – siarad lol, iaith babanod! Ond 'taswn i'n gorfod rhoi gwobr i'r cwsmeriaid mwya' hael dyma'r rhai fyddai'n cario'r dydd heb os. D'yn nhw ddim yn defnyddio'r cab yn aml, cofia, ond bob tro maen nhw'n ffonio bydd 'y nghalon yn codi achos maen nhw bob amser yn rhyfeddol o hael, tu hwnt o hael, weithiau. Deg punt am daith fer trwy'r dre', o'r sinema ar y bryn, 'nôl i'w cartre heb fod yn bell o'r prom – ddim ar y prom ond yn un o'r strydoedd y tu ôl i'r rhai sydd yn wynebu tua'r môr. Maen nhw'n cadw lle gwely a brecwast ac maen nhw'n Gymry Cymraeg. 'Smo nhw'n frodorion y dref 'ma – pwy sydd? Sa i'n gwbod o ble maen nhw'n dod yn wreiddiol. Dw i wedi cael sawl papur ugain punt ganddyn nhw – ac un tro bythgofiadwy, hanner can punt! Arian parod! Wir i ti. Dw i ddim wedi sôn am eu haelioni wrth neb arall. Maen nhw'n gwsmeriaid rhy dda i'w colli. Ond rhaid i mi 'weud, mae 'na rywbeth od amdanyn nhw serch hynny. W i'n credu bod rhywbeth yn bod ar y ddau. Dw i ddim yn siŵr beth yn gwmws. Heb fod yn llawn milltir. Heb fod i ben draw'r siwrnai. Os wyt ti'n deall be dw i'n 'feddwl. A dw i ddim yn credu'u bod nhw'n cael gormod o ymwelwyr chwaith, dim lot o fusnes. Wa'th mae'r tŷ mor ddiolwg a brwnt; paent y drws yn cracio, llenni heb eu golchi, ffenestri aflan, tyllau yn rhai ohonyn nhw. Dim ond rhai heb ddigon o arian i fynd i le gwell fasa'n mynd i'r lle 'na neu 'tasa pob lle gwely a brecwast arall yn llawn – sy'n digwydd o dro i dro yn yr haf. Dw i wedi gweld ambell un yn mynd yno, ond dw i ddim yn credu bod neb yn aros yn hir – noson neu ddwy ar y mwya'.

Weithiau, bydda i'n darllen y papurau ac yn trafod – gyda mi fy hun – y pethau sydd yn y newyddion. Y Torïaid a Llafur yn ffraeo am foesoldeb o hyd, 'twll du medd y frân wrth y fwyalchen'. Ond mae'r cylch hwn wedi cael tipyn o sylw cenedlaethol yn ddiweddar. Maen nhw'n dal i chwilio am deulu'r ferch 'na y canfuwyd ei chorff ar ochr yr heol, heb fod yn bell o Lanhowys, ac maen nhw'n cael trafferth i ddal gyrrwr y car 'nath ei bwrw hi lawr. Maen nhw wedi'n holi ni'r gyrwyr tacsis sawl gwaith. A chafodd 'y mrawd sy'n gyrru lori'n gyson rhwng y dref 'ma a'r ddinas ei holi, hefyd. Maen nhw wedi cyhoeddi llun o'i hwyneb. Mae'n anhygoel. Neb yn ei nabod, neb yn gweld ei heisia' hi. Sut mae peth fel'na'n gallu digwydd yn yr oes hon gyda'r holl ffurflenni a phapurach a dogfennau sy'n ein dilyn ni o'r groth i'r bedd?

Wel, 'na fe, weithiau bydda i'n siarad fel hyn nes 'mod i'n 'y niflasu fy hunan. Ble mae'r cwsmeriaid heno? Yr unig ddewis arall yw rhoi tâp ymlaen. Dusty Springfield, fy ffefryn, dw i'n aelod o'i *fan club* hi.

> Th'only boy that couldeva
> teachme
> was the sonofapreechaman...

pennod 4

YN YR ADRAN ASTUDIAETHAU CELTAIDD roedd pawb yn siarad am y peth. Heulwen, yr ysgrifenyddes, afraid dweud, oedd y gadeiryddes hunanetholedig.

"On'd yw hi'n drist am y ferch fach 'na? 'Smo nhw'n gallu ffindo mas pwy oedd hi."

Fel rheol byddai'i chyfieithiadau uniongyrchol o'r Saesneg yn codi'r dincod ar Maldwyn, yn fwy na rhai ei wraig gan nad oedd gan Heulwen yr esgus o fod wedi dysgu Cymraeg yn ei thridegau, ond wrth wrando arni'n siarad y tro hwn ei unig ymwybyddiaeth oedd ei bresenoldeb euog ei hun. Cyhuddedig ond anweledig, cleren ar y wal, fel dyn yn gwrando ar bobl yn siarad amdano. Ar y naill law ysai am gael gwybod mwy, ar y llaw arall gwyddai fod rhaid iddo beidio â dangos hynny. Rhaid oedd iddo gael y cydbwysedd yn berffaith rhwng chwilfrydedd arferol a difaterwch naturiol. Crefft oedd hi ac yntau'n ddim ond prentis.

"O, maen nhw'n siŵr o ddod o hyd i rywun oedd yn ei nabod hi'n hwyr neu'n hwyrach," meddai gan edrych trwy ddrâr o ffeiliau.

"Sa i'n gwbod chwaith," meddai Heulwen gan ysgwyd ei phen yn besimistaidd uwchben y papur newydd, "mae'r amser yn mynd yn ei flaen nawr ac maen nhw wedi dangos darlun o'i hwyneb bach ar y teledu ac yn y papurau i gyd."

Wyddai Maldwyn mo hynny. Bu'n ymgroesi rhag prynu'r papurau er y ddamwain, a phenderfynasai Toni ac yntau ar ddechrau'u priodas beidio â chael teledu.

"Mae'n od iawn," meddai Dedwydd Roberts gan edrych dros ysgwydd Heulwen ar y papur a chraffu'n fyr-ei-golwg ar y llun ar y tudalen blaen. "Mae'n od iawn, iawn. Basech chi'n disgwyl y basai rhywun wedi dod ymlaen erbyn hyn. Cymydog, rhywun oedd yn ei nabod *by sight*."

"Y broblem yw," meddai Dr Juno Hardacre, darlithydd a feddai ar chwarddiad aflywodraethus, anghymwys, "mai dim ond darlun sy'n cael ei ddangos o hyd..."

"*Artist's impression*," torrodd Dedwydd ar ei draws.

"Yn union," meddai Juno gan chwerthin, a'i ddannedd yn canu fel clychau, a chario yn ei flaen yn hollwybodus, "does dim un llun yn gallu gwneud cyfiawnder perffaith."

"Dwn i ddim chwaith," meddai Norman Prosser, gwybodusyn arall; roedd hi'n amser coffi a'r staff i gyd wedi ymgasglu yn swyddfa Heulwen, "mae'n llun eitha' ffotograffaidd."

"*Identikit picture*," meddai Dedwydd.

"Ie, ond 'dyw e ddim yr un peth â llun clir, nac ydi?" gofynnodd Juno, er nad oedd yn disgwyl i neb anghytuno ag ef. "Tybed pam dydyn nhw ddim wedi rhyddhau ffotograff ohoni?"

"Wel, mae'n amlwg," meddai Norman yn ei ffordd ddoetheiriog arferol – roedd cryn dipyn o gystadleuaeth rhyngddo ef a Juno – "dydyn nhw ddim eisiau lledaenu llun o ferch farw. Meddyliwch am y peth am eiliad, mae'r syniad yn wrthun, on'd yw e?"

"Ych-a-fi," chwarddodd Juno, a'r sŵn yn clindarddach yng nghlustiau Maldwyn.

Cododd Mal gwpaned o goffi at ei wefusau sych ac, yn llechwraidd, hamddenol, cododd glip papur o ddesg Heulwen gyda'r llaw arall. Chwaraeodd gyda'r clip, ei ysgwyd yn ei ddwrn, ei wthio o gwmpas pad o bapur fel llong fechan, ei barcio fel car yn daclus rhwng dwy linell las ar y papur hwnnw. Yna, pan oedd pawb arall i'w gweld yn cloncian yn braf am bethau eraill, cododd y papur newydd, yn hanner difater ac yn hanner chwilfrydig. Edrychodd ar y tudalennau cefn yn gyntaf, fel pe bai ganddo ddiddordeb mewn pêl-droed – peth na chymerasai ddiddordeb ynddo yn ei fywyd erioed, mewn gwirionedd. Rhoes ei gwpan i lawr ar gornel y ddesg er mwyn cael agor y papur. Edrychodd ar y tudalen teledu, edrychodd ar y sêr, ar un stori am ryfel cartref mewn gwlad nad oedd erioed wedi clywed amdani, edrychodd ar y ferch borcyn ar dudalen tri – heb weld dim un o'r pethau hyn. Yna, o'r diwedd troes at y llun a lenwai'r tudalen cyntaf, gan bwyso'i benelinoedd ar ymyl y ddesg mewn ymdrech i sadio'r cryndod a'i meddiannai.

A dyna hi. Hwyrach y buasai'n gweddïo nad y hi fyddai hi, mai merch arall fyddai hi a'i fod wedi breuddwydio'r cyfan. Ond hyhi oedd hi a neb arall. Dyna'r wyneb a welsai ac a edrychasai arno yn gorwedd ar y tarmac ar yr heol y noson honno. Ychydig nosweithiau'n ôl. Oes oesoedd yn ôl. Y ferch yr oedd ef wedi'i tharo gyda'i gar. Roedd e yn ei hadnabod hi os nad oedd neb arall ar y ddaear yn gwybod pwy oedd hi. Hi oedd y ferch yr oedd efe, Maldwyn Taflun Lewis, wedi'i lladd.

Gan ddal i actio a dramateiddio'i ddiffyg diddordeb rhoes y papur yn ôl ar y ddesg. Cododd y mẁg o goffi gyda'r naill law a'r clip papur gyda'r llall.

"Y peth arall, wrth gwrs," giglodd Juno gan edrych ar y papur eto, "yw pwy oedd y gyrrwr? Yr un 'nath ei bwrw hi i lawr a'i gadael ar ochr yr heol a gyrru i ffwrdd?"

"Y diawl," poerodd Heulwen, "gobeithio bod ei gydwybod yn ei bigo fe, gobeithio bod e ddim yn gallu cysgu a bod e ddim yn gallu byw yn ei groen. Baswn i'n ei flingo fe 'taswn i'n cael gafael arno fe, wir i chi."

"On'd oes 'na *theory* gan y polîs," meddai Dedwydd gan anwybyddu perfformiad yr ysgifenyddes, "*theory* na *hit and run driver* oedd o?"

"Mae'n amlwg taw *hit and run* oedd e," meddai Juno a'r geiriau Saesneg yn sefyll allan fel goleuadau trydan mewn bwced o lo.

"Nac oes *theory* hefyd," ailafaelodd Dedwydd yn y dyfaliadau eto, "mai'r person sydd wedi bod yn cadw'r ferch a'i lladdodd hi?"

"Wel, mae'n gwneud rhyw fath o synnwyr, on'd yw e?" meddai Norman Prosser – datagniad yn hytrach na chwestiwn.

"Pa synnwyr, 'smo fi'n gweld synnwyr yn y peth o gwbl," meddai Heulwen.

"Wel," meddai Norman gan baratoi i wneud pethau'n ddigon syml ar gyfer y twpsod o'i gwmpas a smic o gryndod yn ei lais yn bradychu'i ddiffyg amynedd yn ogystal â'i wreiddiau Canadaidd, "mae'n amlwg bod rhywun wedi magu'r plentyn 'ma, ei rhieni'i hun neu ryw bobl a wnaeth ei chipio hi oddi ar ei rhieni pan oedd hi'n faban, efallai, ac a wnaeth ei chadw hi mewn caethiwed ar hyd ei hoes. Dyna pam does neb yn ei hadnabod hi. Does neb wedi'i gweld hi ond y person neu'r bobl fu'n ei chadw hi. 'Dyw hi ddim wedi bod allan."

"Braidd yn *far-fetched*," oedd sylw Dedwydd.

"Efallai, ond cofiwch chi am y teulu 'na o Fryste dro yn ôl; pump o blant wedi cael eu cadw mewn tŷ teras, heb erioed fynd allan, a dim un o'r cymdogion yn gwbod amdanyn nhw. Roedd yr hynaf yn ferch dair ar ddeg oed."

"Creulon," meddai Heulwen gan wneud prifwyl o'i digofaint.

"Rhywbeth fel'na sydd wedi digwydd yn achos y ferch 'ma, dybiwn i," cyhoeddodd Norman, wedi adennill ei hyder, a'i Gymraeg yn llifo eto ac yn swnio'n naturiol, bron, "ond bod y sawl oedd yn ei chadw wedi penderfynu cael gwared â hi. Wedi mynd â hi allan i'r wlad, wedi'i rhoi hi ar yr heol a'i bwrw hi i lawr yn fwriadol."

"Ofnadw," porthodd Heulwen.

"Ie, dyna be mae'r heddlu'n 'feddwl hefyd," meddai Juno er mwyn dangos nad syniad Norman ei hun oedd y ddamcaniaeth honno; chwarddodd fel petai wedi dweud jôc.

"Mae'n *horrible*," meddai Dedwydd a chrynu fel petai talp o iâ yn llithro i lawr ei chefn.

"Ydi," meddai Heulwen, " 'smo fi'n lico siarad am y peth."

pennod 5

"Rhaid iddo fynd heddi," meddyliai Tanwen gan gwtsio yn ei gwely. Roedd y bore yn ganol oed, os nad yn hen ac yn fusgrell yn barod, ond doedd hi ddim wedi codi achos roedd hi'n oer. Gwasgodd ei photel ddŵr poeth ati – potel ddŵr oer – ond er bod honno wedi oeri roedd y gorchudd gwlân wedi amsugno gwres ei chorff ac roedd y gwely ei hun yn dwym a chlyd. Y tu allan roedd yr oerni. Gallai deimlo'r rhew yn hongian ar yr awyr yn y stafell fel barcud yn hofran uwchben ei brae.

Daethai'n ddigon hoff o'r ci, Jaco. Roedd hi wedi dysgu enw'r ci ond nid enw'i feistr eto. Dim ond ei lysenw, sef 'Camel', ar ôl ei hoff sigaréts (na allai'u fforddio). Doedd hi ddim wedi holi a doedd yntau ddim wedi cynnig enw llawn – dim ond y ffug enw, y *nom de fume* gwirion. Iawn, digon teg, achos doedd hi ddim yn arbennig o awyddus i wybod pwy oedd e na dim byd arall amdano. Roedd c wedi aros yn rhy hir yn barod, wedi 'goroesi'i groeso'. Ond chwarae teg iddo, bu'n ddefnyddiol iawn ac yn barod i helpu o gwmpas y bwthyn; roedd wedi trwsio coes y ford ac wedi rhoi silffoedd ar y wal iddi a drych uwchben y lle tân. Gallai hi fod wedi gwneud y pethau hyn ei hunan, gwyddai hynny, ond bu'n esgeulus gan roi blaenoriaeth i bethau eraill – ei gwaith peintio yn bennaf – a daethai'n gyfarwydd â sigl y ford, y pentyrrau o lyfrau ar y llawr ac â phlygu bob tro er mwyn edrych yn y drych... Ond mynnodd ef ei fod yn gwneud rhywbeth i dalu am ei 'charedigrwydd' (ei air ef). Iawn, meddai, cei di drwsio'r ford ac yn y blaen, pam lai? Man a man cymryd mantais. Gwaetha'r modd roedd e'n weithiwr swnllyd a dychrynllyd o araf. Ond nawr roedd hi wedi penderfynu, châi e ddim aros diwrnod arall. Bu hi'n gorwario o'i herwydd. Byddai'r landledi yn galw heddi ac am y tro cyntaf ers iddi ddod i fyw yn y bwthyn byddai hi'n gorfod gofyn am wythnos o goel ar y rhent. Wythnos o oddefgarwch Mrs Turvey. Pam, o pam na fyddai un neu ddau o'i lluniau yn gwerthu yn y siopau a'r orielau bychain lle'r oedd hi wedi'u gosod nhw?

Rhaid iddi godi. Doedd dim dewis. Ond roedd hi'n rhy oer o hyd. Dymunai gario ymlaen gyda'i gwaith peintio. Dim ond iddi werthu un llun byddai'n gallu gwneud iawn am yr wythnos o ddyled. Dim mwy.

Na fyddai, fyddai hi ddim yn sgrifennu at ei thad. Fuodd hi erioed yn un o'r plant dosbarth canol yna a chawaraeai fod yn dlawd dim ond i droi at eu hariannog rieni bob tro y deuai argyfwng i'w rhan. Ac eto, gan nad oedd hi wedi gofyn am help erioed o'r blaen, hwyrach na fyddai'n cyfaddawdu ei hegwyddorion o wneud hynny unwaith yn unig. Gwyddai na châi'i gwrthod. Ond byddai'i thad wedyn yn gwybod ble'r oedd hi'n byw, a doedd hi ddim eisiau hynny. Am sefyllfa wirion i ferch yn ei thridegau! Bu'n annibynnol ac eto doedd hi ddim wedi'i 'sefydlu' ei hunan, yn wahanol i'w chyfoedion. Ond roedd y rheini wedi'u sefydlu'u hunain ar gorn ac ar gost eu hegwyddorion a'u hannibyniaeth. Bradwyr oedden nhw ym marn ddigyfaddawd Tanwen. Peth costus oedd rhyddid i ferch o hyd.

Yna daeth delwedd o wyneb Mared i'w meddwl. Dyna fenyw a gadwai'i rhyddid a'i hannibyniaeth. Person hynod o ddiddorol. Ysai Tanwen am wybod mwy amdani. Beth yn y byd oedd wedi digwydd iddi, pam roedd hi'n mynnu byw ar ei phen ei hun fel'na? Sut yn y byd roedd hi'n byw? A doedd hi ddim yn rhyw fath o werinwraig gyntefig, araf ei meddwl, wedi mynd yn sownd yn y ganrif ddiwethaf, wedi methu ymdopi â datblygiadau chwyrn yr oes hon, fel roedd hi,

Tanwen, a rhai eraill yn y gymdogaeth, wedi tybio – wedi rhagdybio. Ar y dechrau cawsai Tanwen dipyn o ddadrithiad i ddeall nad rhyw fath o *noble savage* oedd Mared eithr menyw soffistigedig a oedd wedi dewis ei ffordd anghonfensiynol, hunanymwadol o fyw. Ond bellach roedd ei hedmygedd wedi tyfu. Gallai'i gweld hi'n glir; menyw dal, gnawdol, gref; trwyn nobl, talcen uchel, aeliau fel adenydd brân ar led; gwallt brith trwchus wedi'i dorri ar ei gwar. Penderfynodd Tanwen y byddai'n ymwroli ac yn gofyn i Mared sefyll iddi gael peintio portread ohoni. Âi i Dy'n-y-coed i ymweld â hi, heb wahoddiad (câi aros hyd ddydd y farn am wahoddiad gan Mared). Yn y cyfamser, nes iddi fagu'r plwc i wneud hynny, byddai'n gorfod chwilio am destun arall. Meddyliodd am y llanc a dileu'r syniad hwnnw yn syth. Rhaid iddo fynd.

Yn sydyn clywodd sŵn curo ar y drws. Adnabu'r modrwyau aur ar y pren: Mrs Turvey. Roedd hi'n gynnar neu, efallai mai hyhi oedd yn hwyr iawn yn ymystwyrian o'i gwely cynnes.

Brysiodd Tanwen cyn i'r llanc agor y drws iddi, achos wedyn byddai ar ben arni cyn belled ag y byddai cadw'i thenantiaeth ar y bwthyn yn y cwestiwn. Taflodd gardigan am ei hysgywddau a rhedeg i lawr y grisiau pren yn droednoeth. Doedd sŵn y curo ddim wedi deffro'r bachgen.

"Cwyd," meddai Tanwen yn ei glust, "cwyd, glou."

Agorodd Camel ei lygaid pŵl mewn annealltwriaeth llwyr.

"Cer lan llofft ar unwaith a chymer y ci hefyd."

Diolch i'r drefn, doedd Jaco ddim wedi cyfarth. Daeth sŵn y metel ar y pren eto a llais yn canu *"Hello!"*. *"Coming,"* atebodd Tanwen. Gwawriodd amgyffrediad o'r sefyllfa ar y dyn ifanc, nid yn rhy fuan chwaith. Ysgubodd y blancedi i fyny o'r soffa a rhedeg i fyny'r grisiau, a'r ci chwareus ar ei ôl, a'i gynffon yn chwifio. Cafodd Tanwen gipolwg di-ofyn-amdano ar ben ôl-bach blewog y llanc.

Tynnodd y gardigan am ei gwddw ac agor y drws.

"Mae'n ddrwg gen i Mrs Tur…"

"My dear, I've told you before, I don't speak Welsh."

Chwarae teg iddi, meddyliai Tanwen, dim ond deng mlynedd roedd hi wedi bod yn dysgu 'Bore da'.

"I'm sorry, Mrs Turvey," meddai Tanwen gan ei melltithio'i hun am fod mor wasaidd ag i ymddiheuro am siarad ei hiaith ei hun. Ond doedd hi ddim mewn lle i sefyll dros egwyddorion y bore hwnnw.

"I've got a bit of a problem. I haven't been able to get to town this week…"

Gallai Camel ei chlywed hi'n eu rhaffu nhw. Ar ôl deffroad mor ddisymwth – wyddai fe ddim ble'r oedd e ar y dechrau – ei ddymuniad cyntaf oedd mynd i biso. Ond roedd y tŷ bach y tu allan yn y cefn. Yr hen broblem eto. Doedd dim toiled yn y stafell ymolchi. Pwy oedd wedi codi'r tŷ ynfyd hwn? Ystyriodd fynd i biso yn y cafn ymolchi ond roedd e'n ofni symud a gwneud sŵn. Beth bynnag, byddai hi'n siŵr o wynto'i fod 'wedi bod' yno. Ac roedd e mewn dyled iddi. Ac eto roedd hi'n siŵr o'i daflu allan yn hwyr neu'n hwyrach. Ond doedd e ddim yn mynd i ddweud dim, dim ond aros iddi ddweud wrtho am fynd. Chawsai'r un dropyn ers iddo fod gyda hi a doedd e ddim wedi gweld ei eisiau chwaith. Efallai y câi le i fyw yn y dref dros dro nawr ei fod ychydig yn daclusach ei olwg. Ond roedd dillad yn dal i fod yn broblem. Llosgasai'i hen ddillad ac am hynny roedd e'n ddiolchgar gan eu bod wedi mynd yn hen racs afiach a brwnt. Ond allai fe ddim mynd i'r dref mewn sgert hipi haf '73 chwaith.

Hen hipi oedd hi hefyd a barnu wrth ei ffordd o fyw a'i stafelloedd. Y clychau'n hongian o hen drawstiau'r bwthyn; y cregyn a'r darnau o risial; y gwrthbannau amryliw â drychau bach ynddynt a'u ymylon rhidens, wedi'u taflu dros bob hen gelficyn hyll; y *joss sticks* anochel; y canhwyllau persawrus yn sefyll mewn hen boteli gwin; y gitâr; llun o Joan Baez; y planhigion yn hongian mewn basgedi *macramé* –

yn wir, roedd holl ddarpariaeth yr ystrydebol hipi ganddi. A'i phaentiadau; ei chynfasau heb eu fframio yn bentyrrau ym mhob man, yn pwyso yn erbyn pob wal, pob cadair. Ei lluniau anobeithiol o amaturaidd. Edrychodd ar un ohonynt; llun o hen ddyn; crychau henaint ar ei dalcen ac o gwmpas ei lygaid a'i ên. Na, doedd hynny ddim yn deg, doedden nhw ddim yn ddrwg o gwbl. Diffyg hyder oedd unig wendid ei phortreadau, ansicrwydd yn ei defnydd o'r paent a'r llinellau ac i ddweud gyda'r brws 'dyma'r person fel dw i'n ei weld e'. Serch hynny, defnyddiai'i lliwiau gyda greddf yr artist naturiol. Edrychodd ar ei lliwfwrdd: talpiau, stribedi siâp past dannedd a globenni'r enfys wedi caledu, pyllau solet o frowniau, rhychwant eang o raddfeydd o wyrdd, arlliwiau o las – y gwahaniaethau rhyngddynt yn anodd eu canfod – arbrofion mewn fioled, a'r ymchwil di-ben-draw hwnnw i ddod o hyd i liw i gyfateb i'r peth mwyaf cyffredin ond anodd ei ddiffinio sef y cnawd.

Rhywsut neu'i gilydd cawsai'r syniad ei fod yn rhyw fath o handiman – hwyrach oherwydd iddo fod mor daer ynghylch ei barodrwydd i wneud rhywbeth i dalu am ei charedigrwydd, a oedd yn ystryw ar ei ran ef i gael aros am dipyn eto. Roedd y tric wedi gweithio, ond roedd e'n handiman di-glem. Ond nawr cawsai fflach o ysbrydoliaeth – byddai'n cynnig fframio'i lluniau iddi, er mor annoeth fyddai hynny o gofio'r ffaith nad oedd dim pren ganddi, dim twlsyn ar gyfyl y bwthyn.

Wrth aros, wrth eistedd ar ei gwely, a Jaco wrth ei ochr, roedd e'n dechrau teimlo'n gysglyd eto, er gwaethaf ei angen i fynd i'r tŷ bach; doedd e ddim wedi bwrw'i flinder yn iawn.

"Yes, yes, I promise I'll be up to date with the payments by next week," meddai Tanwen eto. Beth oedd angen iddi'i wneud i'w hargyhoeddi? Agor ei gwythiennau a sgrifennu'r addewid ar ddarn o femrwn yn ei gwaed twym ei hun?

"Very well," meddai Mrs Truvey, "I'll allow it just this once. But I strongly disapprove. And if you haven't got the money by this time next week I'll expect you to leave. Is that understood?"

"Yes, Mrs Turvey."

"Fine. Bye bye then."

"Bore da," meddai Tanwen wrth i'r fenyw hwylio fel llong drwy'r glwyd. Os do! troes ar ei sawdl a dod yn ei hôl.

"Now there's no need to be like that. I've been very kind to you, very patient."

"I just said 'good morning' in Welsh."

"I don't know what you said. Just you make sure you have your rent up to date by next week. Plenty of holiday-makers would be grateful to stay in a lovely old cottage like this." Gyda'r gair olaf hwnnw aeth i lawr y llwybr fel y Titanic.

"Bitsh!" gwaeddodd Tanwen ar ôl iddi gau'r drws â chlep ar ei hôl hi. Pwysodd ei chefn yn erbyn y drws a gwaeddodd y gair 'Bitsh' eto fel petai'n taflu *grenade* dros ei hysgwydd at y fenyw. Disgwyliai sŵn o'r llofft, ond ni ddaeth yr un smic.

Chwiliodd am ddarn o bapur a sgrifbin – pethau nad oedd byth ar gael pan oedd eu hangen. Daeth o hyd i ddwy ddalen o bapur o dan bentwr o lyfrau a beiro ar y silff ben tân y tu ôl i botel o Nescafé. Aeth at y ford a dechrau'r llythyr yn syth. Datguddiodd ei chyfeiriad yn y cornel uchaf ar y dde a theimlo'i bod wedi colli'i brwydr dros annibyniaeth yn barod. Sgrifennodd y dyddiad yr ochr arall. 'Annwyl Dad.' Doedd e ddim yn annwyl ganddi ac roedd y gair Dad yn ddieithr ac yn ffals, gair mewn iaith estron. Dywedodd yn blwmp ac yn blaen fod arni eisiau arian ar fyrder, dywedodd pam a faint yn union i'r geiniog. Digon i dalu'r rhent am bythefnos. Cyn gynted ag y câi'i thalu am un o'i lluniau byddai'n clirio'r ddyled yn syth. 'Cofion. Tanwen.' Caeodd y llythyr byr a phwrpasol mewn hen amlen a gyfeiriwyd ati hi (fel petai er mwyn pwysleisio'i chyfeiriad) ac ysgrifennu enw a chyfeiriad ei thad uwchben ei henw ei hun (â llinell drwyddo).

Roedd hi ar fin cerdded i'r pentref pan gofiodd am y llanc

lan llofft. Penderfynodd y byddai fe yn dod gyda hi ac yn gadael am y dref ar ei ben ei hun. Ta ta. Stompiodd lan y grisiau.

Roedd e'n gorwedd ar y gwely yn cysgu, a'r ci tawel yn ei ymyl yn edrych arni. Dyna pryd y sylweddolodd Tanwen beth roedd hi'n mynd i'w beintio nesaf.

pennod 6

POPETH 'DA HI? Doedd hi ddim yn siŵr. Yn ei bag ar y rhestl uwch ei phen ar y trên roedd ei holl anghenion. Y tabledi a digon ohonyn nhw, rhai bach gwyn fel tameidiau o sialc, rhai coch sgleiniog fel dafnau gwaed, a rhai glas tywyll, peryglus yr olwg, dieflig. Cymysgedd hefyd; rhaid iti'u cymysgu i wneud y job yn iawn, ac roedd hi'n benderfynol o wneud hynny; roedd hi o ddifri y tro hwn. Potel o Southern Comfort, a rhag ofn na fyddai hyn i gyd yn gweithio roedd ganddi becyn o rasal hefyd.

O'i blaen yn awr roedd y daith hir. Digon pell o'r ddinas. Roedd hi'n mynd er mwyn gadael pawb a phopeth ar ei hôl, pawb oedd wedi'i brifo hi a phopeth a oedd yn dal i frifo. Ond pam Aberdyddgu? Oherwydd dyna lle'r oedd y trên yn mynd. Lle bach di-nod ar lan y môr a digon o westai yno. Bwcio i mewn i un o'r rheini a gwneud y job. Ni fyddai'n achosi mwy o ofid i'w mam, fel'na. Ni allai ddioddef meddwl am ei mam yn dod o hyd iddi. Dieithryn, iawn. Ni phoenai am achosi braw i ddieithryn.

Wrth gwrs, bu i Aberdyddgu gyda fe un tro. Ond nid am unrhyw atgofion rhamantus eu cysylltiadau roedd hi wedi dewis y lle, wir.

Gwnaethai gamgymeriad oherwydd roedd hi'n gorfod dioddef tair awr a thri chwarter ar y trên orlawn hwn; tair awr a hanner o chwarae'r un hen, hen dâp – nid *Joy Division 1977-1980* yn unig, eithr tâp a ailweindiai'i hun ar ôl ei chwarae dro ar ôl tro yn otomatig, heb fod rhaid iddi bwyso unrhyw fotymau. Pe bai botwm 'stop' yn ei phen fe'i pwysai yn sicr. Ond yr unig ffordd o stopio'r tâp rhag chwarae oedd iddi ddilyn ei bwriad i'r diwedd anorfod.

Pam roedd y ferch a eisteddai o'i blaen hi yn syllu arni o hyd? Pe bai hi'n cau'i llygaid ac yn cogio'i bod yn cysgu, efallai y byddai hi'n troi'i phen i edrych allan drwy'r ffenestr ar yr adeiladau llwyd yn gwibio heibio. Ond pan gaeai'i llygaid gwelai wyneb Wendy a chlywed ei llais melys yn dweud wrthi pan oedd y côr wedi gorffen ymarfer, *"I thought I'd better tell you,"* mor garedig, mor feddylgar, *"I'm going out with your ex-boyfriend, Andy."* Nawr, roedd y tâp yn chwarae eto; *Joy Division* yn ddim byd ond miwsig yn y cefndir. '*Ex-boyfriend.*' Yr eiliad honno deallasai'r ymadroddion 'gweld coch' ac 'fel cadach coch i darw'. Gwylltiodd yn gandryll. Diflannodd ei hunanreolaeth i gyd. Berwodd rhywbeth i fyny o waelod ei bol nes iddi ffrwydro. Aeth yn lloerig, yn llythrennol, aeth popeth yn goch. Gafaelodd yng ngwallt Wendy, sodrodd ei hewinedd i'w gruddiau hi. Byddai wedi tynnu'r llygaid o'i phen, y tafod melys o'i cheg oni bai bod rhai o aelodau eraill y côr wedi gafael amdani a'i rhwystro rhag iddi'i brifo hi'n waeth. Gadawsai'i hwyneb hi'n gleisiau i gyd ac yn dalp o waed. Druan ohoni. Oherwydd sylweddolodd yn ddiweddarach y noson honno nad ar Wendy yr oedd hi wedi ymosod – er y byddai hi wedi'i lladd hi – eithr arno fe.

"Excuse me," meddai'r ferch gyferbyn, heb gael ei thwyllo gan yr amrannau caeedig, "would you like to read this magazine? I've finished with it."

"No, thank you."

"Do you know what time it gets to Aberdyddgu?"

"No." Swta. Unsill. Wyt ti'n deall y neges? Dw i ddim eisiau siarad.

Ymunasai â'r côr er mwyn ceisio'i anghofio fe. Dri mis ar ôl iddo ddatgan bod eu perthynas ar ben. Dri mis ar ôl iddo derfynu yn unochrog garwriaeth deirblwydd oed. Dim trafod. Roedd hi'n dechrau'i hargyhoeddi'i hun ei bod hi'n dod i delerau â bywyd eto, yn dechrau'i hatgyfnerthu'i hunan ar gyfer byw o ddydd i ddydd. Cawsai dabledi gan y meddyg, menyw garedig, llawn cydymdeimlad, bawd ei llaw dde yn anffurfiedig. Taflodd ei hunan, gorff ac enaid, i'w gwaith o'r newydd. Ymunodd â dosbarth Ffrangeg, clwb colli pwysau – a'r côr. Côr merched. Chwaeroliaeth. Popeth er mwyn llenwi'r oriau gweigion a welai hebddo fe. Ond be wnaeth e? Dim ond taflu pelydrau ei olau llachar i gorneli tywyll ei bywyd newydd. Bu'n canu wrth ochr Wendy bob wythnos, yn dod i'w nabod hi a'r merched eraill ar ôl dau fis o ganu gyda'i gilydd. Ac yna dyma hi'n dod ati ac yn dweud, yn ddiniweidrwydd i gyd *"I'm going out with your ex-boyfriend, Andy"*. Sut y gwyddai taw Andy oedd ei chyn-gariad? Pwy oedd wedi dweud wrthi? Cyn iddi ymuno â'r côr doedd hi ddim wedi cwrdd â hi na'r un o'r merched eraill. Ac onid oedd hi'n gwbl amlwg i bawb yn y byd nad oedd e'n gyn-gariad iddi o gwbl, eithr ei bod hi'n ei garu o hyd, nad oedd hi byth wedi dod drosto, na fyddai hi byth yn dod drosto, ac onid oedd hynny wedi'i sgrifennu mewn llythrennau breision mewn inc tatŵ ar draws ei thalcen ac ar ei hwyneb a'i chorff a thrwy'i chorff fel Aberdyddgu drwy stic o roc, ac ar ei llais ac yn ei henaid ac yn ei llygaid mewn goleuadau neon a phob ystum a symudiad o'i heiddo hi?

"I'm going to the buffet," meddai'r ferch, "would you like me to get you anything?" Ysgydwodd ei phen. "Would you mind watching my place?" Amneidiodd ei phen. Pam siarad? Pam siarad â neb? Doedd neb yn ei deall nawr. Ni fyddai neb yn deall pam yr aethai echnos i'w dŷ ef a chuddio yn ei ardd, a chyllell fawr lem o'r gegin wedi'i chuddio dan ei chot, i aros amdano. Ni fyddai'r meddyg caredig yn deall hyd yn oed. Ddwy noson ar ôl i Wendy siarad â hi ar ôl ymarfer y côr. Roedd hi'n sefyll yn yr ardd pan gyneuwyd y golau yn y gegin. Safai Andy yng nghanol y stafell ac aeth hi – Wendy – ato a thaflu'i breichiau am ei ben, a chusanodd y ddau. Dyna pryd roedd hi wedi rhedeg i mewn drwy'r drws a'r gyllell yn yr awyr uwch ei phen. Roedd hi'n mynd i ladd y ddau ac wedyn ei lladd hi ei hunan. Dyna'i bwriad. Ond llwyddodd Andy i gael gafael yn y llaw a oedd yn dal y gyllell a'i thaflu – hi a'r gyllell – i'r llawr.

"I'm going," meddai Wendy, ac aeth hi – llygoden yn dianc, llygoden fawr yn rhedeg i ffwrdd.

Roedd e'n pwyso drosti fel petai'n mynd i'w chusanu ar ei hwyneb, fel petai'n mynd i'w threisio hi, ond roedd e'n siarad â hi.

"Listen," meddai, "listen to me now. Are you listening? It's over. I've told you it's over. Now leave us alone. Okay? You need help. I'll get a taxi to take you home." Mor rhesymol. Teg. Cytbwys.

Daethai'r ferch yn ôl i'w sêt gyferbyn â hi. Te yn stemio mewn cwpan cardbord, brechdan a chreision a Kit-kat ar y ford rhyngddyn nhw. Yn amlwg doedd hon ddim yn gorfod poeni am ei phwysau. Pwysodd ymlaen gan roi'r cwpan ar y ford ac agor y pecyn o frechdanau a dechrau'u bwyta.

"Are you familiar with Aberdyddgu?" gofynnodd; Cymraes oedd hon, ond pam dangos ei bod hi'n siarad Cymraeg hefyd? Arwydd fyddai hynny ei bod hi am dynnu sgwrs â hi. Gair o Gymraeg ac wedyn deuai'r ffrwd o gwestiynau anochel, Cymreigaidd – ble rwyt ti'n byw? o ble'r wyt ti'n dod? wyt ti'n nabod?

"I've never been there before in my life."

"Neither have I," meddai, "but my boyfriend went there last week and I'm very worried. He hasn't phoned yet you see? He usually phones me every night."

'Na i gyd oedd hi'n mo'yn nawr oedd gwrando ar hon yn sôn am ei phroblemau caru am weddill y daith.

"I should be able to find him, shouldn't I? It's a small place. He's to do a few weeks' work in the museum there. It's not like him not to get in touch."

Beth wyt ti'n feddwl, lodes? Dyn yw e. Dwyt ti byth yn

disgwyl i ddyn gadw'i air, wyt ti?

"I like your pendant. Is it a pearl? It's lovely."

Dyna ddigon, roedd hi wedi cael digon.

"Please don't talk to me. Leave me alone."

Dododd ei llaw dros y berl a orweddai ar ei chalon. Anrheg oddi wrth Andy oedd hi ar ddiwedd blwyddyn gyntaf eu carwriaeth. Blwyddyn hapusa'i bywyd. Am ddedwyddwch y cyfnod hwnnw y byddai hi'n meddwl yn ei horiau olaf.

pennod 7

DODODD LOIS record o Grace Jones yn canu *Warm Leatherette*
ar yr hen chwaraeydd recordiau. Roedd hi'n ddigon bodlon
mynd i drafferth fanwl i blesio'i chwsmeriaid a gwyddai fod
y darlithydd bach – fel y meddyliai amdano – wrth ei fodd
gyda'r gerddoriaeth 'ma. Ond pan droes ei phen yn ôl tuag
ato doedd e ddim wedi dechrau tynnu amdano fel roedd hi
wedi disgwyl.

"Be sy'n bod?"

"Dwn i ddim, Lois. Dw i ddim yn siŵr 'mod i eisiau mynd
trwy'r fusnes heno."

"Be wyt ti eisio gneud 'ta? Pam dŵad 'ma?"

"Dim. Dim ond siarad."

O na, dim un o'r rheini. Doedd hi ddim eisiau siarad.
Roedd ganddi ddigon o waith siarad – y blydi landlord, er
enghraifft. Pobl y swyddfa nawdd cymdeithasol, enghraifft
arall. Onid oedd y rhain i gyd yn yn ei gorfodi i siarad a
siarad o hyd, siarad am ei bywyd, cr eu bod nhw i gyd yn
gwrthod gwrando arni. A hwn nawr. Na. Roedd siarad yn
ormod o waith.

"Siarad am be?"

"Dw i ddim yn siŵr, Lois."

Felly, roedd eisiau siarad ond wyddai fe ddim am beth.
Dyma beth oedd sefyllfa glir. Sôn am chwithdod.

"Wel, be sydd ar dy feddwl, dwed?"

Gwyddai'n syth fod hwnna'n gamgymeriad. Gallai hyn
fynd ymlaen am oriau. Ond roedd un peth yn sicr, byddai
fe'n gorfod talu am ei hamser. Ceisiai ymlacio ac eistedd yn
llonydd gan gymryd arni'i bod yn gwrando arno. Y gwir

amdani oedd ei bod yn awyddus i'w gael e allan cyn gynted ag y bo modd. Fel pob un o'i chwsmeriaid.

"Dw i ddim yn siŵr be sydd ar 'y meddwl i."

Nawr, beth oedd y peth gorau i'w wneud? Gofyn cwestiwn arall, ynteu aros iddo fe ddweud rhywbeth a phenderfynu beth fyddai'n digwydd nesaf.

"Dw i ddim yn siŵr 'mod i'n gallu siarad am y peth..." aeth yn ei flaen, "y tro diwetha y bues i 'ma... 'y ngwraig... o, dwn i ddim, wir."

Na, dyna ddigon yn barod, doedd ganddi ddim awydd gwrando arno'n sôn am ei wraig – druan ohoni – nac am ei broblemau priodasol. Nid Anna Raeburn na Claire Rayner mohoni.

Gallai Maldwyn weld taw prin iawn oedd amynedd Lois a phrinnach byth ei chydymdeimlad ag ef. Camsyniad oedd dod i'w gweld hi eto. Meddwl ei fod e'n gallu ymddiried ynddi. Doedd dim pwynt cario ymlaen.

You cansee yourreflection
In the breakingglass
Waaarm
Leatherette...

Roedd y gerddoriaeth yn mynd ar ei nerfau, mwg sigarét Lois yn ei wyneb, y stafell lom, y llenni wedi'u tynnu, gwynt dillad yn sychu, sŵn trafnidiaeth brysur ar yr heol y tu allan. Beth oedd e'n mynd i'w ddweud wrth y ferch 'ma nawr? Roedd hi'n amlwg yn ddig wrtho am wastraffu'i hamser.

Beth sy'n bod arno fo? Ydi o'n mynd i siarad neu beidio? Os nad ydi o'n gneud ei feddwl i fyny o fewn y chwarter awr nesa' 'ma dw i'n mynd i ofyn iddo fo dalu a mynd o'ma. Os nad ydi o'n fodlon talu'n syth mi fydda i'n galw ar Tomi.

Y peth gorau i'w 'neud am wn i yw gadael iddi fynd trwy'r busnes arferol. Ond gadael iddi 'y nghosbi go-iawn y tro hwn.

Fydd hi ddim yn hwyl i mi nawr, dim ond yr hyn dw i'n ei haeddu.

Be uffar sy'n digwydd rŵan? Mae o'n tynnu amdano wedi'r cyfan. Wel, diolch am roi gwbod i mi. Ydi, mae o wedi penderfynu ei fod o eisio tipyn o hanci-fflipin-panci. Lwcus 'mod i'n gwisgo'r petha hyn o hyd a ddim wedi newid neu basa fo 'di cael siom. Gwell i mi gael y chwip allan 'to.

Ie, dyna fe, Lois, clyma 'nwylo a'm coesau'n dynn. Clyma fi fel anifail. Rhwyma 'ngheg.

Dw i'n ofni 'mod i'n mynd i golli'n limpin go-iawn efo fo y tro 'ma.

Crac!

'Na fe, Lois, cosba fi. Dw i'n llofrudd ac yn gachgi ac yn odinebwr.

Crac!

'Y nghroen. 'Na fe, Lois, blinga 'y nghroen. Poenydia fi. Gwna i mi ddioddef.

Crac!

Wedyn caf gerdded allan a'm cydwybod wedi'i buro. Wedi 'neud 'y mhenyd. Wedi talu 'nyledion yn fy ffordd fy hun. Gwna i mi waedu.

Crac!

Be sy'n bod arno fo heddiw? Does dim cyffro yn'o fo. Dydi o ddim yn mwynhau hyn o gwbl. Mae 'mraich i'n dechrau blino. Dw i 'di newid braich bedair gwaith yn barod. Os nad ydi o'n dŵad cyn hir dw i'n mynd i roi'r gorau iddo a gofyn iddo dalu'r un fath, a mynd. Dw i di cael llond bol yn barod.

"Wel, dyna ni, Mr Lewis, alla i ddim cario 'mlaen, dw i 'di blino."

"Mmm-mmm."

"Sori, Mr Lewis, dw i'm yn dy ddallt ti'n iawn. Aros i mi gael tynnu'r gag 'na o dy geg di."

"Diolch. Diolch, Lois."

"Iawn, Mr Lewis. Yli, dyma dy ddillad di."

"Diolch, Lois. Diolch yn fawr."

" 'Sdim rhaid i ti ddeud diolch o hyd, Mr Lewis. Dim ond talu."

pennod 8

CYCHWYNNODD MALDWYN o Aberdyddgu gan wybod ei fod
yn gorfod mynd ar hyd yr hen ffordd honno heibio i
Lanhowys ac ail-fyw'r noson honno – peth roedd wedi'i
wneud yn ei feddwl gannoedd o weithiau yn barod. Pan
ddaethai i Aberdyddgu yn gynharach y diwrnod hwnnw a
mynd heibio i'r llecyn lle collasai'r ferch ei bywyd roedd
popeth yn wahanol. Roedd e'n gyrru i'r cyfeiriad arall liw
dydd – gallai'n hawdd gymryd arno nad oedd ar yr un ffordd
o gwbl. Roedd e'n gyrru car newydd arall, Audi 1.8 *coupé* yn
lle'r Alfa-Romeo. Pan aeth dros yr union lecyn yn yr heol
aethai'n oer a chawsai ei feddiannu gan gryndod erchyll ac
awydd i gau'i lygaid. Serch hynny, roedd e wedi llwyddo i'w
reoli'i hun a gyrru yn ei flaen. Yn awr byddai'n ailactio'r cyfan.
Ond roedd hi'n oleuach noson, doedd hi ddim yn bwrw glaw,
doedd e ddim yn gwrando ar Frank Sinatra, doedd e ddim
yn gyrru'r un car, ac yn bennaf doedd e ddim yn gyrru mor
gyflym. Nid aethai'r cyflymiadur dros saith deg unwaith er y
noson honno.

A chan ei fod wedi cael ei gosbi gan Lois, teimlai ei fod
wedi gwneud tipyn o benyd. Doedd dim rhaid iddo deimlo
mor euog gan ei fod wedi difaru ac wedi derbyn ei gosb yn
llawen, on'd oedd e?

Ond darllenasai yn rhywle ac on'd oedd pawb yn gwybod,
beth bynnag, fod y llofrudd bob amser yn mynd yn ôl i leoliad
y llofruddiaeth? Bod rhyw reddf yn ei dynnu yno fel magned.
Onid fel'na y daliwyd y Llwynog, Ronnie Harries? Yna,
atgoffodd ei hunan nad llofrudd mohono.

Doedd y noson ddim mor dywyll, gallai weld bryniau,

caeau, coed, llwyni a pherthi o'i gwmpas. Ond y noson honno ni fuasai dim byd ond tywyllwch yn ei amgylchynu fel maneg. Cofiodd eto'r ddrama iasoer honno am y bobl yn cael parti a phopeth o gwmpas y bwthyn yn diflannu, yn troi'n wacter diwaelod.

Heno gallai weld pethau. Ond y noson honno roedd popeth yn ddu. Neu a basiodd e rywbeth neu rywun neu rywle? On'd oedd yno un golau yn y pellter? Bwthyn, car neu rywun yn cario tortsh efallai? Ffigur ar ochr yr heol? Cyn neu ar ôl y ddamwain? Ei gof – ei gydwybod – yn chwarae triciau arno, mwy na thebyg. Doedd e ddim yn cofio dim ond y tywyllwch.

Ac yn awr, wrth iddo ddynesu at y llecyn arswydus hwnnw teimlai'i waed yn rhewi. Roedd rhywbeth yno. Goleuadau. Nifer ohonyn nhw. Ceir a dynion yn cario tortsh, goleuadau oren a glas yn fflachio, dynion mewn iwnifformau tywyll yn drwch a char o'i flaen yn cael ei stopio.

Roedden nhw'n stopio pobl i wneud ymholiadau. Rhaid iddo fod yn ofalus nawr. Dim ond iddo gadw'i ben a byddai'n dod trwy hyn yn iawn. Ond beth yn y byd roedd e'n mynd i'w ddweud? Roedden nhw'n siŵr o'i ddal. Yna, daeth ei dro.

Symudodd yr Audi yn ei flaen at y bloc lle'r oedd dau heddwas yn plygu'n gyfeillgar yn barod i siarad â'r gyrrwr. Agorodd Maldwyn y ffenestr i lawr i'r gwaelod yn dawel. Roedd ei law yn crynu a'i lwnc mor sych â sglodyn.

"Wel, wel. Noswaith dda, syr!"

Roedd y plismon yn ei nabod, wedi cwrdd â Mal sawl tro mewn ralïau'r Gymdeithas. Gwneud jôc o'r cyd-ddigwyddiad fyddai'r ymateb mwya' naturiol.

"It's a fair cop, guv'na," meddai, a gwên shw-mae-byti yn lledu ar draws ei wyneb wrth iddo wthio'i ben allan drwy'r ffenest. "Chi wedi 'nal i 'to." Cyflwynodd ei arddyrnau iddo i dderbyn yr hancyffs dychmygol. "Be dw i wedi 'neud y tro hwn?"

"Ie, ie, syr. Da iawn, wir." Chwarddodd y plod, gwenodd ei bartner hefyd, yna ymddifrifoli. "Mae'n debyg eich bod chi wedi clywed am farwolaeth y ferch fach ar yr heol 'ma?"

"Trist iawn," porthodd Maldwyn.

"Ie, wel, ni'n gorffo stopo pawb a gofyn cwpwl o gwestiyne rwtîn. Unrhyw wrthwynebiad?"

"Dim o gwbl." Beth oedd y dewis? Be fyddai ymateb y bechgyn mewn glas i unrhyw un a wrthodai ateb eu 'cwestiynau rwtîn'?

"Pa mor amal 'ych chi'n iwso'r hewl 'ma?"

Paid â gwadu'r peth Mal, neu mae 'na berygl i ti gael dy ddal mewn celwydd a byddai hynny'n edrych yn amheus.

"O dro i dro, ond ddim yn rheolaidd."

"Sylwodd fod yr heddwas arall yn llenwi holiadur ac yn cofnodi'r atebion.

"A pryd o'dd y tro d'wetha?"

Paid â bod yn benodol, 'na'r peth gorau.

"Dw i ddim yn cofio'n iawn, a gweud y gwir."

"Cymerwch eich amser, syr. Ceisiwch gofio, achos mae'n eitha' pwysig."

Ydyn nhw'n gwybod yr ateb yn barod tybed? Trap yw hwn i dy faglu di Maldwyn. Os dywedi di noson arall bydd rhaid i ti ddweud ble buest ti. Os wyt ti'n dweud y noson honno bydd mwy o holi a stilio, yn bendant. Ond Lois yw dy *alibi*, Maldwyn. Mae modd i ti ddefnyddio d'anffyddlondeb rhywiol i'th amddiffyn di. Roedd e wedi meddwl am hynny'n barod. Ond teimlai'n nerfus, roedd mor agos at y gwir.

"Ddim yn cofio, syr? Chi'n teimlo'n iawn?"

"Ydw. Y pymthegfed o'r mis diwetha. Hynny yw, os dw i'n cofio'n iawn."

Edrychodd y ddau heddwas ar ei gilydd; teimlai'n siŵr ei fod wedi'i grogi'i hun nawr.

"Wel, dyna'r noson y cafodd y ferch ei bwrw lawr."

"Dw i'n gwbod."

"Welsoch chi unrhyw beth anghyffredin y noson honno, syr?"

"Naddo."

"Gan bwyll nawr, syr. Ydych chi'n siŵr, nawr?"

"Ydw."

"Meddyliwch."

Maen nhw'n gwbod. Maen nhw'n gwbod yn iawn taw fi a'i lladdodd hi. Chwarae 'da fi maen nhw. Ceisio 'y maglu yn 'y nghelwyddau fy hun.

"Gawn ni ofyn pa bryd yn union y daethoch chi ar hyd yr hewl 'ma?"

Dweud yn gynharach, awr neu ddwy.

"Tua hanner awr wedi deg, un ar ddeg, os dw i'n cofio'n iawn."

"Ydych chi'n siŵr eich bod chi'n teimlo'n iawn, syr? 'Ych chi'n whysu."

"Tipyn o ffliw, dw i'n ofni."

"Well imi beidio â sefyll yn rhy agos 'te," meddai'r heddwas yn gellweirus, ond aeth yn ei flaen, "Nawr 'te, gawn ni ofyn un cwestiwn bach arall? Ble buoch chi'r noson honno?"

Dyma dy gyfle, Maldwyn, ymddiried   a yn y plismyn ifanc 'ma. Dyn wrth ddyn. Ond cofia fod yn gwrtais.

"Wel, dyna'r broblem, *officer*. Ddwedais i wrth 'y ngwraig 'mod i'n darlithio wrth Ferched y Wawr y cylch. Ond roedd hwnna'n gelwydd a 'nath 'y ngwraig 'y nal i. Felly, newidiais i'r stori i stori arall. Hynny yw, dwedais gelwydd arall. Dwedais 'mod i wedi bod i gyfarfod cyfrinachol o'r Gymdeithas."

"Do? Ble buoch chi, felly?" Dim smic o wên.

"Mae'n eitha' sensitif. Ga' i rannu cyfrinach â chi?"

"Treiwch, syr." Ei wyneb mor syth â chofgolofn i ryfelwyr y rhyfel byd cyntaf.

"Ymweld â menyw. Mewn hen broffesiwn, os wyt ti'n deall be dw i'n 'feddwl. A dyna lle dw i wedi bod heddi, cyn i ti ofyn."

Edrychodd y ddau blismon ar ei gilydd. Teimlai Maldwyn yn siŵr ei fod e wedi mynd i gors. Yna chwarddodd y ddau. Cyd-ddealltwriaeth harti. Ymunodd Maldwyn yn y chwerthin. Bois gyda'i gilydd.

"Chi'n dipyn o dderyn, on'd 'ych chi, rhwng eich gwaith gyda chriw yr iaith a phopeth arall."

"Ydw," meddai Mal, cyfaddefiad bach swilfalch, ymffrost mewn gwisg cywilydd. "Oes rhaid tynnu'r fenyw i mewn i hyn? Meddwl am 'y ngwraig rydw i."

"Sa i'n credu, syr. Ond rhaid inni nodi'ch cyfeiriad, rhag ofn bydd rhaid inni ofyn rhagor o gwestiyne nes ymlaen."

Chwarddodd y tri eto. Triawd y buarth.

"Nawr, syr, yn ôl at y noson honno eto. Ydych chi'n hollol siŵr na wnaethoch chi ddim gweld unrhyw beth allan o'r cyffredin ar yr hewl 'ma? Neb yn cerdded? Ceir yn mynd am y cyflyma'? 'Naethoch chi ddim gweld y ferch fach?"

"*Officer*, 'swn i wedi gweld y ferch byddwn i wedi dod yn syth atoch chi ar ôl be sy wedi digwydd – yn wir, byddwn i ddim wedi pasio merch ar ei phen ei hun yn y nos, na fyddwn? Dw i'n dad i ferch 'yn hunan. Ond sylwais i ar ddim y noson honno, welais i ddim byd allan o'r cyffredin, dim o gwbl. 'Na i gyd dw i mo'yn yw cadw 'ngwraig – a phobl eraill – rhag cael gwbod ble o'n i'r noson honno. Dw i ddim eisia' achosi poen i neb, chi'n deall." Winciodd, wedi siarad yn hollol gytbwys. "Mae cywilydd 'da fi. Ond 'na i gyd dw i'n 'i wbod. Welais i ddim byd."

"Iawn, syr. Wel, diolch am eich cydweithrediad. Ond efallai bydd rhaid i dditectif ddod i'ch holi chi eto. Ond fe wnawn ni'n gorau i beidio ag achosi embaras i chi a'ch teulu. Diolch eto am eich help. Cewch fynd nawr."

Ymhellach ymlaen tynnodd Maldwyn ei gar at ochr yr heol – pan na allai'r heddlu'i weld.

pennod 9

BETH YN Y BYD oedd yn bod ar y ferch 'na ar y trên? Hen beth surbwch, meddyliai Alys wrth ddod allan o'r orsaf i'r dref ei hun ac estyn ei choesau ar ôl y daith hir. Dyma Aberdyddgu, felly. Twll o le. Yn sydyn fe'i sugnwyd i bydew o unigrwydd. Teimlai fel merch fach ar goll. Pe bai hi ond wedi gallu tynnu sgwrs â rhywun ar y trên. Methodd yn llwyr gyda'r ferch 'na. Gafaelodd yn ei bagiau trwm a'u codi – un dros ei hysgwydd, un yn ei llaw dde, un arall yn y llaw arall. I ble'r âi? Peth gwirion, byrbwyll i'w wneud oedd dod heb fwcio lle i aros ymlaen llaw. Pe safai yno'n rhy hir byddai rhyw ddyn yn siŵr o ddod ati a rhoi hasl iddi. Edrychodd o'i chwmpas; siopau a chaffis wedi cau – ar wahân i un Burger King di-raen. Dwy dafarn. Ceir, bysiau melyn yn lle rhai coch y ddinas. Yna gwelodd res o dacsis. Y peth cyntaf a'r peth gorau i'w wneud fyddai ffeindio rhywle i aros a mynd am dro wedyn. Pwy a ŵyr, efallai y byddai'n digwydd taro ar Patric. Synnai hi ddim. Roedd eu cyd-ddealltwriaeth yn rhyfeddol – eu telepathi chwedl hwythau. Pan fyddai hi'n mynd at y ffôn i alw Patric byddai'r ffôn yn canu cyn iddi gael cyfle i ddechrau pwyso'r botymau a dyna lle y byddai Patric yn siarad â hi y pen arall. Fel arall weithiau; byddai hi'n ei ffonio fe ac yntau'n ei godi'n syth ac yn dweud "O'n i yma nawr, ar fin dy ffonio di". Byddai'u llythyron a'u cardiau yn pasio'i gilydd ar eu ffordd drwy'r post (dychmygai'i hepistol hi'n cyfarch ei neges e wrth rowlio heibio i'w gilydd yn afon yr amlenni). Roedden nhw'n debycach i frawd a chwaer – yn wir, credent iddynt fod yn frawd ac yn chwaer neu'n efeillaid hyd yn oed mewn bywyd cynharach yn yr Aifft, neu yn Rhufain neu Atlantis. Roedden nhw'n licio'r un pethau. Un tro bu hi'n siopa a phrynodd *vase* yn Habitat; y noson honno daethai Patric ag anrheg iddi, "Meddwl y baset ti'n licio hon," meddai fe; hithau'n rhwygo'r papur i ffwrdd a dyna lle'r oedd yr un *vase*. Prynodd hithau CD Pulp iddo, a'r un diwrnod roedd yntau wedi prynu'r un CD i'w rhoi iddi hi. Roedden nhw'n gwisgo'r un sbectol steil John Lennon, yn cadw eu gwallt yn fyr, yn llysieuwyr ar egwyddor (ill dau yn caru anifeiliaid – 'Na fwytewch ddim byd â chanddo wyneb' oedd eu harwyddair nhw), ac yn dwlu ar Mickey Mouse.

Dyna pam roedd hi'n poeni cymaint nad oedd e wedi'i ffonio. "Fe fydda i'n rhoi tincl i ti'n syth ar ôl i mi gyrraedd" oedd ei eiriau olaf iddi. 'Tincl', eu gair nhw bob tro am alwad ffôn. Bu'n ewyllysio iddo'i ffonio, bu'n ei blagio yn ei meddwl, bu'n canolbwyntio arno gyda'i holl delepathi. Dim byd. Ar y dechrau teimlasai'n grac iawn ac roedd wedi disgwyl iddo'i ffonio gydag esboniad, yn llawn edifeirwch ac yn syrthio ar ei fai a gaddo pob math o bethau i wneud iawn am ei bechod. Ond wrth i'r dyddiau fynd heibio dyma hi'n dechrau becso nes ei bod yn gorfod gweithredu, gwneud rhywbeth neu fynd o'i cho. "Paid â bod yn dwp," meddai ei thad, "ma' fe'n siŵr o ffonio nos yfory." Ond ffoniodd e ddim yr yfory 'na, na'r yfory nesaf, na'r un nesaf. Roedd rhywbeth yn bod. A nawr dyna lle'r roedd hi'n sefyll yn Aberdyddgu, wedi llusgo'i bagiau o'r orsaf at y tacsis. Yn ffcnest flaen yr un cyntaf yn y rhes roedd 'na sticer CYD.

"Noswaith dda," meddai Alys wrth y gyrrwr. Roedd ganddo bapur dyddiol wedi'i ledaenu ar draws ei wyneb. Tynnodd y dyn y papur ac edrych arni'n syn drwy'i fframiau Elvis Costello.

"Jiw, jiw!" meddai, gan ymystwyrian o'i gyntun, "Cymraes! Noson oer. Ble liciet ti fynd?"

"Dw i ddim yn siŵr," meddai Alys, "w i'n gwbod bod hyn yn beth od i'w ofyn, efallai, ond wnewch chi fynd â mi am dro o gwmpas y dre' nes i mi weld lle 'B and B' dw i'n ei ffansïo?"

"Wrth gwrs, mae digon o lefydd gwely a brecwast yn y dref 'ma." Dodwyd ei bagiau yng nghist y car ac aeth Alys yn syth i eistedd yn y ffrynt. "Gwell na hynny," aeth y gyrrwr yn ei flaen, "fe ddangosa i le rhad i ti, heb fod yn bell o'r môr."

Teimlai Alys yn gynnes ac yn gyfforddus yn y cab. Roedd Aberdyddgu yn amlwg yn lle Cymreigaidd. Ni wyddai am neb yn gyrru tacsi yng Nghaerefydd a fedrai Gymraeg.

"Nawr, gwell i mi roi gair o rybudd i ti, mae'r bobl sy'n cadw'r lle 'ma yn rhai od, w i'n gweud wrthot ti, ond maen nhw'n garedig tu hwnt."

Aeth y tacsi drwy'r dref, drwy labrinth o strydoedd cul, igam-ogam, rownd cornel ar ôl cornel, lan twyn, i lawr tyle. Yn sydyn, wrth ei hochr, roedd y môr yn y nos, yn rhuo'n dawel, yn berwi'n oer. Troes y car i stryd gul ar y chwith, a gwelodd res o dai hirdal. Stopiodd y car o flaen un ohonynt.

"Dyna'r lle."

Edrychodd Alys arno, ar yr hen baent, y ffenestri budr a'r llenni ffiaidd. Ar wahân i'r ffaith fod golwg di-raen ar y lle roedd rhywbeth amdano nad oedd yn ei hoffi – naws afiach, anfad. Sylwodd ar yr arwydd yn y ffenestr, *Vacancies*. Doedd hi'n synnu dim.

"Maen nhw'n Gymry Cymraeg. W i'n gwbod bod y lle'n ddiolwg o'r tu allan," meddai'r gyrrwr, "ond w i'n siŵr y cewch chi groeso cynnes yna."

"Gawn ni fynd i weld llefydd eraill?" gofynnodd Alys. Roedd ei mam wedi'i rhybuddio rhag mynd i aros mewn lle â llenni brwnt.

"Dim problem."

Cyn i'r car symud i ffwrdd eto daeth ffigur i lawr y stryd.

"Dw i'n nabod y ferch 'na, mewn ffordd," meddai Alys wrth yrrwr y tacsi. "Gwelais i hi ar y trên. Roedd hi'n eistedd gyferbyn â mi." Gwyliodd Alys tra aeth y ferch i guro ar ddrws y tŷ salw. Yna symudodd y tacsi yn ei flaen. "Roedd rhywbeth yn ei phoeni hi hefyd," meddai Alys, "rhywbeth ar ei meddwl, dw i'n credu. Rhywbeth trist."

"Wel, dw i ddim yn synnu waeth mae cymaint o bethau ofnadwy yn digwydd yn y byd 'ma. Cyffuriau, llofruddiaethau, rhyw, trais. Ti wedi clywed am y ferch fach 'na gafodd ei bwrw lawr ar y ffordd heb fod yn bell o'ma? 'Sneb yn gwbod pwy a'i lladdodd hi. 'Sneb yn gwbod ei hanes."

Oedd, roedd hi wedi clywed y stori honno, wedi'i darllen yn y papur ac wedi gweld ei llun ar y teledu.

"Oes, mae 'na bethau ofnadwy yn digwydd," meddai.

"Mae'n flin gen i," meddai'r gyrrwr, "dw i'n hala ofn arnoch chi."

"Dw i'n iawn," meddai Alys. Doedd hi ddim wedi meddwl am y ferch o'r blaen; bu'n poeni gormod am Patric i gofio am broblemau gweddill y byd.

"Nawr 'te," meddai'r gyrrwr yn nes ymlaen, "dyma le neis i ti; ar lan y môr, glân a rhad."

Oedd, roedd hi'n licio'r lle hwn. Glân, paent pinc yn sgleinio ar y drws a llenni pert ar y ffenestri. Talodd Alys am ei thro o gwmpas y dref a diolchodd i yrrwr y tacsi. Canodd y gloch yn betrus. Teimlai'n nerfus – pethau ofnadwy yn digwydd – y ferch fach 'na yn cael ei gadael ar ochr yr heol.

"Good evening".

"Could I have a look at your rooms, please?"

"Of course you can. Come in, luv. Leave your bags in the hallway."

Roedd y lle'n lân gyda'r pwyslais ar flodau a'r lliw pinc – sef lliw'r waliau a'r celfi a dillad y fenyw a'i tywysai i fyny'r grisiau. Roedd hi'n fenyw fawr a chnawdol, gwallt Margaret Thatcher, breichiau morwr, ond dillad a lliwiau iâr-fach-yr-haf. Dangosodd stafell binc a blodeuog iddi, a stafell ymolchi fechan flodeuog a phinc.

"Thanks," meddai Alys, "I'll take it. I'd like to stay tonight, at least. Maybe longer."

Pa mor hir yn union, tybed? meddyliai Alys. Eisteddai ar y gwely ar ôl i'r lletywraig ymadael â hi. Roedd wedi bod lan a lawr y grisiau deirgwaith i nôl ei bagiau. Doedd dim angen dadbacio eto. Âi i lawr eto ag allweddi'i stafell ac arian yn ei phoced. Âi am dro ac am bryd o fwyd wedyn, i le Tsieinïaidd neu Indiaidd, efallai.

Cerddodd ar hyd y prom. Roedd digon o bobl a gwylanod o gwmpas er ei bod yn oer ac yn wyntog. Edrychai'r môr fel anghenfil anferth a'r dref fel tegan yn ei ymyl. Gallai'r môr draflyncu'r tai a'r heolydd a'r ceir i gyd ar un dracht – dim problem. Chwythodd ei gwallt byr i fyny, crynai'i sbectol ar ei thrwyn. Gallai deimlo heli'r môr yn setlo ar ei gruddiau. Edrychai ar bob wyneb a'i pasiai yn y gobaith o weld Patric. Teimlai'i fod yn y dref yn rhywle y noson honno. Ond ble? Y tu ôl iddi? Na. Yn y tŷ drws nesaf i'w lety newydd? Sut i'w ffeindio. Yfory âi i chwilio am yr amgueddfa. Byddai'n siŵr o fod yno. Roedd ganddo gytundeb i weithio yno am dri mis.

Cerddodd Alys yn ôl i'r dref. Roedd gwynt y môr yn rhy gryf – serch hynny, am ryw reswm doedd yr oerni ddim yn effeithio arni – a doedd hi ddim eisiau mynd ar goll.

pennod 10

Cerddai Pwdin Mawr ar hyd un o goridorau'r swyddfa gan ymhyfrydu yn y ffaith mai awr arall yn unig oedd i fynd tan ei aduniad melys â Mama Losin, pan glywodd lais siarp y tu ôl iddo'n cyfarth ei enw.

"Jenkins! Jenkins!" Mor ddiamynedd, mor onglog oedd y cytseiniaid yng ngenau Ms Martinelli, fel teilchion gwydr. Troes Pwdin Mawr yn araf, araf, fel chwaden blastig ar wyneb y dŵr mewn twba heb neb ynddo.

"Yes, Miss Martinelli?"

"I've been bloody searching for you all over this building. I've rung that damn bell a dozen times. Where have you been?"

"Busy, Miss Martinelli."

"Come up to my office at once."

Dilynodd y sodlau uchel wrth iddynt glindarddach fel teipiadur ar hyd y fynedfa gan ddifetha'i lawr. Clywsai yn rhywle fod y sodlau pigog 'ma yn gwneud mwy o niwed i'r llawr 'na throed eliffant. Diolch i'r drefn, prin oedd yr eliffantod a ddeuai i'r swyddfa – fe fyddai'n gorfod clirio ar 'u hôl nhw pe byddai rhai'n dod – a chlywsai fod eliffantod yn drewi'n uffernol hefyd. Edrychodd ar gefn y siwt goch, yr ysgwyddau sgwâr, y gwallt byr, syth, sgleiniog, lliw aden brân; onglau i gyd, tebyg i'w hiaith. Doedd dim tro yn ei chorff, dim tro yn ei chnawd, roedd hyd yn oed ei choesau'n unionsyth. Mor wahanol i Mama Losin a oedd yn droeon ac yn blygion meddal, melfedaidd i gyd, fel *gâteau* hufennog, ei hoff deisen.

Agorodd Comrade Ms Martinelli y drws i'w stafell gyda'i

hallwedd ei hun a gadwai gyda nifer o allweddi sgleiniog eraill ar gylch â phawen cwningen wen arno. Dim rhyfedd ei bod hi'n ei chloi'i hunan allan mor aml (bob yn ail ddiwrnod, bron), doedd hi ddim yn trystio neb.

"See, the light's flickering," meddai hi gan edrych i fyny, a llinell ddu yn pwysleisio ymylon ei llygaid.

"I'm afraid I can't do anything about that now, Madame."

"And why not?"

"If you'd said before we came up I'd have fetched my kit. No kit with me, see," agorodd ei ddwylo fel consuriwr. "I can't do much about that light, anyway."

"You're a caretaker, Jenkins."

"Yes, Mrs Martinelli. You want to speak to Casson or Besserman. Electricians they are."

Troes ei gefn arni gyda boddhad mawr a cherdded yn ôl ar hyd y coridor, a'i llygaid hi'n llosgi ar ei wegil, i lawr y grisiau, grisiau eraill, i lawr ei risiau'i hun yn ôl i'w stafell fach dwym – roedd e wedi cynnau pedwar bar ar ei wresogydd trydan, nid yn unig oherwydd ei bod hi'n oer (roedd hi'n fis Rhagfyr, wedi'r cwbl) ond oherwydd bod y swyddfa yn talu.

Edrychodd Pwdin Mawr ar ei lun o Mama Losin. Beth i'w wneud am weddill yr awr cyn ei gweld hi yn y cnawd – y cnawd hyfryd amgylchynol 'na – a'i chofleidio unwaith eto? Roedd yr awr olaf bob tro yn annioddefol, bron. Edrychai ymlaen at ei ymddeoliad ond dim ond pum deg oedd e. Pam ewyllysio'i fywyd i ffwrdd? *Why wish your life away?* oedd cyngor Casson oedd yn hŷn nag ef. Onid oedd bywyd yn ddigon byr, brwnt a brau?

Fe'i temtiwyd, do, sawl gwaith, i adael yn gynnar, cyn diwedd yr awr olaf. Ond byddai rhywun yn siŵr o sylwi – yr hen fitsh Martinelli 'na, neu'r pwffta mawr Entwistle, ac wedyn byddai fe'n cael cic owt, ac wedyn byddai fe a Mama Losin yn y caci-waci. Waeth doedd y busnes B a B ddim yn gwneud digon o arian i fwydo'r ci a'r cathod heb sôn am gadw'i gorff ac enaid ef a Mama Losin ynghyd.

Bob pum munud edrychai ar yr oriawr Mickey Mouse – prin yr oedd menig gwynion Mici yn symud hyd y gallai Pwdin Mawr weld. Doedd dim pwynt berwi'r tegell unwaith eto. Cawsai ddigon o de a choffi 'ta beth. Ond daeth hanner awr wedi pedwar ac yna bum munud ar hugain i bump ac ugain munud i bump yn syth ar ei ôl. Am chwarter i bump paciodd Pwdin Mawr ei bethau; ei focs brechdanau (gwag bellach), ei *overall*, ei fathodyn pwysig, swyddogol i ddangos ei fod yn staff ac yn borthor. Am ddeng munud i bump safodd yn ei stafell gul a diffodd y tân trydan, tynnu'r plwg o'r twll yn y wal a diffodd y golau; un cipolwg arall i wneud yn hollol siŵr fod popeth wedi ei gadw, ei gau a'i adael – yn union fel petai'n poeni'r un botwm niwclear bom 'tasa'r lle'n llosgi i lawr dros nos. Caeodd y drws a'i gloi â'i allwedd swyddogol. Ac am y pum munud olaf cerddodd yn araf, araf, wrth ei bwysau drwy'r adeilad nes iddo gyrraedd y prif ddrws ac allan ag ef am bump o'r gloch ar ei ben.

Pwy oedd wrth y drws ar ei ffordd i mewn ond Griffiths.

"Co'r llyfr 'ma," meddai Griffiths. "Dw i'n mynd i astudio Esperanteg yn ystod oriau hirion y nos. Gwell na gofidio am 'yn iechyd a phoeni am ladron yntefe?"

Rhaid bod Griffiths mewn hwyliau da; dim sôn am ladd ei hunan y noson honno.

"Ti'n gwbod beth yw Esperanteg, Jenkins?"

"Wrth gwrs 'mod i'n gwbod... Nac ydw, beth yw e?"

"Iaith ffug, Jenkins. 'Sa pawb yn dysgu'r iaith hon bydden ni'n gallu siarad ag unrhyw un yn y byd. Fyddet ti a fi ddim yn gorfod troi i'r Saesneg i siarad â'r holl Saeson 'ma a fydden nhw ddim yn gorfod merwino'n clustiau wrth dreio dweud enwau'n llefydd ni. Fydde 'na ddim rhagor o ffraeo ynglŷn â'r holl ieithoedd sydd yn y byd. A byddai'r Gymraeg ddim yn colli i'r Saesneg o hyd."

"Ddim i'r Saesneg, efallai," meddai Pwdin Mawr, "ond

byddai hi'n colli tir i'r Esperanteg 'ma."

Safodd Griffiths yn syn. Am unwaith roedd Pwdin Mawr wedi llwyddo i gau'i big yn glep. O leiaf am ychydig eiliadau.

Roedd Mama Losin yn sefyll ar stepen y drws yn ei ddisgwyl, a Shioli ym mhoced ei ffedog, a'r ci brown wrth ei choesau. Cofleidiodd y ddau fel cariadon ar glawr nofel ramantus.

"Pwd-pwds, ma' 'da fi sypleis," sibrydodd Mama Losin yn ei glust flewog.

"Na! Nace gwestai newyf?"

"Ie." Pefriai Mama Losin wrth edrych i fyny at wyneb y cawr drwy'i farf.

"O, gwych-pych," meddai Pwdin Mawr gan roi'i fraich Yetïaidd am ysgwydd flonegog Mama Losin a'i thywys i mewn i'r tŷ.

"Merch y tro hwn. Lan llofft mae hi. Dw i ddim yn credu'i bod hi'n rhyw hapus iawn."

"Cer lan, Mama Losin, a gofyn iddi ddod lawr am ddrinc bach. Gwnaiff hynny godi'i chalon, 'fallai."

Roedd y tabledi amryliw – gwyn, glas, coch, cochborffor – wedi'u cwpanu yn ei llaw chwith, gwydryn llawn o Southern Comfort yn ei llaw dde, rhasal noeth ar gornel y ford-erchwyn-gwely, yn barod, rhag ofn, pan glywodd y curo ar y drws.

"W-w! Ga' i ddod miwn? Mrs Jenkins y landledi sy 'ma."

Atebodd hi ddim, dim ond gobeithio y byddai'r fenyw yn mynd i ffwrdd a'i gadael i wneud y job.

"W-w! Miss?… Dere lawr i gwrdd â 'ngŵr i ac i gael sieri bach 'da ni."

Un, dau tri, pedwar, pump, chwech…

"Miss, paid â bod yn swil, dere mas… Wyt ti'n iawn, Miss?… Miss?… Os nad wyt ti'n ateb w i'n dod miwn achos dw i'n poeni amdanat ti, Miss."

Dododd y tabledi yn y drâr a'r gwydryn ar y ford, cyn i'r drws agor.

"Wyt ti'n iawn, Miss?" gofynnodd Mama Losin, yn gymanfa o bryder.

"Ydw, diolch. Cysgu 'nes i."

"Aw! Ti'n disgwyl yn drist iawn. Ti ddim wedi bod yn llefain, nac wyt ti? Gweud y gwir wrth Mrs Jenkins nawr."

"Na, dw i'n iawn. Diolch." Ceisiodd fod yn gadarn ac yn derfynol gyda'r gair olaf, a olygai 'Ffarwél, hwyl fawr, ewch o'ma'.

"Wel, dw i ddim mor siŵr," meddai Mama Losin gan eistedd ar y gwely wrth ochr y fenyw ifanc a rhoi'i rholyn o fraich am ei hysgwydd. "Dere lawr, jyst i gael diod fach 'da ni."

"Na, wir i chi, dim diolch."

"Ond dw i'n mynnu. Bydd Mr Jenkins yn *offended* os wyt ti ddim yn dod cofia. Jyst am un."

Pam lai? Pe bai'n gwrthod byddai'r fenyw yn poeni amdani drwy'r nos ac, efallai, yn ei dal hi yng nghanol y gwaith cyn i'r tabledi gael cyfle i effeithio arni, a byddai'n ffonio'r heddlu a'r ambiwlans a byddai yna un methiant arall i'w ychwanegu at y llechres hirfaith.

Fe'i hamgylchynwyd gan anifeiliaid yn y gegin afiach – cathod ac un ci clafllyd ei groen. Teimlai'n falch na fyddai hi yno i gael brecwast yn y bore. Gwthiodd y gŵr – digon o anifail ei hunan – wydryn o sieri i'w llaw. O wel, meddyliai, bydd hwn yn rhoi help i'r Southern Comfort.

"O, r'yn ni mor falch dy fod ti wedi dod lawr i ymuno â ni am y noson," meddai'r dyn, "on'd 'yn ni, Mama Losin?"

"Ydyn, yn falch iawn," meddai'r fenyw. Eisteddai'r naill ar y chwith iddi a'r llall i'r dde gan syllu i'w hwyneb – yn rhy agos. Teimlai'n anghyffforddus iawn. On'd oedd pobl gwely a brecwast i fod i'ch gadael chi i fod? Doedd dim disgwyl iddyn nhw fod mor ymgreinllyd o groesawgar, nac oedd?

"Gwed wrthon ni dipyn o'th hanes?" meddai'r dyn. "Un o ble wyt ti? Beth yw dy waith? Ble'r wyt ti'n mynd? Wyt ti'n briod, oes plant 'da ti? Y math yna o beth."

Llyncodd y sieri gan obeithio y byddai'n rhoi ychydig o nerth iddi. Roedd hi ar fin llefain. Ail-lenwyd y gwydryn yn syth. Roedd yn wydryn hud a lledrith a ail-lenwai wrth ei wacáu. Doedd hi ddim eisiau siarad, a dyma hi'n cael ei gorfodi i siarad. Roedd hi eisiau mynd. Pam roedd rhaid iddi ddewis y lle ofnadwy hwn o bobman?

"Dw i'n licio'r tlws 'na. Perl yw hi?" gofynnodd y fenyw.

"Ydi, mae'n bert iawn, on'd yw hi, Mama Losin?" atebodd y gŵr.

Rhoes ei llaw dros y perl fel pe i'w hamddiffyn, fel petai'n ei hamddiffyn ei hunan. Er bod y bobl hyn yn ceisio bod yn garedig wrthi, yn gwneud eu gorau glas i godi'i chalon, doedd hi ddim yn eu licio nhw. Y siarad plentynnaidd, y lleisiau gwirion, y ddwy wên dwp.

"Esgusodwch fi dw i'n teimlo braidd yn benysgafn, w i'n meddwl mynd am dro."

"Cer â hi mas i'r ardd, Mama Losin, i gael 'maid bach o awyr iach."

"Ie, dere 'da fi, i weld ein gardd ni."

"Na, wir i chi. Af i am dro ar hyd y prom," meddai gan godi a rhoi'r gwydryn ar y ford. Ond gafaelodd y fenyw yn ei llaw dde a'r dyn yn ei llaw chwith, fel plant ysgol bob ochr iddi.

"Dere mas i weld yr ardd yn gynta. Ti'n llwyd. Awyr iach, rhag ofn i ti lewygu," meddai'r fenyw'n daer. "R'yn ni'n falch iawn o'n gardd, on'd 'yn ni, Pwdin Mawr?"

"Ydyn, Mama Losin."

Ond ar ôl iddi gael ei thywys trwy'r drws cefn ac allan i'r nos oer doedd dim gardd fel y cyfryw i'w gweld, dim ond iard fawr hirsgwar a wal o friciau hynod o dal yn ei hamgylchynu. Fe'i hebryngwyd o gwmpas yr iard gan y ddau. Teimlai'n annifyr iawn; roedden nhw'n gafael yn ei dwylo yn dynn a phan geisiai ymysgwyd yn rhydd âi'r afael yn dynnach fyth.

"Dyma'r greigfa," meddai'r fenyw gan gyfeirio at res o slabiau hirsgwar o goncrit, tua chwe throedfedd wrth ddwy a hanner neu dair. Rhyngddynt roedd yr unig bridd lle tyfai planhigion gwyllt – chwyn yn wir, fel dant-y-llew, bysedd-y-cŵn, danadl poethion – a'r rheini'n sgerbydau meirwon y gaeaf.

"Bydd yr ardd yn goncrit i gyd cyn bo hir, Mama Losin," meddai'r dyn, "be 'nawn ni wedyn?"

"Paid â phoeni am hynny 'to, Pwdin Mawr, mae digon o le ar ôl am y tro."

Gafaelodd y fenyw yn dynnach eto nes ei bod yn gwasgu'i bysedd. Roedd y ddau yn gwenu arni o hyd.

"Paid byth â phoeni am y dyfodol, Pwdin Mawr. Cofia'r hen ddywediad, 'Digon i'r diwrnod ei ddrwg ei hun'."

Daethai awydd drosti i redeg i ffwrdd. Doedd hi ddim yn licio'r bobl hyn. Rhaid oedd iddi ddianc. Dianc am ei bywyd.

pennod 11

DIM OND TRI oedd wedi trafferthu i'w llusgo'u hunain o'u gwelyau i ddod i seminar Maldwyn. Chwarae teg iddyn nhw, roedd hi'n agos at ddiwedd y tymor. Roedd Dave Daniels yn welw ac yn llesg yr olwg, fel arfer; lledorweddai ar un gadair a'i draed i fyny ar gadair arall; ymdebygai i das wair ddynol. Wrth ei ochr eisteddai Anna Madocs. Edrychai fel actores wedi colli'i ffordd o ryw ddrama am y chwedegau gan ei bod wedi'i gwisgo yn union fel Cathy McGowan. Roedd y ddau yn gariadon a symudent o gwmpas y campws fel efeilliaid Siamaidd wedi'u cysylltu wrth yr ystlys. Llanc o'r enw Jamie Swan oedd y llall; o leiaf, roedd golwg llanc yn ei arddegau cynnar arno er ei fod ar fin graddio fel y ddau arall. Cariad hwn oedd Dr Juno Hardacre. Carwriaeth gyfrinachol y gwyddai pawb (yn staff ac yn fyfyrwyr) amdani; nid bod Juno a Jamie yn ymwybodol o hynny. Roedden nhw'n dal i wneud pob ymdrech i guddio'r peth drwy beidio â cherdded gyda'i gilydd, drwy osgoi siarad yn y coridorau, drwy gwrdd mewn llefydd diarffordd, caffes amhoblogaidd ac ambell gornel.

"Nawr 'te," meddai Maldwyn mewn llais Malaidd yn hytrach nag un Maldwynaidd, "pwy sydd wedi sgrifennu rhywbeth? Pwy sydd wedi bod yn greadigol yn ystod yr wythnos?"

Dim ateb. Ers i'r cwrs ysgrifennu creadigol ddechrau gwelsai Maldwyn un stori gan Dave, stori gan Anna a thair cerdd serch gan Jamie. Am stori Dave, amheuai Maldwyn taw Anna oedd wedi'i sgrifennu. Am stori Anna, amheuai taw Philip Roth oedd wedi'i sgrifennu, yn wir roedd yn eithaf siŵr taw ailwampiad a chyfieithiad o stori gan Roth oedd hi.

Am gerddi Jamie, dim ond efe a neb arall a allai fod wedi cynhyrchu pethau mor sentimental a dagreuol o bersonol.

"Anna, oes rhywbeth 'da ti?"

"Nac oes."

"Oes rhywbeth 'da ti ar y gweill 'te?"

"Oes."

Oedd. Gwyddai Maldwyn ei bod hi'n sgrifennu'r Nofel Fawr Ôl-fodernaidd Gymraeg.

"Wel, cofia ddod â rhywbeth i'w drafod wythnos nesa'. Dave, beth amdanat ti?"

Roedd e'n ormod o sosialydd henffasiwn i agor ei ben hyd yn oed.

"Oes rhywbeth 'da ti ar y gweill, efallai?"

Amneidiodd yn araf ond yn gadarnhaol. Gwyddai Maldwyn fod Dave yn gweithio ar y Nofel Fawr Farcsaidd Gymraeg.

Ond yn awr, er mwyn bod yn deg â phawb roedd e'n gorfod gofyn yr un cwestiwn i Jamie. Ofnai'r ateb anochel.

"A Jamie, beth amdanat ti? Oes rhywbeth 'da ti?"

"Wel, a gweud y gwir, oes."

Wrth gwrs fod gan Jamie rywbeth. On'd oedd Jamie yn cynhyrchu rhywbeth bob wythnos doed a ddêl? On'd oedd e'n gorfod arllwys ei galon i'w brosesydd geiriau gan fod Juno mor anwadal a chreulon ac anffyddlon ac ansensitif ac yn hwyrfrydig i adael ci wraig?

"Beth yw e, Jamie?"

"Cerdd. Cân serch."

"Hoffet ti ddarllen peth ohoni?"

Wrth gwrs yr hoffai, doedd dim eisiau gofyn, on'd oedd Jamie am fod yn actor?

"Hoffwn. Y teitl yw 'Dagrau ar Fy Ngruddiau'.

Dagrau ar Fy Ngruddiau

Edrychaf ar y cloc
Mae hi'n chwarter i hanner
Nos.
Pam rwyt ti
Wedi brifo
Eto
Yr un sydd yn dy garu di?
Oni alli di weld
Y dagrau ar fy ngruddiau?
Yn y nos
Rwy'n dy gofleidio di
Rwy'n dy gusanu di
Er nad wyt ti…

Gwaith hawdd oedd hwn. Gallai Maldwyn eistedd a chymryd arno ei fod yn gwrando ar y cyfan tra oedd yn hel meddyliau fel cymeriad mewn stori gan John Gwilym Jones. Ond y tro hwn doedd e ddim eisiau meddwl am bethau eraill, dim ond am y gerdd sâl, rhag agor argae ei ofidiau a gweld wyneb y ferch eto a dechrau disgwyl galwad y ditectif. Canolbwyntiai ar gerdd Jamie. Aeth y llinellau ymlaen ac ymlaen ac ymlaen.

"Diolch, Jamie. Darlleniad da iawn os ca i ddweud. Nawr 'te, unrhyw sylwadau?" Edrychodd Maldwyn ar y lleill. "Anna, beth o't ti'n 'feddwl?"

"Oedd hi'n iawn. Eisio chwynnu peth."

"Dave? A gawn ni glywed dy farn di os gweli di'n dda?"

"Rhy *decadent* i'm chwaeth i."

"A beth mae hwnna'n 'feddwl?" gofynnodd Jamie wedi'i frifo i'r byw.

"Mae'n golygu bod *Comrade* Dave yn biwritan rhonc," meddai Maldwyn.

"Mae cerddi i gyd, pob cerdd, yn *decadent* ac yn sentimenatal, 'nenwedig cerdd serch ddwl fel'na," meddai Dave.

"O, diolch yn fawr Mr Athrylith Llenyddol," meddai Jamie dan grynu ac wedi troi'n wyn yn ei ddicter.

"Beth wyt ti'n awgrymu y dylai beirdd 'neud, Mr Right-On?"

" 'Sdim eisiau bod fel'na, syr."

"Na, wir, Dave, liciwn i wybod beth wyt ti'n 'feddwl," meddai Maldwyn.

"Meddwl taw ymateb naratifol sydd eisiau i'n hoes ni, nace un prydyddol, telynegol. 'Dyw barddoniaeth ddim yn gallu ymdopi â'n cyfnod helbulus ni. Dim ond y nofel a'r ddrama sydd â'r sgôp i ddelio â hi, a hynny mewn iaith bwrpasol, oeraidd, foel, nace iaith swynol, farddonol."

"Ond," meddai Anna, "metanaratif yw ein hoes ni a rhaid i unrhyw naratif o fewn y metanaratif frwydro a ffrwydro yn erbyn deongliadau mimetig ail-law."

"Ac eto," meddai Dave, "mae ar y werin, neu'r gymuned yn hytrach, angen deongliadau mimetig sy'n cynnig trefn ar gyfer eu problemau cymdeithasol ar sail egwyddorion democrataidd – yng ngwir ystyr y gair – a chydraddoldeb."

"Ar ben hynny," meddai Anna, "gan mai metanaratif yw'r gymuned rhaid wrth feta-iaith, neu wrth-iaith, sydd yn atseinio yn erbyn dryswch ontolegol ein meta-amseroedd, ac a fyddai'n gyfieithiad heuristig o'n metagyflwr heb fod yn aleatoraidd gan ein bod yn byw trwy gyfnod trawsffurfiol ôl-fodernaidd."

"Ond," torrodd Dave i mewn, "rhaid inni adlewyrchu pethau'n union fel y maen nhw er mwyn codi ymwybyddiaeth wleidyddol y bobl gyffredin. Rhaid creu rhyw fath o wltra-realiti ddogfennol, ffeithlon-ffuglennol."

"A beth yw realiti, beth yw ffeithiau?" gofynnodd Anna. Roedd hon yn ddadl a gawsai'i chwarae fel gêm o dennis rhwng y ddau sawl gwaith o'r blaen.

"A beth am 'y ngherdd i?" gofynnodd Jamie.

"Stwffia dy gerdd di," meddai Anna.

"Ffwcia dy ffacin cerdd," ategodd Dave.

Ar hynny rhedodd Jamie o'r stafell a'r dagrau'n powlio o'i lygaid.

"O na," meddai Maldwyn. " 'Ych chi'ch dau wedi rhoi testun cerdd arall iddo fe nawr."

Ond doedd Anna a Dave yn dweud dim, dim ond syllu arno gan ei hoelio â'u llygaid bygythiol cas. Roedd y tawelwch ar ôl i Jamie fynd yn un estynedig ac annymunol. O'r diwedd gofynnodd Maldwyn:

"Be sy'n bod?"

" 'Dan ni eisio trafod rhwbath efo chdi," meddai Anna.

"Beth?"

"Deud wrtho fo, Dave."

"Fe welson ni chi, syr. R'yn ni'n gwbod eich cyfrinach. Mewn car o'n ni."

Felly, roedd 'na gar y noson honno. Rhywle yn y tywyllwch ac yn ei gof roedd 'na gar. Ac fe wyddai Maldwyn wrth eu llygaid cyhuddgar, buddugoliaethus eu bod nhw'n dweud y gwir, eu bod nhw yn gwybod.

"Beth 'ych chi'n gofyn, felly?"

"Dau ddosabrth cynta' i ddechra'," meddai Anna.

"Wel, dw i'n weddol ffyddiog eich bod chi'n agos at hynny, beth bynnag," meddai Maldwyn.

"Agos?"

"Weddol ffyddiog? 'Dan ni eisio bod yn berffaith sicr."

"Ti'n gallu 'neud yn siŵr o hynny'n hawdd. Dim ond mater o ddadlau'n ffyrnig os 'yn ni'r ochr rong i'r ffin, yntefe?"

"Ond 'dan ni isio mwy na hynny, hefyd, cofiwch."

"Fel beth?"

"Rhan o'ch cyflog, syr. Rhan sylweddol, a pheth o'ch cynilion hefyd. 'Dyn ni ddim eisiau gweithio'n galed, chi'n gweld."

"Dw i ddim mor gyfoethog ag 'ych chi'n amlwg yn meddwl 'mod i."

"Ond mae tŷ mawr 'da chi, on'd oes?"

"Ti'n ymddangos ar y teledu byth a hefyd, ac yn aelod o'r Bwrdd ac o bob pwyllgor a cwango. A does dim plant gen ti, nac oes?"

"Oes," meddai Maldwyn, "merch o 'mhriodas gyntaf."

"Wel, beth am setlo ar swm sylweddol?"

"Ia. Wyth mil. Pedair iddo fo a phedair i mi."

Tecach nag o'n i'n 'ddisgwyl, meddyliodd Maldwyn.

pennod 12

ROEDD TONI i fod i fynd i sioe gathod yn Birmingham gyda Jezebel, Titus a Pandora ifanc, ond daethai Maldwyn yn ôl yn hwyr neithiwr o gyfarfod y Bwrdd gan ei dihuno. Cyn iddo ddod i'r gwely treuliasai awr yn y lolfa ac erbyn iddo orwedd wrth ei hochr roedd e'n drewi o wisgi. Doedd e ddim wedi bod i gyfarfod o'r Bwrdd; gwyddai hynny oherwydd bod Dedwydd wedi ffonio neithiwr i siarad ag e, a hi oedd Cadeirydd y Bwrdd. Wedyn doedd hi ddim yn gallu cysgu a phan ddaeth hi'n amser codi roedd hi'n rhy flinedig i yrru'r holl ffordd i Birmingham. Roedd hi wedi aros chwarter awr arall yn y gwely a'r chwarter awr wedi troi'n awr a hanner.

Roedd Maldwyn yn ymddwyn yn od hefyd. Yr holl yfed 'ma, newid y car ar ôl prynu un newydd, pam? Roedd e'n gwneud llawer o bethau nad oeddynt yn gwneud synnwyr. Nid hyhi fyddai'n cael *nervous breakdown* y tro hwn; Maldwyn fyddai'n cael ei un cyntaf.

Llusgodd ei hun o'r gwely; roedd mewn tymer ddrwg cyn iddi sefyll ar ei thraed hyd yn oed, yn ddig wrth Maldwyn am ddifetha'i chwsg, yn ddig wrthi hi ei hunan am golli'r sioe gathod. Gwastraffwyd diwrnod cyn iddo ddechrau. Edrychodd hi ddim ar ei gŵr rhag ofn y byddai'n rhoi clatsien iddo. Lapiodd ei gŵn nos (lliw bricyllen) amdani yn bwdlyd. Stompiodd i lawr y grisiau pren gan wneud cymaint o sŵn ag y gallai. Dydd Sadwrn neu beidio doedd hi ddim yn mynd i roi llonydd iddo fe i gael rhochian yn y gwely drwy'r dydd.

Roedd hi'n hwyr a'r cathod a'r cathod bach yn disgwyl eu bwyd a'u llaeth boreol. Ond ni theimlai Toni'r awydd i wisgo hyd yn oed. Byddai wrth ei bodd pe bai'n gallu ymsleboga yn y gegin yn ei gŵn nos, heb golur, a'i gwallt dros ei dannedd, ac anghofio am ei chathod a'i gŵr bondigrybwyll.

Aeth yn syth at y bar yn y lolfa ac arllwys diod; iâ, sudd tomato, fodca, chwistrelliad o saws tywyll – brecwast. Bu hithau'n yfed yn drwm eto yn ddiweddar. Gwyddai hynny. A oedd y clefyd yfed 'ma'n heintus tybed? Ei gŵr yn yfed a nawr dyma hi'n 'hitio'r botel' ben bore a phob cyfle drwy'r dydd wedyn. Nid ei bod yn gwneud unrhyw ymdrech i ymatal. Doedd hi ddim yn poeni am yr alcohol. Beth yw'r ots, meddyliai, gan lyncu'i brecwast ar ei thalcen a darparu un arall.

Edrychodd drwy'r ffenestri Ffrengig ar y lawnt lydan, y coed moel, a'u dail yn carpedu'r borfa, a'r barrug ar y canghennau yn ei hatgoffa bod y Nadolig yn agos. Fe fyddai'n bert pe bai'n hapus. Blydi Nadolig – cardiau, anrhegion, carolau. Ni allai feddwl am ddim byd tristach. Dyna'r *pyracantha* a bedd Cleopatra dan yr aeron coch olaf. Ond doedd hi ddim yn gweld eisiau'r gath o gwbl. Sbort. Licio'r sioeau yr oedd hi, yn enwedig pan fyddai'i chathod hi'n ennill gwobrau; roedd hi'n licio'r sylw, y cymwedd gyda'r bobl eraill yn y sioeau cathod wrth iddynt gwrdd â'i gilydd bob mis mewn gwahanol lefydd ar hyd a lled y wlad. Ond yn ddiweddar roedd y pleser hwnnw wedi dechrau pylu. Ni fu ei chathod yn ennill mor aml, dim rubanau coch, na glas na melyn hyd yn oed. Y gwir amdani oedd ei bod wedi syrffedu ar y sioeau ac ar gathod. Yn wir, ni allai fod yn siŵr ei bod wedi licio cathod fel cathod erioed (ac eithrio Cleopatra) – y sioeau a'r cystadlaethau oedd wedi'i swyno hi o'r dechrau. Dim mwyach. A'r bore hwnnw ni allai wynebu'r cathod. Byddai'n ddigon hawdd talu un o'r merched lleol i ddod bob dydd i'w bwydo nhw a glanhau'r cytiau. Ond roedd hi wastad wedi mynnu chwarae rhan y Wraig a Garai Gathod. Yna wrth edrych dros y lawnt tua'r cytiau moethus gwnaeth benderfyniad; byddai'n cael gwared â nhw, yn rhoi hysbyseb yn y cylchgronau cathod, yn ffonio rhai o wybodusion y byd cathod, ac yn gwerthu pob un, hyd yn oed y pencampwyr. Byddai'n gwerthu'r cytiau gwres canolog wedyn. Byddent yn gwerthu'n ddigon rhwydd a byddai hithau ar ei helw. A byddai hithau'n rhydd wedyn – yn rhydd i symud, i fynd, i adael.

Ac i ddechrau caent fynd heb fwyd a heb eu glanhau am a hidiai hi. Ni wnâi un diwrnod o esgeulustod fawr o niwed iddynt.

Dim sŵn o'r llofft. Hwyrach ei fod wedi dechrau ymystwyrian heb iddi ei glywed, waeth roedd y tŷ yn rhy fawr i bob smic gario'n bell. Llusgodd ei thraed yn eu sliperi pinc i'r gegin. Roedd y post wedi bod. Cododd yr amlen. Tâp selo yn ei chau, enw a chyfeiriad Maldwyn yn cystadlu am le gyda'r hen enw a'r cyn-gyfeiriad. Fe'i hadweiniodd yn syth. Ei ferch o'i wraig gyntaf, ei llysferch hithau. Gwnaethai ei gorau glas i ddod ymlaen gyda'r ferch hon, i gydymdeimlo â hi ar ôl iddi golli'i mam yn ei harddegau. Prynasai anrhegion a dillad iddi. Doedd dim wedi tycio, dim un o'i hymdrechion, dim un o'i hystrywiau. Ac yna tyfasai gelyniaeth rhyngddynt fel chwyn rhwng blodau.

Doedden nhw ddim wedi clywed oddi wrthi ers blynyddoedd maith. Doedden nhw ddim yn siŵr ble'r oedd hi'n byw. Nid bod Toni wedi poeni llawer. Ond dyna ei henw a'i chyfeiriad wedi'u croesi allan a'u disodli gan fanylion y tad. Beth oedd yn bod arni? Rhaid bod rhywbeth yn bod neu fyddai hi ddim yn trafferthu i sgrifennu. Baban? Cancr fel ei mam? Problemau ariannol? Yr olaf mwy na thebyg. Crychodd yr amlen yn ei llaw nes ei bod yn belen, ac ar ôl agor yr Aga, ei thaflu i ben pellaf ei huffern fechan gyfyngedig.

Yna sylwodd fod yna amlen arall. Ddaethai hon ddim gyda'r post, doedd dim cyfeiriad arni na stamp, dim ond yr enw Dr. Maldwyn Taflun Lewis wedi'i deipio. Roedd chwilfrydedd yn drech na hi. Rhwygodd y llythyr allan o'i gas a darllen:

BLE MAER ARIAN? RYDYN NIN RHOI PEDWAR AWR
AR HUGAIN I CHI GYDYMFFURFIO AN GORCHMYNION
COFIWCH BYDDEM YN DWEUD WRTH EICH GWRAIG
YN GYNTAF YNAR BRIFYSGOL YNAR WASG!!!

Cariodd Toni'r llythyr, a grynai yn ei llaw fel petai'n fyw,
i'r lolfa gan geisio'i ddal o flaen ei llygaid. Arllwysodd ddiod
arall, heb ychwanegu dim y tro hwn, dim ond fodca pur,
digymysg ac eistedd ar y soffa anferth i geisio deall. Gwelai
nawr mai dim ond copa'r mynydd iâ oedd ei bywyd priodasol
hi a Maldwyn. Roedd llosgfynydd oddi tano ar fin ffrwydro,
a'i dân a'i lafa a'i wreichion yn mynd i lifo dros eu bywyd,
meddyliodd, heb boeni am gymysgu delweddau. Ond fyddai
hi ddim yn aros i'r poethder ei chyrraedd hi. Rhyngddo fe a'i
gawl. Fyddai hi ddim yn chwarae rhan y wraig-fach-ffyddlon-
a-safai-wrth-ei-ochr-doed-a-ddêl. Bu'n chwarae rhan y wraig
ddosbarth canol, henffasiwn yn ddigon hir, yn rhy hir.
Aeth yn ôl i'r gegin a gadael y llythyr yn agored ar gownter
y bar brecwast wrth ochr y peiriant coffi. Ac yna aeth lan
llofft i gael ymdrochiad hir. Aeth â'r gwydryn a'r botel fodca
gyda hi.

pennod 13

GWYLIODD TANWEN y fan bost goch yn mynd heibio i'r bwthyn a lan y lôn yn cario'i hunig obaith i ffwrdd am y trydydd diwrnod yn olynol. Doedd ei thad ddim wedi ateb ei llythyr a chan nad oedd hithau wedi trafferthu i gysylltu ag ef ers blynyddoedd ni allai'i feio am anwybyddu'i hapêl am gymorth. Dim ond diwrnod arall oedd rhyngddi hi ac ymweliad nesaf Mrs Turvey, ac yna byddai hi a Jaco a Camel ar y stryd gyda'i gilydd.

Roedd y ddau wedi'i godro o bob ceiniog. Echdoe aethai i'r dref eto i ganu a chyda'i henillion pitw prynodd bâr o *jeans* iddo yn Oxfam. Ond ddoe aethai'r tri i'r dref eto i ganu carolau a gwneud elw digon teilwng ar gorn eu deuawdau byrfyfyr – 'Jingle Bells', 'Rudolf the Red Nosed Reindeer', 'On the First Day of Christmas', 'The First Noël' – Cymro a Chymraes yn canu unrhyw beth i blesio'r mewnfudwyr a'u plant ac yn manteisio ar haelioni awyrgylch dyngarol yr ŵyl. Ac yn wir, cawsant ddigon o hwyl yng nghwmni ei gilydd, ill tri.

Fynnai hi ddim ei fod e'n symud; wedi'r cyfan roedd hi'n gorfod gorffen y llun. Ei llun gorau hyd yn hyn. Beth fyddai'r pwynt o'i droi allan ar y stryd dim ond iddi hi ei hunan ei ddilyn o fewn y dyddiau nesaf? Man a man iddi ddechrau pacio'n barod.

"Be 'nawn ni?" gofynnodd eto. Gwyddai nad oedd ganddo ateb, ond o leiaf roedd ganddi gwmni nawr i rannu'i baich – cydbryderwr.

"Dwn i ddim," meddai gan afael yn ei llaw, "beth am gario ymlaen gyda'r llun?"

"Ffidlan wrth i Rufain losgi."

Beth oedd y dewis? Aeth at yr îsl i edrych ar y gwaith. Byddai'n drueni gadael y darlun ar ei hanner. Ond be wnâi hi â'i holl luniau, ei holl gynfasau? Annoeth peintio llun arall wrth aros yr anochel. Oni ddylai fod yn rhedeg o gwmpas yn trefnu i ffrindiau edrych ar ôl ei chynfasau a'i chelfi nes iddi gael rhywle i fyw? Pa ffrindiau?

Gorweddai Camel ar y fatras i aros am ei chyfarwyddiadau.

"Dy benelin ymlaen tamaid bach... 'na fe, digon. Dy fraich dde fel hyn..." Aeth ato i osod ei fraich yn union fel y dymunai iddi fod. "Symud y goes 'na ychydig i'r chwith... 'na ddigon! 'Nôl modfedd. Iawn."

"Beth am roi tâp ymlaen?" gofynnodd Camel.

"Paid â siarad," atebodd Tanwen yn swta, a brws paent rhwng ei dannedd. "Pa dâp?"

"Joni Mitchell, wrth gwrs. 'The Gallery', beth arall?"

Chwiliodd Tanwen ymhlith ei detholiad gwasgaredig o gasetiau nes iddi ddod o hyd i'w hen hen gopi o 'Clouds' a'i fwydo i safn y chwaraeydd. Pwysodd y botwm a dechreuodd y gerddoriaeth gyfarwydd. Gan mor hen oedd y tâp roedd tipyn o sigl ynddo. Daeth Jaco ati i'w gwynto â'i drwyn oer a llyfu cefn ei llaw â'i dafod gwlyb.

"Liciwn i beintio Jaco, rywbryd, hefyd," meddai gan anghofio'n llwyr am ansicrwydd y dyfodol a gwlychu'i lliwiau o'r newydd gan adfywio'r smotiau – pinciau, gwynion, orenau, melynion, gwyrdd tywyll isel, du – lliwiau cnawd dynol gwrywaidd.

"Ac yna," meddai Camel, "rhaid iti 'neud llun arall ohonof fi a Jaco gyda'n gilydd."

"Un peth ar y tro," meddai Tanwen. Roedd hi'n gorfod gwneud Mared hefyd, cofiodd. Ond am y tro roedd hi'n mynd i ganolbwyntio ar ei wyneb. Doedd e ddim yn hardd mewn ffordd gonfensiynol; yn hytrach roedd e'n bert, yn feddal ac yn ferchaidd – yn hytrach nag yn ferchetaidd. Ei ieuenctid oedd yn rhannol gyfrifol am hynny; y gruddiau gwyngoch, mefus a hufen, meddyliodd gan geisio cael y cymysgedd cyfatebol ar ei lliwford; y gwefusau synhwyrus, llawn, benywaidd bron; sut gallai ddal eu lliw? A'r ên wen – ac eto'n dywyll, cysgod y farf, olion glas tywyll yr eillio – sut roedd hi'n mynd i ddal hynny? Ac yna'r llygaid *bleu de bleu*; doedd eu lliw ddim ar ei phalet eto. A'r esgyrn tenau, porslennaidd o frau, esgyrn aderyn, penglog merch o oes y Dadeni. Fe'i llethwyd, bron, gan amhosibilrwydd y peth, a Joni Mitchell yn canu yn y cefndir –

> … you studied to portrayyy meee
> iniceangreens anoldbluejeans
> an naked intheroses
> Then you gotinto funnyscenes
> Which allyour workdiscloses…

Adlewyrchai'r gân eu sefyllfa nhw, a'i chyferbynnu hefyd. Gŵr oedd yr arlunydd a merch oedd y fodel yn y faled. Ond o fewn dim o dro roedd Tanwen wedi ymgolli yn y weithred o drosglwyddo'r hyn a welai i'r gynfas drwy gyfrwng y brws, y paent, y dŵr; trawsffurfio goleuni a chysgodion, siapiau a phatrymau yn gyfuniad o farciau ac olion yn adlewyrchiad o realiti. Ond nid ei hadlewyrchu yn union chwaith. Roedd hi'n realydd, oedd, ond realydd fel Wyeth, Balthus, Lucien Freud, realydd a welai rywbeth y tu ôl i realiti.

Yn sydyn roedd yna sŵn curo ar y drws. Cyfarthodd Jaco. Disgynnodd y brws o law Tanwen. Eisteddodd y llanc gan chwalu'r *pose*. A daeth y curo eto.

"Mrs Turvey, wedi dod am ei harian yn gynnar," meddai Tanwen wedi'i brawychu ac yn cilio i'r cornel pellaf o'r ffenest, rhag ofn i'r fenyw edrych i fyny a'i gweld hi.

"Paid â chyfarth, Jaco," meddai gan alw'r ci ati. "Os

arhoswn ni'n dawel, 'fallai bydd hi'n mynd i ffwrdd."

"Byddai'n ddigon hawdd iddi ddod mewn," meddai Camel, "mae allwedd 'da hi. Wedi'r cyfan, ei thŷ hi yw hwn."

Aeth ar ei bedwar tua'r ffenest.

"Bydd hi'n gweld, paid," meddai Tanwen. Ond wrandawodd e ddim ac aeth i edrych o gil ffenest y llofft.

"Menyw ifanc," meddai, "gwallt coch fel bitrwt, sbectol gron fawr gyda fframiau glas."

"Nace Mrs Turvey yw honna," meddai Tanwen gan ollwng ochenaid fechan o ryddhad – ond dim gormod. Pwy oedd hi? Doedd hi ddim yn ei nabod o'r disgrifiad. Magodd y plwc i fynd at y ffenest ac ar hynny edrychodd y fenyw i fyny i'w hwyneb a gwenu a chodi'i llaw a gweiddi rhywbeth. Agorodd Tanwen y ffenest gan adael oerni Rhagfyr i'r llofft.

"Manon Elin,"meddai'r fenyw, "o Oriel y Chwaral."

"Dw i ar fy ffordd lawr," atebodd Tanwen gan gau'r ffenest ar ei hôl. "Manon Elin? Oriel y Chwarel?" meddai wrth y llanc fel pe gallai e ei helpu. Yna rhedodd i lawr y grisiau gyda Jaco wrth ei sodlau a'i gynffon fel gwyntyll, gan adael Camel yn gwisgo dim byd ond penbleth.

Agorodd Tanwen ddrws y bwthyn a byrstiodd y ferch i mewn fel lliwiau'r haf.

"Wyt ti'n 'y nghofio i?" meddai uwchben sŵn cyfarth cyeillgar Jaco. Oedd, roedd Tanwen yn ei chofio hi nawr – ond doedd hi ddim yn cofio lliw'r gwallt na'r sbectol fframiau glas, ond o dipyn i beth camai'r ffigur yn ôl i'w chof fel y camodd i'r bwthyn, a phan welodd Tanwen fod ganddi haearn am ei choes chwith a'i bod yn gloff roedd hi'n ei hadanbod hi. Ddwy neu dair blynedd yn ôl – pedair o bosib – gadawsai rai o'i lluniau yn yr oriel fechan a reolid gan hon yn y gogledd ar gytundeb gwerthu-neu-ddychwelyd. Suddodd calon Tanwen a theimlai fod ganddi haearn am ei dwy goes ei hun wrth feddwl am fwy o'i hen luniau yn dod yn ôl ati.

"Wel, o'n i'n digwydd bod yn yr ardal 'ma," meddai Manon

Elin, "ac mi gofish i fod gen i fusnas hefo chdi."

Plymiodd calon Tanwen yn ddyfnach. Ar hynny daeth y llanc i lawr y grisiau, yn gwisgo'i *jeans* Oxfam ail-law newydd a'r siwmper werdd, nid yr un flodeuog, diolch i'r drefn.

"Mmm," meddai Manon Elin wrth ei weld e, "a phwy, os ga i fod mor hy â gofyn, ydi hwn?"

"Ffrind," meddai Tanwen yn swta a diamynedd, "dw i'n 'neud llun ohono."

"W! Hoffwn i weld hwnnw." Llyfodd Jaco'i llaw yn betrus.

"Dw i ddim wedi'i 'bennu 'to," meddai Tanwen yn chwithig.

"Eniwe," meddai Manon Elin, gan ddal i wylio'r llanc wrth siarad â Tanwen, " 'dan ni 'di gwerthu tri o dy lunia di."

"Be?" ebychodd Tanwen

"O, mae'n ddrwg gen i, Tan. Tydw i'm yn synnu dy fod ti o'th go. Ond toes dim ffôn efo chdi nac oes? A finnau'n un anobeithiol am sgwennu llythyra."

Roedd hi'n fwrlwm o siarad ond prin y gallai Tanwen ei deall – yr acen ogleddol, yddfol; llithrigrwydd y geiriau; ond yn bennaf doedd ei geiriau ddim yn gwneud synnwyr.

"Mi werthon ni un, yr un o'r daffodiliau 'ny yn y pot lliwgar, ryw ddeunaw mis yn ôl rŵan," meddai Manon Elin, "a'r ddau arall, y ffrwythau a'r ddynas ifanc, yn gymharol ddiweddar 'ma a ddeudish i wrth 'y mhartnar: 'Ffebi', ddeudish i, 'rhaid i mi fynd i weld Tanwen Lewis y tro nesa' y bydda i yn ardal Aberdyddgu i roid y pres 'ma iddi neu bydd hi'n sicr o yrru'i chyfreithwyr ar ein hola ni.' 'Ti'm yn meddwl y basa fo'n well i ti sgwennu'n gynta?' medda Ffebi. 'Na fasa,' ddeudish i, 'mae sgwennu'n llawar rhy amhersonol.' 'Sgwenna,' medda Ffebi, 'cofn 'i bod hi wedi symud i rwla arall.' Ac mi wnesh i adael y peth a'i adael o. Ond dyma fi o'r diwadd, a dyma'r pres i chdi. Gwell hwyr na hwyrach, 'tydi?" Ac estynnodd amlen wen i law Tanwen.

" 'Di o'm llawar am dri llun, mi wn, ond mae pob dima'n

help, 'tydi?"

"Faint sydd yma?" gofynnodd Tanwen gan edrych yn betrus i'r amlen.

"Tri llun," meddai Manon Elin fel petai Tanwen wedi'i chyhuddo o dwyll, "maen nhw yno i gyd. Paid â phoeni."

Rhifodd Tanwen yr arian yn gyflym yn yr amlen. Oedd, roedd yno ddigon i dalu'r rhent a'r dyledion a mwy. Bu ond y dim iddi gofleidio Manon Elin – angel a ddaethai heb weddi, hyd yn oed.

"Gymeri di ddysgled o de?" gofynnodd.

pennod 14

"Dw i 'di goro hel 'mhac a ffoi o'na," oedd y geiriau cyntaf o'i gwefusau peintiedig drwy ffenest 'y nghab i. Wrth imi geisio'u cyfieithu yn 'y meddwl dyma hi'n agor y drws ac yn dod i eistedd wrth f'ochr i yn drewi o bersawr rhad iawn ond dymunol.

"Thyrtîn Riferseid strît, plîs," meddai hi wedyn yn ei Saesneg gorau, er doedd dim rhaid iddi drafferthu achos o'n i wedi bod â hi yno o'r blaen, sawl tro.

"Dw i 'di cael y cic owt gin y landlord," meddai a gallwn weld ei bod yn llawn pryder a bod y *mascara* o gwmpas ei llygaid wedi rhedeg. Teimlwn yn falch ei bod wedi dewis 'y nghar i yn hytrach nag un o'r lleill, ond wyddwn i ddim pam. Roedd hi'n 'y nabod i. Dim ots 'da fi os oedd hi yn ôl y gyrwyr eraill yn rhoi chwip din i ddynion am bris.

" 'Nath o 'ngalw i'n butain, y bastad landlord 'na. 'Dw i 'di talu'n rhent fi'n gyson', meddwn i wrtho fo. 'Ei wont iw owt', medda fo. Neb yn malio dam am Lois druan."

Disgynnodd deigryn i lawr ei boch gan adael ei ôl fel cwys yn ei *rouge*. "Be 'di o'r ots? Mi dw i'n well off o'na."

Cymerodd ei *compact* o'i bag a dechrau trwsio'i cholur. Oedd hi'n fenyw go-iawn? Allwn i ddim bod yn siŵr chwaith. Hwyrach bod y bois yn iawn a ddim yn tynnu 'y nghoes i wedi'r cyfan. Nid bod ots 'da fi, chwaith.

"Dyma ni," meddwn i, "y tu allan i rif un deg tri."

" 'Nei di aros fa'ma, cyw? Dw i'n goro mynd i fyny ac i lawr grisia lot o weithia yn yr hei hîls 'ma i nôl popath."

Diflannodd tuag at ddrws y tŷ a bob hyn a hyn ailymddangosai gyda bocs, bag plastig neu sach blastig ddu, yn llawn dillad a thrugareddau, a'u gadael ar y pafin a diflannu i'r tŷ eto am lwyth arall, a finnau yn eu llwytho i gist y car. Yn y diwedd roedd y gist yn llawn, a'r llawr yn y cefn, a'r sêt gefn, ac roedd rhagor o bethau yn ei breichiau ac ar ei harffed pan eisteddodd yn y sêt flaen unwaith eto.

"Reit," meddai, "dw i 'di trefnu lle arall. Twenti ffeif Welinton strît, plîs."

"O dw i'n gyfarwydd â'r bobl 'na," meddwn i, "pobl ddymunol iawn."

"Mistar a Missus Jencins," meddai hi.

"Ie, 'na fe." Roedd hi'n dawel, yn llawn gofid. Mae symud cartref yn achosi bron cymaint o straen â phrofedigaeth ac ysgariad; dyna be glywais i ar y radio. Bydda i'n gwrando ar Radio 4 yn gyson.

" 'Na beth ofnadw yw'r stori 'na am gorff y ferch 'na ar yr heol ger Llanhowys, ontefe?" meddwn i mewn ymgais i dynnu sgwrs drwy sôn am rywbeth roedd pawb yn siarad amdano, waeth roedd tawelwch y cab yn llethol, a gallwn ddweud nad oedd hi'n berson tawel wrth natur; ei hamgylchiadau oedd wedi'i sigo hi a'i thawelu.

"Yntydi," meddai, "y beth fach. 'Nawn nhw ddim ffeindio pwy 'nath rŵan."

"O, dwn i ddim. Pam ti'n gweud 'ny?"

"Mae gormod o amsar 'di pasio. Mae amsar yn claddu popath."

Peth od i'w ddweud ac eto gallwn weld synnwyr y syniad, er nad oeddwn i'n licio meddwl na fyddai'r dirgelwch yn cael ei ddatrys.

Roedd y môr yn wyllt wrth inni gael cipolwg arno o lôn y prom, ac addurniadau a goleuadau'r Nadolig yn hongian yn wlyb ar draws y stryd a'r gwynt gaeafol cryf yn eu cynhyrfu.

"Tydi'r trimins i'w gweld yn drist?" meddai hi. " 'Na i chdi beth trist 'di Dolig."

Synhwyrwn fod ei hansicrwydd wedi heintio'i holl olwg

ar y byd. Dim ond dros dro, gobeithio.

"Dyma ni 'to," meddwn i gan stopio'r car y tu allan i'r tŷ tal, cul. Rhaid imi gyfaddef, roedd ei du allan diolwg, di-raen yn wrthgyferbyniad llwyr i'r perchenogion lliwgar, allblyg. Yr unig dŷ yn y stryd heb goeden Nadolig oleuedig yn y ffenest.

" 'Na i chdi le hyll," meddai hi dan ochneidio a syllu ar yr adeilad cyn agor drws y car. "Allwn i ddim fforddio lle gwell."

"Dw i'n siŵr ei fod yn well y tu mewn," meddwn i, mewn ymgais i godi tipyn ar ei chalon. Ac yna agorodd ddrws y cab yn araf ac aeth i ganu'r gloch. Rhaid i mi gyfaddef, gallwn i gydymdeimlo â hi ar noson mor oer. Pwy oedd eisiau symud i le dieithr yn y gaeaf, adeg y Nadolig?

Yna gwelais y fenyw fach gron a'i gwallt melyn, a'i dillad coch a phiws ac, yn sefyll y tu ôl iddi, y dyn mawr blewog yn dŵr uwch ei phen. Ond roedd eu hwynebau'n werth eu gweld – dwy wên o glust i glust – a'u breichiau'n agored mewn ystum croesawgar. Clywais y fenyw yn dweud:

"Ni wedi bod yn dy ddisgwyl di." A theimlwn yn dawel 'y meddwl wrth i mi yrru i ffwrdd.

pennod 15

AETHAI ALYS i'r Amgueddfa a phan ddywedodd y bobl yno nad oedd Patric wedi ymddangos, na fu ar gyfyl y lle hyd yn oed, gwyddai fod rhywbeth mawr o'i le. Ffoniodd ei rhieni.

"Dw i'n mynd i aros yma am dipyn," meddai ar ôl iddi amlinellu'r sefyllfa iddynt o flwch ffôn agored ar y prom, a'r môr yn rhuo yn ei chlust dde.

"Dw i'n siŵr bod rhywbeth wedi digwydd iddo," meddai, "neu fe fyddai wedi cysylltu â mi." Gwrandawodd ar ei thad yn ei chynghori a'i chysuro ar y pen arall gyda'i eiriau cytbwys, hirben nad oedd yn gwneud dim i liniaru'i phryderon. Ni allai ganolbwyntio; yn lle hynny edrychai o gwmpas ar yr arddangosfa o gardiau bach yn y ciosc: '*Swedish masseuse, ring Julie on... For young, attractive escorts male/female contact Gordon... French Polishing and Strict French from Mlle Lois, 13 Riverside... Private Lessons phone Chelsea...*'

"Ond, Dad," meddai Alys, "dw i'n gorfod 'neud rhywbeth." Doedd hi ddim yn gwrando arno fe, doedd e ddim yn gwrando arni hi chwaith. Beth oedd diben siarad?

"Gwranda, Dad," meddai, "rhaid imi fynd nawr, 'sdim newid ar ôl 'da fi." Esgus da ac un dilys. Dododd y ffôn i lawr. Na, doedd hi ddim yn mynd i fynd tua thre am y Nadolig, hyd yn oed; oni bai ei bod hi'n dod o hyd i Patric.

Ond pa reswm oedd ganddi i gredu'i fod yn Aberdyddgu o hyd? Hwyrach nad oedd e wedi cyrraedd y dref o gwbl. Ond roedd hi wedi ffarwelio ag e a'i weld e'n mynd ar y bws, ac roedd hi'n ei nabod e'n ddigon da – yn ei nabod ar draws ac ar hyd fel petai. Fyddai fe ddim yn ei thwyllo hi, roedd hi'n siŵr o hynny. Gwyddai ym mêr ei hesgyrn ei fod e wedi dod i'r dref a dywedai rhywbeth wrthi ei fod e yno o hyd.

Bob dydd codasai'n gynnar a chael brecwast yn ei llety pinc gyda'i landledi binc ac yna roedd hi wedi mynd mas i grwydro'r strydoedd gan obeithio gweld Patric. Sawl gwaith nawr a gawsai'i thwyllo? Sawl gwaith yr oedd wedi gwneud camgymeriad, wedi dilyn dieithryn oherwydd rhyw debygrwydd yn ei osgo, yn nhoriad ei wallt, cyffelybrwydd y pen, y trwyn, y sbectol hyd yn oed, dim ond i ddal i fyny gyda chreadur hollol wahanol – talach, tewach, tywyllach. Un tro fe'i gwelsai yn dod tuag ati; estynnodd ei breichiau a'i gyfarch gyda 'Hei' mawr a lenwai'r stryd – er dirfawr embaras i ddiniweityn plorynnog a lithrodd i ffwrdd gan osgoi'r ferch 'hanner pan'. Ai fel hyn y collai rhywun ei bwyll? A fyddai'n crwydro Aberdyddgu am weddill ei hoes yn siarad â hi'i hun yn ei hynfydrwydd – yn cyfarch pawb heb adwaen neb – fel y ferch yn y gerdd honno a ddysgodd ar gyfer TGAU? Weithiau, wrth iddi synfyfyrio mewn caffe – âi i le gwahanol i f'yta pob pryd yn y gobaith o ddod o hyd i'r lle a fynychid gan Patric – wrth synfyfyrio dechreuai ofni mai rhith oedd ei chariad, nad oedd yn bod o gwbl ond yn ei dychymyg gwyrdroëdig. Ond yna, teimlai'n siŵr y byddai'n ei weld e eto – rownd y cornel nesaf, yn y stryd hon, y siop dros y ffordd, yn aros am fws, prynu papur, yfed coffi mewn caffe.

Ond beth fyddai ei esgus wedyn dros beidio â chysylltu â hi? Cynyddai'i gofid wrth feddwl am hyn. A fyddai yn ei nabod hi? Efallai ei fod wedi cael damwain, wedi colli'i gof, wedi drysu yn ei feddwl.

Yn ei chyfeiliornadau ni sylwai ar y newid yn y tywydd, nid oedd yr oerni yn effeithio arni. Ni sylwai chwaith ar y paratoadau at y Nadolig – yr holl siopau, y clychau a'r sêr, y carolau, y lluniau o Siôn Corn siriol, y coed Nadolig ym mhob ffenest, bron. Papur wal ar gefnlen ei hymwybyddiaeth oedd y rhain. Sylwodd, serch hynny, fod llawer o bobl ddigartref o gwmpas, a synnai weld hynny mewn tref gymharol fechan. Merched ifainc yn eistedd ar y palmant yn dal eu dwylo allan fel cardotwyr o oes Dickens, rhai wedi'u lapio mewn blancedi pygddu. Dynion ifainc yn ceisio gwerthu *The Big Issue* ym mhob stryd, ar bob cornel, un arall wedi sgrifennu mewn sialc ar y palmant wrth ei draed *'Homeless, Hungry, Alone'*. Ar bob un o strydoedd cyfyng y dref gwelid rhywun yn begera a bron neb yn cymryd sylw ohono. Gyda'r nos, pan âi allan i chwilio am Patric eto, gwelai bobl yn cysgu mewn cysgodfa neu ddrws siop, ar feinciau, wedi'u lapio mewn papurau a chardbord ac ambell hen flanced. Yng nghyntedd siop gwelsai ddau yn cysgu – gwryw a benyw, dau wryw, dwy fenyw? Ni allai farnu gan fod hen flancedi garw'u deunydd wedi'u taenu drostyn nhw a dim ond dau gorun i'w gweld. Aethai'n agos iawn er mwyn gwneud yn siŵr nad gwallt Patric oedd un ohonynt – rhy agos; ymddangosodd dau wyneb sarrug a phoerodd y naill *'Fuck off'* arni. Gwelsai hen fenyw yn eistedd ar stepen drws arall yn crynu yn yr oerni, a'i cheg heb ddannedd, ei chroen yn grychau i gyd ac yn llwyd, ei llygaid ynghau ac wedi suddo i'w phen, a'i gwallt yn dalp cedenog, brith ar ei phen. Beth oedd ei hoedran? Trigain, saith deg? Pa mor hir y bu hi'n byw fel'na, ac am ba hyd yr oedd hi'n debygol o oroesi nawr bod y gaeaf wedi dod?

Ond o Patric doedd dim olion, dim arwydd ohono yn unman. Aethai at yr heddlu, wrth gwrs. Doedden nhw ddim i'w gweld fel petaen nhw'n gorweithio yn eu gorsaf fechan ar lan y môr. Na, allen nhw ddim helpu. Roedd e'n oedolyn a chanddo'r hawl i fynd i ble bynnag y dymunai, yn ôl ei fympwy; roedd e'n ddinesydd rhydd, on'd oedd? Ond beth os oedd rhywbeth wedi digwydd iddo, rhyw drosedd, anfadwaith? Pe bai hi'n gallu profi hynny bydden nhw'n mynd ati'n syth i'w chynorthwyo hi. Ond wyddai hi ddim beth oedd wedi digwydd iddo. Felly, roedd hi'n gwastraffu'u hamser, on'd oedd hi?

Edrychodd o gwmpas y swyddfa ddi-raen yn ei dicter mewn ymgais i atal dagrau'i blinder a'i rhwystredigaeth rhag powlio i lawr ei gruddiau. Gwelodd bosteri – pobl ar goll – y llun o'r ferch 'na y ffeindiwyd ei chorff ar yr heol yn y wlad, *'Have You Ever Seen This Child?'* Lluniau o nifer o bobl a'r gair *'Missing'* oddi tanynt. Oni allen nhw wneud poster fel'na o Patric? Doedd ganddi ddim tystiolaeth i ddangos ei fod e ar goll, a doedd hi ddim yn perthyn iddo, beth bynnag. Sut mae profi bod rhywun wedi diflannu?

pennod 16

"Dw i wedi bod i'r dref," meddai Camel, "i'r swyddfa nawdd cymdeithasol ac i'r ganolfan waith ac wedi llenwi'r ffurflenni."

"Gwych," meddai Tanwen gan fwytho pen Jaco wrth ei groesawu'n ôl. "Gest ti neges?"

"Do. Llysiau, ffrwythau, bara, caws," meddai'r llanc gan dynnu'r nwyddau fesul un o'r bagiau plastig, "popeth, dw i'n credu."

"Llaeth? Bwyd i'r ci?"

"O, sori, angofiais y llaeth," meddai Camel yn lloaidd, "ond dw i wedi dod â digon o duniau o gig i Jaco. 'Na pam oedd y bagiau 'ma mor drwm. Lwcus 'nath y dolenni ddim torri."

" 'Sdim ots am y llaeth," meddai Tanwen er ei bod yn flin mewn gwirionedd, "af i lawr i'r pentre' yn nes ymlaen."

Ac efallai y mentrai i'r goedwig o'r diwedd i weld Mared – oni bai y byddai'n ddigon ffodus i'w gweld hi yn y pentref eto. Dyna ei phrosiect nesaf, nawr bod y llun o'r llanc wedi'i orffen. Er ei bod hi'n bwriadu gwneud rhagor o luniau ohono gan ei fod yn fodel mor dda, ac roedd hi'n gweithio ar luniau o Jaco yn barod – darluniau pensil ac arlun mewn olew.

"Ges i lythyr heddi gan Ffebi, partner Manon Elin, yn dweud bod un o'r lluniau eraill 'na rois i iddi y diwrnod o'r blaen wedi'i werthu'n barod."

"Ardderchog, ti'n gyfoethog," meddai'r llanc gan rowlio dwy sigarét – un iddi hi, un i'w hunan; byddai wedi gwneud un i Jaco hefyd, petai hwnnw yn smygu.

"Mwy na 'ny, maen nhw'n mo'yn gwneud arddangosfa o'm gwaith i. Meddylia am y peth – 'mheintiadau i yn llenwi oriel gyfan."

"Ti ddim yn mynd i roi'r un 'na ohono i'n borcyn ynddi nac wyt ti?"

"Wrth gwrs, dyna'n llun gorau i. A phaid â honni bod cywilydd 'da ti – ti'n falch. Gwed y gwir nawr. Ti'n licio'r syniad o fod yn dipyn o *pin-up*.

"Fi! yn *pin-up*? Cer o'ma."

"Y llun 'na oedd y trobwynt. Daeth â lwc dda i mi – inni'n dau." Cymerodd Tanwen y sigarét oddi wrtho. "Bydd rhaid i mi 'neud rhai tebyg."

Nid ei bod yn siŵr y byddai popeth yn iawn eto. Codasai'i chalon ond aethai hi ddim dros ben llestri. Unig ddathliad y ddau fu twba mawr o Häagen-Dazs blas siocled. Ond teimlai fod y gwynt wedi troi. Gallen nhw sefyll ar eu traed, fel petai. Gallen nhw hawlio nawdd cymdeithasol nes iddi werthu peintiadau yn amlach, nes iddo fe gael jobyn. Gallen nhw fynd i'r dref i ganu o hyd am dipyn o gildwrn ychwanegol i lenwi'r coffrau – beth bynnag, roedden nhw wrth eu bodd yn canu a'u mwynhad yn amlwg i bobl eraill. Roedden nhw'n dechrau dod yn adnabyddus yn y dref – yn boblogaidd hyd yn oed.

Y diwrnod o'r blaen gwelsai Mrs Mair Probert.

"Fe glywais i ti a'th...," saib arwyddocaol, trymlwythog, "a'th ffrind yn canu carolau yn y dre' dydd Iau. Hyfryd, cariad, hyfryd." Peth od achos doedd Tanwen ddim yn ei chofio hi'n dod lan i wneud cyfraniad i ddangos ei gwerthfawrogiad. "Ond pam na fuasech chi'n canu ambell gân yn Gymraeg?" Beirniadaeth ddigon teg, meddyliodd Tanwen. Rhaid iddyn nhw ehangu'u *repertoire* i gynnwys mwy o Gymraeg – hynny yw, unrhyw beth yn Gymraeg, wa'th doedden nhw ddim wedi cynnwys yr un gân Gymraeg yn eu detholiad o gwbl, hyd yn hyn – ac roedd hi ar fin dweud hynny fel ateb i'r sylw pan ddaeth Mrs Beckwith heibio gyda menyw arall a throes Mrs Probert atyn nhw a'u cyfarch yn heulog.

"Isn't this wind terrible? Goes through you like a knife."

"Wel, esgusodwch fi, Mrs Probert," meddai Tanwen.

"Yes, yes, dear. Bye bye."

Bei bei, yn wir. Roedd rhywbeth am Dilys-Siân-Dafyddiaeth y fenyw a'i cynddeiriogai.

"Man a man i mi a Jaco fynd i'r pentre' nawr 'te," meddai Tanwen. "Liciwn i gael dysgled o goffi."

"Dw i'n aros 'ma," meddai Camel. "Teimlo'n flinedig ar ôl yr holl ffurflenni a'r cwestiynau 'na gan yr SS a chario'r bagiau trwm 'na'n ôl."

"Ow, druan ohono fe, Jaco," meddai Tanwen, "mae'n meistr yn flinedig. Awn hebddo fe 'te. Wnei di ferwi'r tegell cyn inni ddod 'nôl, meilord, hynny yw os nad wyt ti'n rhy flinedig i godi o dy ben-ôl."

Roedd y pentre'n dawel, neb o gwmpas, dim ceir yn pasio ar yr heol hyd yn oed, dim un boda yn yr awyr. Roedd hi'n oer ond yn glir. Haul egwan y gaeaf yn peri i ymylon barugog y perthi, y glaswellt, toau'r tai a'r ffenestri ddisgleirio.

Aeth hi ddim yn syth i'r siop. Aeth am dro bach mewn cylch o gwmpas y pentref i gymuno â Jaco ac â hi'i hun.

Ydi e'n mynd i aros, Jaco? Wyt ti'n gwbod? Edrychodd y mwngrel i fyny a dangos ymylon gwyn ei lygaid trist. Aeth ei glustiau'n ôl cystal â dweud, 'Paid â gofyn i mi'. Beth ydyn ni, ni'n tri? Teulu, ffrindiau? Wyddai hi mo'i enw eto; dim ond 'Camel' oedd e o hyd, a fyddai hi ddim yn gofyn. Doedd yntau ddim wedi cynnig mwy o wybodaeth. Ac eto roedd hi wedi dysgu enw ei gi ar y diwrnod cyntaf – oni bai fod Jaco yn ffugenw hefyd!

Câi aros, pe dymunai. Roedd hi wedi caniatáu iddo ddefnyddio'i chyfeiriad hi er mwyn iddo wneud cais am arian nawdd cymdeithasol – er bod perygl i'r peth ddod i sylw Mrs Turvey. Beth bynnag, roedd e'n rhydd o hyd. Hithau hefyd.

"Paid â phoeni, Jaco," meddai wrth y ci a cherdded yn ôl i gyfeiriad y siop, "gawn ni weld."

Canodd cloch hen ffasiwn y siop wrth iddi fynd trwy'r

drws a doedd neb yno chwaith. Beth oedd yn bod ar y pentref? Roedd e fel y *Mary Celeste*. Yna, mingamodd Mr Inchling o'r cefn dan rwbio'i ddwylo.

"Cold enough for you?"

Nac ydi, meddyliodd Tanwen, allwch chi'i gostwng radd neu ddwy os gwelwch yn dda? Chwarae teg iddo, roedd e'n ddigon siriol a hynaws ei ffordd. A nawr, beth i'w wneud; siarad Cymraeg a cheisio'i orfodi i ddysgu'r iaith, neu geisio'i ennill trwy deg, trwy fod yn gyfeillgar? Byddai Mared wedi sefyll yno drwy'r dydd ac ailadrodd y gair 'llaeth' nes iddo ddeall, mae'n debyg.

"*Milk,*" meddai gan ildio, cyfaddawdu. Brad. Ynteu bod yn realistig roedd hi; fyddai fe byth yn dysgu Cymraeg. Ond wrth iddi dderbyn ei newid dywedodd: "Diolch yn fawr," wrtho'n glir.

Ac er mawr syndod iddi dywedodd yntau: "Diolc yn ffawar."

Llygedyn o obaith? Ond sawl mewnfudwr ar ôl ugain mlynedd yn y wlad sy'n dal i ddweud 'diolch' a dim mwy?

Rhedodd Jaco o'i blaen hi yn ôl i'r bwthyn, yn holl gartrefol. Roedd yn gwybod y ffordd yn barod. Ond doedd ei feistr ddim yno i'w groesawu pan gyrhaeddodd a doedd e ddim i'w glywed yn y llofft chwaith.

Gan nad oedd y tegell wedi berwi – melltithiodd Tanwen dan ei gwynt – rhoes ddŵr ynddo, digon i ddau gwpanaid, a llwyaid bob un o lwch coffi ar waelod y ddau fŵg – *Gemini* ar ei mŵg hi, ei harwydd hi a llun o wyneb y Dyn Gwyrdd ar ei fŵg e, y mŵg roedd hi wedi'i roi iddo – a diferyn o laeth i'r ddau, dim siwgr. Rhuodd y dŵr yn y tegell trydan a chwythu'i stêm. Wrth iddi arllwys y dŵr berwedig wedyn i'r mygiau daeth y llanc i mewn o'r ardd.

"Jiw, jiw, o'n i'n dechrau poeni dy fod ti wedi rhedeg i ffwrdd," meddai Tanwen a neidiodd Jaco i fyny ato gan grio a llyfu'i ên.

"Dw i wedi gweld rhywun," meddai fe yn gynnwrf i gyd, "yn yr ardd."

"Pwy?"

"Merch."

"Merch?"

"Ie, merch fach tua saith neu wyth oed, a gwallt du hir. Rhedodd hi i gyfeiriad y goedwig."

"Peth od," meddai Tanwen, "un o blant y pentre', mae'n debyg. Sgwn i beth o'dd hi'n 'neud lan ffordd hyn?"

pennod 17

ROEDD E WEDI tynnu'r arian o'i gyfrif mewn talpiau, fel petai, yn lle codi'r cyfan ar unwaith, rhag peri amheuaeth yn y banc neu rywle arall – ni wyddai ble yn union, ond roedd ganddo'r teimlad bod rhywun yn gwylio pob symudiad o'i eiddo drwy sgrin cyfrifiadur bob amser. Greddf oedd wedi'i gyfarwyddo i fod yn gyfrwys er mwyn peidio ag achosi drwgdybiaeth. Yn wir, âi'n gyfrwysach bob dydd, yn llwynocach. Teimlai'i fod yn gwau cocŵn o gelwyddau o gwmpas ei fywyd a'i feddwl.

Eisteddodd yn y caffe penodedig i aros am Anna a David. Yn groes i'w natur cyraeddasai'n eithriadol o brydlon – hanner awr cyn yr oed. Gwnaethai euogrwydd ddyn prydlon ohono.

Caffe bach di-nod mewn ardal ddiolwg o'r ddinas oedd hwn. Pethau wedi'u ffrio mewn saim oedd ar y fwydlen; popeth gyda sglodion, popeth wedi'i drwytho mewn braster. A'r cyfan yn waharddedig iddo fe ar gorn ei galon.

Ond beth oedd yr ots nawr? Yn sydyn fe'i meddiannwyd gan ysbryd difater, di-fraw. Teimlai fod llen wedi codi o'i lygaid. Gwyddai ei fod yn agos at y diwedd beth bynnag. Os na fyddai'r heddlu yn ei ddal cyn hir byddai'r ticar yn siŵr o nogio yn hwyr neu'n hwyrach o ganlyniad i'r holl ofid. Roedd y syniad fel gweledigaeth. Teimlai'n rhydd, yn fwy rhydd nag y bu erioed yn ei fywyd o'r blaen.

Archebodd blât o facwn, selsig, wyau a sglodion, coffi *cappuccino* a theisen siocled. Pan ddaeth y coffi dododd dair llwyaid o siwgr ynddo. Torrai bob rheol ynglŷn â'i ddeiet. Beth oedd yr ots?

Edrychodd o'i gwmpas. Ni fu yn y caffe hwn o'r blaen.

Dynion loris oedd y rhan fwyaf o'r cwsmeriaid. Neb yn ei nabod. Dyna un pwynt o blaid y man cyfarfod hwn. Dave – yr arch-werinwr – oedd wedi enwebu'r lle. Edrychodd ar y bordydd a'u topiau plastig, y meinciau wedi'u sodro wrth y llawr. Daethai i awyrgylch anghynefin ac annhebyg i'r cylchoedd y bu'n troi ynddynt ar hyd ei oes, o leiaf ers iddo raddio.

Yn yr awyrgylch amgen yma ac yn ei feddylfryd newydd y daeth iddo'r syniad o redeg i ffwrdd. Bu'n chwarae â'r posibilrwydd yn ei feddwl ers dyddiau, ond yn awr roedd ei ddychymyg wedi ei danio ganddo. Oni fyddai'n hawdd iddo fynd i fyw mewn byd arall, fel hwn, ond yn rhywle arall, pell i ffwrdd? Mynd nawr gyda'r arian yn yr amlen yn ei got?

Na, doedd e ddim eisiau mynd eto. Rhaid iddo drefnu pethau'n well. Meddwl am enw arall, cael dogfennau os oedd modd.

Oedd, roedd hi'n bosibl. On'd oedd pobl yn diflannu bob dydd, miloedd bob blwyddyn; roedd e wedi darllen hynny yn rhywle. A doedden nhw ddim i gyd yn cyflawni hunanladdiad neu'n cael eu llofruddio a'u claddu mewn sment. Roedd rhai yn gwneud bywydau newydd, yn troi'n bobl newydd.

Ond beth am honiadau Anna a Dave? Pe byddai fe'n ffoi nawr oni fydden nhw'n mynd yn syth at yr heddlu? Ond, nawr, roedd e'n dechrau gweld pethau mewn goleuni newydd. Roedd rhywbeth o'i le ar eu bygythiad, braidd yn naïf, a gwirion bron. Doedden nhw ddim yn ddigon taer, ddim yn ddigon ymosodol. Wrth iddo bendroni uwchben y mater, on'd oedd hi'n od nad oedden nhw wedi gofyn am lawer mwy o arian?

On'd wyt ti wedi bod yn araf iawn, Maldwyn? Mae pob dyn euog yn meddwl bod popeth yn cyfeirio at ei gyfrinach arbennig ef. Ond doedd Anna a Dave ddim wedi cyfeirio at y ddamwain yn benodol. Ac os gwelson nhw'r ferch yn cael ei lladd on'd oedden nhw yn euog o beidio â mynd at yr heddlu'n syth, ac felly yn rhan o'r peth?

Wrth iddo fwyta'n hamddenol a chnoi'r bacwn yn araf gan ymhyfrydu ym mlas y saim yn ei geg – y tro cyntaf iddo fwyta bacwn a selsig ers blynyddoedd – ystyriodd y sefyllfa'n oeraidd ac yn wrthrychol. Roedd ei ofnau a'i nerfusrwydd wedi diflannu wrth weld dewisadau newydd yn ymagor o'i flaen. Cofiodd y noson honno heb gael pwl o banig. Roedd hi'n dywyll. Bu'n gyrru'n gyflym. Gwir, daethai allan o'r car ac edrych ar y corff am fater o eiliadau. Ond os oedden nhw yn eistedd yn y car, yn y tywyllwch, yn y llecyn anghysbell hwnnw, rhaid eu bod nhw wedi gweld y ferch cyn iddo gyrraedd y lle ac heb wneud dim i'w helpu. Oni bai mai nhw aeth â hi yno. Ai Dave ac Anna oedd rhieni'r plentyn? Go brin.

Roedd e'n gweld yn awr iddo neidio i'r casgliad eu bod nhw'n sôn am y ddamwain. Wedi cael amser i ymbwyllo roedd e'n barod i'w hwynebu nhw, eu herio nhw, pe bai angen, ond y peth callaf i'w wneud i ddechrau oedd gwrando arnyn nhw.

"Ydi'r pres gin ti?" gofynnodd Anna heb ragymadroddi.

"Gan bwyll," meddai Maldwyn gan sychu melynwy o'i wefusau gyda nisied bapur.

" 'Sdim amser 'da ni," meddai Dave.

"Beth yw'r brys?" gofynnodd Maldwyn gan ryfeddu at ei hunanfeddiant. "Beth am i mi brynu dysgled o goffi i chi? Eisteddwch i lawr gyda fi, o leia' nes i mi gwpla 'mwyd. Mae pwdin i ddod eto."

"Peidiwch â chwara efo ni, Dr Lewis," meddai Anna, yn cogio bod yn bowld. Synhwyrodd Maldwyn nerfusrwydd y ddau. Roedd e'n crynu, roedd hi'n llwyd.

"Beth 'ych chi'n mynd i 'neud os ydw i'n gwrthod rhoi'r un geiniog goch i chi?" Gwenodd yn gadnoaidd wrth ofyn y cwestiwn hwn gan adael i'r ddau wybod fod ganddo driciau lan ei lewys, a gwneud sioe o'i hunanhyder newydd.

"Awn ni'n syth at yr heddlu." Daeth yr ateb o enau Dave fel bollt.

"A gweud be?" Eisteddodd Maldwyn yn ôl a gorffwys ei ddwylo ar ei fol. Teimlai fod ei faintioli nawr yn rhoi awdurdod iddo.

"Deud ble buoch chi a be 'dach chi 'di bod yn 'neud."

"Rhaid i chi fod yn fanylach 'na 'ny."

"Mae gynnon ni fanylion, Dr Lewis."

"Wel, fel be, er enghraifft?"

"Fel cyfeiriad penodol, fel amser a dyddiad penodol," meddai Anna. "Mae Dave yn dŵad o Aberdyddgu, wyddoch chi, a 'dan ni'n mynd yno bob penwythnos, bron." Roedd Maldwyn yn ddiolchgar iddi am egluro pethau. Yn wir, roedd e'n dechrau gweld pethau'n glir nawr.

"Fel enw," meddai Dave yn herfeiddiol nawr, yn barod i ddatguddio'r cerdyn tyngedfennol, "fel yr enw Lois."

Arhosodd y ddau er mwyn i'w geiriau gael effaith arno. Eisteddai'r ddau gyferbyn ag ef â dwy wep hunanfodlon.

Gollyngodd Maldwyn ochenaid fewnol o ryddhad. Yna, lledodd gwên dros ei wyneb.

"Jiw, jiw," meddai, roedd e wedi dechrau chwerthin yn dawel. "Chi'n meddwl bod gan yr heddlu ddiddordeb mewn pethau bach fel'na? Mae 'da nhw bethau pwysicach i'w gwneud." Chwarddodd yn uchel ac edrychodd ambell un o'r cwsmeriaid eraill arno. Roedd Dave ac Anna yn syn, a'u llygaid yn llawn amheuaeth ac ansicrwydd.

"Ond," meddai Anna gan blygu ymlaen dros y ford a siarad yn gynllwyngar, " 'dach chi ddim am i'ch gwraig gael gwybod, nac 'dach?"

"Gwybod?" ebychodd Maldwyn, "mae hi'n gwybod yn barod. Dyna gyfrinach ein priodas ni. Beth bynnag," meddai gan blygu ymlaen ac wynebu Anna, edrych i fyw ei llygaid, a'i drwyn bron â chyffwrdd â'i thrwyn, "mae 'ngwraig yn colli'i phwyll, yn cael *nervous breakdown*. Yr ail. Mae'n dr'eni. Mae'n siarad am ein mab o hyd – Taliesin Taflun. 'Sdim mab 'da ni. Rhith yn ei meddwl dryslyd, ti'n deall." Troes ei fys mewn cylch wrth ochr dde ei ben. "Felly, 'tasech chi'n ei ffonio hi fyddech chi ddim haws, fyddech chi ddim yn cael dim synnwyr ganddi. A fyddai hi ddim yn eich deall chi, beth bynnag. Tr'eni, achos roedd hi'n arfer bod mor fywiog, mor ddeallus. Rhyngoch chi a fi, dw i'n beio'r ddiod."

Meddyliodd y ddau am dipyn, ac ansicrwydd yn fflachio rhwng eu llygaid.

"Chi'n meddwl ein bod ni'n dwp?"

" 'Dach chi disgwyl i ni gredu hynna?"

"Na, d'ych chi ddim yn dwp. Chi'n dyfynnu Heller yn eich storïau, yn ailwampio ac yn cyfieithu Philip Roth, ond d'ych chi ddim yn glyfar chwaith, nac 'ych chi? Chi ddim yn dwp ond 'smo chi'n mynd i gael dosbarth cyntaf, chwaith. O, o'r diwedd, 'ma'r deisen siocled. Gyda llaw, dylwn i eich riportio chi i'r bwrdd disgyblu am geisio 'mygwth i i ystumio'ch canlyniadau. Gallwch chi fod mewn tipyn o bicil, a gweud y gwir. Mae blacmel yn drosedd ddifrifol, cofiwch. Yr hen nodyn dwl 'na; 'sneb yn anfon nodiadau fel'na ond mewn ffilmiau. Tystiolaeth, chi'n gweld? Ond dw i'n barod i anwybyddu'r peth. Mae lan i chi. Ydych chi'n siŵr na wnewch chi ddim aros i gael darn o'r deisen ardderchog 'ma?"

pennod 18

DYCHWELODD MALDWYN i'r tŷ y prynhawn hwnnw a synnu o weld nad oedd yr Audi yn y garej. Anaml y byddai Toni yn cymryd ei fenthyg. Ar y llaw arall, gan ei fod fwy neu lai wedi dwyn ei hen Metro hi, pa ddewis arall oedd ganddi? Wedi dweud hynny, anaml iawn y byddai hi'n mynd allan yn y diwetydd heb ddweud wrtho ymlaen llaw.

Roedd y tŷ'n dawel. Aeth yn syth i'r lolfa i gael whisgi. Llongyfarchodd ei hunan ar ei glyfrwch. Y blydi myfyrwyr twp 'na. Rhaid iddyn nhw godi'n blygeiniol iawn i ddal Maldwyn Taflun Lewis. Cymerodd yr hen nodyn o'i boced a chwerthin.

Wedyn aeth i'r gegin i gael tamaid i'w fwyta. Gwelodd fod nodyn ar y ford lle y cawsai'r un oddi wrth Dave ac Anna yn y bore. Beth oedd hwn? Blacmel eto? Ond y tro hwn teimlai'n ddi-fraw, yn barod i ateb unrhyw her. Pan welodd sgrifen Toni ni theimlodd unrhyw ofn o gwbl – roedd e'n disgwyl neges yn dweud lle'r oedd hi: siopa, wedi mynd ag un o'r cathod at y milfeddyg, wedi mynd at y doctor ei hun am fwy o dabledi at ei nerfau. Darllenodd:

> Maldwyn,
>
> Rydw i mynd. Darllenais y llythyr *blackmail* y bore 'ma ac mae blin gen i ond dw i ddim credu fersiwn ti o gwbl. Rydw i'n yn gwybod am dy gelwyddau, eich anffyddlondeb. Alla i ddim dioddef rhagor o straen, felly rydw i mynd at fy chwaer yn Bath (beth yw Bath yn Gymraeg, rydw i wedi

anghofio). Rydw i eisiau *divorce,* Maldwyn.

Peidiwch â phoeni am y cathod, nid dy fod ti wedi poeni amdanyn nhw erioed *(well, you wouldn't would you?).* Ddoe, pan oeddet ti yn y coleg, neu ble bynnag, daeth Dorothy Marshall, *Persian cat breeder* o Gaer (rydw i'n cofio Chester) a'u prynu nhw i gyd, bob cath, bob gwrcath a chath fach. *You'd be amazed* faint ges i amdanyn nhw. Dydw i ddim yn mynd i ddweud faint, ond rydyn ni sôn am rhif a phedwar *nought.* Nawr 'te! Dywedais i sawl gwaith nad oeddwn i'n gwastraffu d'arian. Mae cathod o waed coch cyfarth yn werthfawr iawn. Paid â phoeni, rydw i wedi talu'r cyfan i mewn i'm cyfrif newydd personol. Am unwaith rydw i wedi meddwl am bopeth a dwyt ti ddim wedi rhag-weld dim, gobeithio. Digwyddodd y cyfan o dan dy blydi trwyn mawr coch di.

Hwyl fawr,

Bastard!!!

I ddechrau fe'i digiwyd gan y llythyr, y cywair, ei natur annisgwyl, y cymysgu rhwng ti a chi, yr iaith glogyrnaidd rydw-i-dydw-i, ac yn ei fyrbwylltra taflodd y papur i'r Aga – a sylweddoli'n syth wedyn y gallai fod o werth mewn achos llys. Damo. Rhy hwyr.

Aeth i'r lolfa eto i arllwys whisgi anorfod arall yn awtomatig. Roedd e'n byw ar alcohol nawr.

Disgynnodd i gadair fawr foethus. Gwyddai nawr beth roedd e'n mynd i'w wneud. Daeth y syniad i ffocws. Roedd e'n mynd i redeg i ffwrdd. Go iawn. Ffoi rhag ei drafferthion. Diflannu. Byddai'n mynd yfory. Gan fod gwyliau Nadolig y coleg wedi cychwyn a'i wraig wedi mynd yn gyfleus iawn i

Gaerfaddon ni fyddai neb yn gweld ei eisiau am ddyddiau, wythnosau, mis efallai, dau fis hyd yn oed. Ac erbyn hynny byddai Maldwyn Taflun Lewis yn berson arall mewn lle arall, gwlad arall. Yfory fyddai fe ddim yn eillio. Cadwai farf laes wen – petai wedi dechrau ynghynt byddai wedi cael gwaith dros y Nadolig gyda'i drwyn a'i fochau fflamgoch.

Âi i Aberdyddgu yn gyntaf i weld Lois eto. Am ryw reswm roedd e'n gorfod mynd i'w gweld hi. Fyddai fe ddim yn mynd yn y car. Byddai'n cymryd ei siawns, yn 'ffawdheglu'. Digon hawdd, ac yn rhad. Gadawai bopeth ar ôl, ond yr arian yn ei ges. Yna âi drosodd i Iwerddon o Gaergybi. Ac yna… pwy a ŵyr?

pennod 19

Y CAR – yr hen gar, nid yr un newydd, er bod hwnnw'n newydd, yn newydd sbon ar y pryd – yn torri cwys trwy'r tywyllwch fel afagddu. Y car yn ei newid, yn newid ei bersonoliaeth, yn trawsffurfio'r ddelwedd yn ei ben ohono fe'i hun, yn rhoi hunan newydd iddo – ifancach, iachach, harddach. A hynny ar ôl bod gyda Lois. Lois, rhaid i mi dy weld di eto, rhaid i mi siarad â thi, rhaid i mi siarad â rhywun. Ti'n nabod fi, ti sy'n gwybod fy nghyfrinachau, wedi 'ngweld i'n ymgreinio ar y llawr wrth dy draed fel caethwas, fel ci – efallai y caf fi ddweud y cyfan wrthyt ti.

Roedd e'n gyrru tuag adref eto, unwaith eto, ar hyd y ffordd erchyll honno. Yn gyrru fel cath i gythraul tuag at y trychineb heb weld dim o'i flaen ond ffordd glir a thywyllwch. Yn y cefndir roedd Frank Sinatra'n canu –

'Sup to yooNewyorkNewyooorkk.

Roedd e'n rhydd, yn sglefrio ar lais y canwr gorau yn y byd. Roedd y car yn saff; clociau, deialau, mesuryddion – wyth deg, naw deg milltir yr awr – wedi'u boddi mewn hylif o liw gwyrdd, yr unig liw yn y byd. Dim lliwiau eraill, dim golau arall, dim ond du, du, du.

Atgofion rhyfedd, disynnwyr – pam *Vol de Nuit* – y distawrwydd, dyna pam, Saint-Exupéry yn sôn am ddistawrwydd ac am fugeiliaid Patagonia. Bugeiliaid? Patagonia?

Grym y car – y rhwyddineb, ar y corneli – bendigedig. Dim sigl o gwbl. Aderyn du yn y nos. Fyddai neb yn gallu gweld aderyn du yn y tywyllwch. Gallai hedfan yn anweledig rhwng y sêr ac edrych ar y ddaear, fel y Bardd Cwsc. Bod yn rhan o'r tywyllwch. Yn un â'r düwch. Ac mor gyfforddus oedd y car newydd o'i gwmpas, fel nyth. Sawr y lledr newydd yn ei ffroenau, does dim byd i guro arogl car newydd, nac oes? Chwip Lois. Y profiad o yrru yn un rhywiol.

Sheluvsthetheaterbut neva cums late.

A gyrru yn hawdd yn y nos. Dim ceir eraill ac unrhyw gar yn y pellter yn amlwg oherwydd ei olau. Ond doedd 'na ddim ceir. Dim golau. Roedd hi'n bwrw glaw. Briwlaw. Glaw ysgafn. Oedd yr heol yn slic? Dŵr yn yr afon a'r cerrig yn slic cwympon ni'n dau wel dyna i chi dric.

Rhan o'r nos, un o anifeiliaid yr hwyr – tylluan, gwdihŵ, broch, llwynog, ystlum, pry cop, sarff, chwilen ddu.

Atgof hollol ddigyswllt arall – y ddrama 'na. Eleri? Pobl ddosbarth canol mewn bwthyn yn y wlad, tŷ haf, te parti, bwyd yn llwytho'r ford, cig coch a gwin coch. Ysbrydion yn meddiannu'r noson, yn difetha'r hwyl, yn eu cyhuddo o fod yn farus, ysbrydion pobl a fu farw o newyn. Gwagle a diddymdra yn amgylychynu'r bwthyn. Dim y tu allan. Dim o'u cwmpas. Y bwthyn yn hongian mewn gwacter. Pam roedd e wedi cofio'r ddrama honno? Doedd hi ddim yn ddrama arbennig, pwy oedd yr awdur, beth oedd ei theitl?

Naw deg, naw deg pump. Dim sŵn, dim sigl. Gyrhaeddodd e gant? Dros gant? Gwŷr Pwyll yn methu dal Rhiannon.

And now the end isnearansolface thefinal curtain.

Frank a Maldwyn, Maldwyn a Frank yn eu deuawd enwog fythgofiadwy. Ond ar ei ben ei hun yr oedd e.

Nes iddo daro'r ferch.

Rhy hwyr. Ond roedd hi wedi ymddangos mor sydyn. Wedi

cerdded o ochr yr heol. Ar ei phen ei hun. Ill dau yn unig yn y byd. Pwy oedd ei rhieni? Ble'r oedd ei thad, ei mam, brodyr, chwiorydd, perthnasau, ffrindiau? Pwy oedd yn edrych ar ei hôl hi? Rhaid bod rhywun wedi'i magu hi? Ond ble'r oedden nhw?

Nid arno fe'r oedd y bai. Rhywun arall oedd wedi gadael iddi grwydro'r noson honno. Ei anffawd ef oedd i'w gar ei tharo hi'r eiliad yr aeth i sefyll ar yr heol 'na. Gwallt du. Ffrog werdd. Blodau melyn. A'r byd yn dechrau anghofio amdani'n barod. Hen newyddion. Newyddion ddoe. Ond doedd e ddim wedi'i hanghofio. Dyna lle'r oedd hi nawr, yn ei ben, o flaen ei lygaid. Gwallt du. Ffrog werdd. Blodau melyn. Yn gorwedd ar y tarmac.

caeedig gylch

pennod I

ILDIASAI I ERFYNIADAU taer a thorcalonnus ei rhieni i ddod yn ôl i'r ddinas a gadael Aberdyddgu dros y Nadolig. Ni allent ddygymod â'r syniad ohoni – meddent – yn bell i ffwrdd, ym mherfeddion cefn gwlad, dros ŵyl y geni, ar ei phen ei hun. Pell i ffwrdd! Rhyw gan milltir oedd hi ar y mwyaf, taith ychydig oriau ar y bws neu lai yn y trên. Ac eto roedd hi'n haws mynd o Gaerefydd i ddinasoedd eraill pellach i ffwrdd – Llundain, Birmingham, Paris ac America, hyd yn oed – na mynd oddi yno i Aberdyddgu anghysbell, diarffordd, ym mherfeddion cefn gwlad. Roedd y peth yn ddirgelwch; pam y cymerai'r daith gymaint o amser? Pam roedd hi mor estynedig ac araf ac anghyfforddus? Ar y trên roedd rhaid mynd trwy Loegr am ryw reswm cwbl annealladwy, a newid yno, a mynd ar daith hirfaith wedyn trwy lefydd gwirioneddol ddiarffordd. Roedd y bws yn arafach byth, er yn fwy uniongyrchol trwy Gymru; roedd cymaint o arosfannau ar hyd y ffordd. Cymerai teithio rhwng Caerefydd ac Aberdyddgu (y naill ffordd neu'r llall) y rhan orau o ddiwrnod cyfan – cychwynnid yn y bore a chyrhaeddid gyda'r nos – neu fe ymddangosai felly i'r teithiwr blinedig a ddisgynnai o'r bws gwyrdd neu'r trên glas yn y tywyllwch yn sgwâr Aberdyddgu.

Doedd Aberdyddgu ddim yn gefn gwlad go-iawn beth bynnag. Dysgasai Alys fod y dref yn dipyn o werddon fywiog, ddiwylliannol ar lan y môr, gyda'i hamgueddfa, ei theatrau, ei llyfrgelloedd a'i horielau celf. Dim rhyfedd fod cymaint o artistiaid a llenorion yn cael eu denu i'r lle fel gwenyn i'r pot jam. Daliai i fod yn ddigon Cymreigaidd ond yn naturiol roedd lle bach gyda chymaint o adnoddau, a'r môr a'r wlad hyfryd o'i gwmpas yn atyniadol i Saeson. Gwelsai Alys ddarn o *graffiti* ar wal yn y dref a oedd wedi crynhoi'r sefyllfa yn berffaith: *'Why don't you find somewhere else that's unspoilt and go and spoil that?'*

Ond doedd ganddi ddim awydd gadael y lle. Doedd 'da hi gynnig i'r Nadolig; wedi dweud hynny, roedd ei mam a'i thad yn iawn; roedd y syniad o dreulio'r Nadolig ar ei phen ei hun mewn lle dieithr, lle nad oedd hi'n nabod neb – heblaw Patric – yn un arswydus. Fe'i tynnid ddwy ffordd – ei chyfyng-gyngor oedd naill ai mynd yn ôl i'r ddinas at ei rhieni neu aros yn Aberdyddgu dros y Nadolig gan ddal i chwilio am Patric. Yn y diwedd cyngor ei rhieni a gariodd y dydd. Roedd 'na siawns, llygedyn o obaith, y byddai Patric yn dychwelyd i'r ddinas dros y Nadolig hefyd. A llyncodd hithau'r abwyd. A dyna lle'r oedd hi, a'i mam a'i thad yn pryderu amdani, yn ei hannog i fwyta mwy o'r twrci trist, i ymsirioli, i edrych ar Morcambe a Wise, y *Sound of Music*, i dynnu cracer a gwisgo'i choron bapur felen a choch a chwythu'r chwibanogl werdd, blastig (fel petai'n groten, fel petai'n gallu chwythu'i gofidiau i ffwrdd) a darllen y jôc. Felly, darllenodd y jôc: *'What is a fjord? A Norwegian motor car.'* Er eu mwyn nhw, er mwyn codi eu calonnau nhw a chymryd arni'i bod yn iawn yn y bôn ac nad oedd hi'n meddwl am Patric drwy'r amser ac yn methu deall pam roedd e wedi gadael i'r Nadolig gyrraedd – a phasio – heb gysylltu â hi, heb ei gerdyn gwirion arferol, ei anrhegion anghyffredin (detholiad o declynnau berwi wyau un flwyddyn, aderyn – bronfraith – wedi'i stwffio dro arall, a'i ffefryn y llynedd, dol *ventriloquist*, crwtyn ysgol bach gyda llygaid gwirion, direidus y rhoddwyd yr enw Efnisien arno). Prynasai anrhegion i'w thad a'i mam. Cardigan o siop wlân yn Aberdyddgu i'w thad – lliw gwin coch tywyll. Broetsh i'w mam – siâp pilipala mewn enamel glas golau – hefyd o siop yn Aberdyddgu. A phethau bach i 'lenwi'u hosanau'; siocledi ar ffurf poteli bychain ac amrywiaeth o wirodydd ynddynt, detholiad o wahanol fathau o fêl, *coasters* wedi'u gwneud o lechen a phatrymau Celtaidd arnynt, menig i'w thad, hosanau gwely i'w mam (hosanau i lenwi'r hosan); popeth o Aberdyddgu lle y dylai fod yn chwilio am Patric. Patric a oedd wedi colli'i gof, efallai, a oedd mewn perygl o bosib, a allai fod ar ei ben ei hun dros y Nadolig.

Ar ôl yr anrhegion, y cinio, y cracers, daeth yr oren siocled traddodiadol, anochel. Cawsai un bob Nadolig mor bell yn ôl ag y gallai gofio, yn y prynhawn pan eisteddai ei mam a'i thad i edrych ar y frenhines yn traddodi'i haraith. Modd i'w dyhuddo pan oedd hi'n fach ac yn dymuno gweld ffilm Hayley Mills ar yr ochr arall. Ond un o'i hoff bethau, un o uchafbwyntiau'r ŵyl oedd hwn. Llynedd roedd hi wedi'i rannu gyda Patric a ddaethai yn y prynhawn.

Nawr, roedd ei rhieni yn gobeithio y byddai'n aros am y calan cyn mynd yn ôl i Aberdyddgu.

pennod 2

WRTH IDDI WISGO i fynd i'r dref daeth ton o falchder dros Tanwen i feddwl am ei lwc dda yn ddiweddar. Bron yn syth ar ôl y Nadolig ffoniodd Manon Elin i ddweud bod Oriel y Prom yn Aberdyddgu â diddordeb yn ei gwaith. "Ond paid â rhoid y cyfan iddyn nhw," meddai Manon, "mi 'dan ni isho mwy o'th luniau yma hefyd, cofia." Chwarae teg i Manon am sôn amdani wrth drefnydd Oriel y Prom. Aethai yno ar ôl y calan gan gludo rhai o'i chynfasau ar y bws – diolch i gymorth Camel, roedd hi wedi gallu cario wyth llun yno. Ymhlith y gweithiau a gymerwyd gan Oriel y Prom yr oedd un o'r llanc yn noethlymun o'r cefn. "Dw i ddim eisia' i ti roi un o'r lleill yn y dref 'ma," meddai fe. "Dw i ddim eisia' i bawb yn Aberdyddgu weld 'y mhidlen." Roedd yna ddau lun o Jaco hefyd. Roedd ei hastudiaethau o'r ci yn llwyddiannus iawn, fe ganmolai ei hun, a theimlai'n hyderus y byddent yn boblogaidd iawn; y llygaid ufudd ffyddlon 'na, fel mêl; pwy allai ei wrthod? Er iddi gael achos i deimlo'n ddig iawn tuag ato, yn ddiweddar. Unwaith wrth iddo wynto o gwmpas y bocs paent a hithau wedi picio i lawr i'r ardd, roedd e wedi bwrw potel o farnais drosodd ac aethai'r lliwiau a'r brwsys i gyd yn galed ac yn sgleiniog. Ond llwyddodd Camel amyneddgar drwy ddyfal doncio, neu ddowcio, yn hytrach, yn y tyrps, i lanhau'r cyfan ac i ryddhau blewiach gwerthfawr y brwsys o'u carchar tryloyw.

Cymerodd yr Oriel lun arall. Hen ddarlun ond un o'i goreuon ym marn Camel – ei beirniad celf personol. "Pwy yw hi?" gofynnodd. "Fy mam," meddai Tanwen, "bu farw pan o'n i'n ferch ifanc." "Mae ganddi wyneb hyfryd." Ond dyna'r cyfan, dim mwy o drafod. Roedd hi wedi seilio'r arlun o'i mam ar yr unig ffotograff clir ohoni oedd ganddi, ond doedd hi ddim yn fodlon ar y gwaith o bell ffordd; teimlai'n ddigon parod felly i'w gynnig i'r Oriel. Pe gwerthid y cynfas yna byddai'n gallu gwneud un arall, un gwell, un a ddaliai naws ei hatgof aneglur ond serchus o'i mam, un na fyddai byth yn ei werthu.

Bob tro yr aent i'r dref wedyn bydden nhw'n gorfod mynd heibio i Oriel y Prom. Ni fynnai Tanwen fynd i mewn i ofyn a oedd un o'r lluniau wedi mynd. "Dw i ddim eisia' dangos 'mod i'n torri 'mol eisia' gwerthu pethau," meddai. Na, rhaid oedd i Camel fynd ar ei rhan hi, heb ddangos ei hunan, hyd yn oed, heb holi am y lluniau o gwbl, dim ond cogio edrych o gwmpas ac adrodd yn ôl iddi os oedd smotiau cochion ar gorneli'i gweithiau hi neu beidio.

Roedd Tanwen yn iawn; o fewn dyddiau ymddangosodd smotyn coch ar un o'r lluniau o Jaco.

"Arian! Arian!" meddai Tanwen.

" 'Sneb eisia' prynu 'mhen ôl i," meddai Camel yn bwdlyd.

"O, dwn i ddim," meddai hi gan roi pinsiad bach direidus iddo.

Bydden nhw'n mynd bob wythnos i ganu y tu allan i'r archfarchnad, er bod y Nadolig wedi bod a Ionawr yn ddychrynllyd o oer. Fel arfer, pasient yr hen orsaf ar eu ffordd i'r archfarchnad. Y tro hwnnw gwelsant fod estyll pren wedi cael eu hoelio dros ffenestri a drysau'r hen adeilad. Gyda'r nos casglai heidiau o bobl ifainc ar stepiau'r drysau. Y bore hwnnw gwelsant bwysi o flodau ar drothwy un o'r hen ddrysau; ar bob bwndel o flodau roedd cerdyn: *'In memory of Ken.' 'To Ken, a great guy.' 'We hardly got to know you Ken.' 'Ken, always smiling.' 'Ken, with love, Chelsea xxx.'* Yn ddigon amlwg, yr unig un na allai fod yno i ddarllen y negeseuon oedd Ken ei hunan, pwy bynnag oedd hwnnw, beth bynnag oedd wedi digwydd iddo.

"Be sy'n mynd i ddod o'r holl flodau hyfryd 'na?" gofynnodd Tanwen, "Maen nhw'n mynd i farw a chael eu chwythu i ffwrdd a bydd y gweddillion yn cael eu clirio gan ddynion sbwriel y cyngor wythnos nesa'."

"Maen nhw'n dangos eu parch, eu serch," meddai'r llanc, "D'yn nhw ddim eisia' i'w ffrind fynd yn angof."

"Digon teg," meddai Tanwen, "ond wythnos nesa', ar ôl i'r blodau fynd, pwy fydd yn cofio?"

Ar ôl iddynt gyrraedd eu safle arferol – y llwybr dan do wrth ochr Somerfield – ac ar ôl cael trafodaeth fer a chydsynio ar eu rhaglen am y diwrnod, cychwynnodd eu perfformiad gyda chân gan Bob Dylan. Gan eu bod yn ddeuawd ac nad oedd mowth-organ gan y naill na'r llall nid oedd eu dehongliad yn debyg i'r dynwarediad trwynol, Dylanaidd, nodweddiadol o gantorion y strydoedd, chwarae teg iddynt – er i Jaco ymuno bob hyn a hyn gan gydudo ar y nodau uchaf.

> But if I can saveyooany-y-y-time
> C'mon g'it to me
> I'll keepit w i' mine…
> I cain't helpit
> If yoo might think I am odd
> If I say to yoo that I'm lovin yoo
> Notforwotyooare
> But forwotyoor not

Canodd y ddau yn stoïcaidd yn y gwynt rhewllyd o'r gogledd wrth i famau wthio babanod bach mewn bygis, a'u trwynau'n goch fel ceirios, wrth i hen wragedd penwyn yn eu bwtîs a'u menig a'u sgarffiau shyfflo heibio, ac ambell hen lanc yn ei got ddwffl a'i fag siopa cortyn yn llawn tuniau a *pizzas* wedi rhewi. Neb ag awydd i sefyll a gwrando, neb ag arian ar ôl y Nadolig. Canodd Tanwen a Camel (a'r ci, weithiau) beth bynnag, i blesio'u hunain yn bennaf:

He's still stuckonthaline
But if I can saveyooanytime
C'mon g'it to me
I'll keepit withmine…

Ambell dro ni fyddai neb yn y fynedfa i wrando arnynt o gwbl, dim ond yr awelon llawn eira, ond ni pheidient â chanu. Newidiwyd eu caneuon sawl gwaith, ond roedd y cywair bob amser yn llon a heintus o obeithiol. Yn anochel aethant yn ôl at hen ffefrynnau Joni Mitchell:

All I reelireeli wont
or long todoo
Istobringout the best
in mee and in yootoo…

Yna'n sydyn roedd ganddynt gynulleidfa. Roedd Tanwen yn ddigon cyfarwydd â'r fenyw fach yn gwisgo (fel arfer) ei chot goch, het felen a menig glas, a gwelsai'r dyn mawr blewog fel tas wair gyda hi o leiaf unwaith o'r blaen, a'r ci brown gordew, ond doedd Camel ddim yn ei chofio ac ni welsai'r dyn erioed. Safent o'u blaenau yn stond fel dwy gerfddelw mewn cwyr, yn gwbl ddifynegiant, maneg las ei llaw chwith hi yn pipo trwy gamedd ei benelin dde fe. Gan eu bod yn sefyll ac yn syllu mor agos aeth yr hwyl allan o berfformiad Tanwen a Camel – ac eto teimlent y byddai'n chwithig dirwyn y canu i ben gyda'r pâr yn gwrando arnynt. Daeth eu cyfle pan ddechreuodd y cŵn ysgyrnygu ar ei gilydd. Tynnodd Camel Jaco at ei goesau a rhoes Tanwen y gorau i chwarae'r gitâr. Curodd y gŵr a'r wraig eu dwylo i ddangos eu cymeradwyaeth gan greu sŵn distaw gyda'u menig gwlân.

"Diolch yn fawr," meddai Tanwen. Ac yn annisgwyl daeth y fenyw ymlaen atynt a gollwng rhywbeth yn eu tun. Yna aeth yn ei hôl a gafael ym mraich y cawr eto a chyda hynny troesant ar eu sodlau a diflannu.

"Co beth maen nhw wedi rhoi inni," meddai Tanwen fel petai'n mynd i lewygu.

"Ugain punt!"

"Ti ddim yn meddwl taw camsyniad yw e? Taw pumpunt roedd hi wedi meddwl eu rhoi?"

"Beth yw'r ots? Ei chamgymeriad hi oedd e."

"Dwn i ddim. Dw i ddim yn teimlo bod yr arian 'ma'n iawn, rywsut."

"Be ti'n feddwl 'Ddim yn iawn'?"

"Dwn i ddim," meddai Tanwen, "dw i ddim yn siŵr be dw i'n 'feddwl."

"Beth am brynu rhywbeth neis i f'yta?"

"Gyda'r arian 'ma?"

" 'Na'r unig gyfraniad r'yn ni wedi'i gael heddi, yntefe? Mwy nag 'yn ni wedi'i gael erioed o'r blaen."

"Dwn i ddim. 'Dyw e ddim yn reit am ryw reswm."

"Gwranda, Tanwen, arian yw arian. Gad inni fynd i Somerfield yn syth cyn i'r fenyw 'na ddod 'nôl – a'i gŵr – dere inni gael gwario'r arian, glou!"

Diflannodd amheuon Tanwen wrth iddynt brynu pasta ffres, madarch a chaws parmesan a pesto a bara garlleg a menyn a photel o win gwyn, siocled, bisgedi, amrywiaeth o gawsiau, cnau hallt, coffi da – danteithion a oedd y tu hwnt i'w gwariant wythnosol arferol. Ac roedd digon ar ôl iddynt gael tacsi yn ôl i Lanhowys.

"Glywsoch chi am y boi 'na fu farw'r noson o'r blaen?" gofynnodd y gyrrwr.

"Naddo," meddai Tanwen a Camel mewn cytgan.

"Ie, 'na beth yw'r blodau 'na ar steps yr hen orsaf, chi'n gweld. Cyffuriau. Cafodd e gymysgedd – be' alla i ddweud? – 'answyddogol' a bu farw ar y traeth. Ond 'na le oedd e a'i ffrindiau'n arfer cwrdd yn rheolaidd, chi'n gweld, ar steps yr hen orsaf 'na."

" 'Na un dirgelwch wedi'i glirio," meddai Tanwen a oedd

yn dal i boeni mewn pyliau am y papur ugain punt.

"Sôn am ddirgelion," meddai'r gyrrwr, "mae pawb fel pe baen nhw wedi anghofio am y ferch 'na ar yr heol 'ma yn barod, on'd 'yn nhw?"

"Pa ferch?" gofynnodd Tanwen.

" 'Smo chi'n gwpod? Oedd hi yn y newyddion ac ar y teledu drwy'r amser tua mis yn ôl a nawr 'sneb yn siarad amdani."

"Does dim teledu 'da ni," meddai Tanwen.

"A d'yn ni ddim yn cael y papurau," meddai Camel.

"Wel, pryd oedd hi nawr – mis Tachwedd; ta beth, ffeindiwyd corff merch wyth oed ar yr heol 'ma cyn i chi droi off am Lanhowys – 'na i ddangos y sbot i chi pan ddown ni ato. Wel, oedd yr heddlu o'r farn taw *hit and run* oedd wedi'i lladd hi. Wrth gwrs 'dyw'r gyrrwr byth wedi dod 'mlaen. Wel, os nac oedd hwnna'n ddigon o ddirgelwch o'n nhw'n ffaelu'n lân â ffeindio mas dim am y ferch 'ma druan – pwy oedd hi, un o ble'r oedd hi, pwy oedd ei rhieni – dim. Yn y diwedd o'n nhw'n ei galw hi'n *Little Miss Nobody* achos er iddyn nhw roi llun o'i hwyneb yn y papurau ac ar y teledu doedd neb yn ei nabod hi. Fel pe bai hi wedi dod o nunlle. A chi ddim wedi clywed dim byd amdani? Ble chi wedi bod?"

"Dim," meddai Tanwen; siglodd Camel ei ben.

"Wel, chi braidd yn *cut off* yn Llanhowys, on'd 'ych chi?" Pwyntiodd y gyrrwr at lecyn ar yr heol, "Dyna lle y cafwyd ei chorff hi." Ac ar hynny troes y tacsi lan y lôn gul i'r pentref.

pennod 3

"I'M DIFFERENT from most gay men," meddai'r gwestai diweddaraf wrth Mama Losin a Pwdin Mawr yn eu parlwr. "I do not even like Judy Garland." Americanwr oedd e, braidd yn dew, â dwylo meddal ac â brychau haul dros ei groen i gyd, ond roedd ei ddillad yn lliwgar; adar a phalmwydden a haul ar ei grys hyd yn oed yn y gaeaf. "No, but I adore Audrey Hepburn, don't you? Give me *My Fair Lady* rather than *Wizard of Oz* any day – those little Munchkin voices always made me want to throw up. But *My Fair Lady* now, that's style. A lot of it thanks to your own wonderful Cecil Beaton." Cododd ar ei draed a dechrau canu:

> "Lots of choc'lates for me to eat...
> Warm 'ands warm face warm feet
> Ow! wooden tit be luverlee
> Luverlee!

"And there's a helluvalot more where that came from, you bet."

Curodd Mama Losin a Pwdin Mawr eu dwylo yn frwd. Moesymgrymodd yr ymwelydd.

"I'm a fan of Mickey Mouse, see," meddai Pwdin Mawr gan ddangos y wats i'r gwestai newydd.

"Me too, I lurve Mickey. Em-Ei-Si-Cé-EE-Wei EM-OW-IW-ES-EE."

"You're a good singer," meddai Mama Losin, "On the stage you ought to be."

Tipyn o ryfeddod iddynt oedd bod cymeriad mor fywiog

ac allblyg wedi curo ar eu drws a gofyn am lety ym mis
Ionawr; doedden nhw ddim yn rhai i holi gormod o
gwestiynau ond roedd hwn, yn amlwg, yn un a oedd wrth ei
fodd yn siarad amdano ef ei hun. Aethai o gwmpas y tŷ gan
edmygu popeth fel petai'n amgueddfa.

"What a lurvely place you have here, is it real?" meddai
gan godi trugareddau bach tsieina Mama Losin i'w hedmygu
a mwytho'r ci a'r cathod a dysgu'u henwau a dotio at y ffaith
eu bod nhw'n siarad Cymraeg: "Is it a real language? Do you
speak it all the time, even when you don't have visitors? It's
just like King Arthur and Lady Guinevere – I almost expect a
dragon to come out of one of your closets." Doedd dim pall
ar ei barabl afieithus.

"I'd just lurve to adopt you and take you back to California
and say this is my long lost Maw and Paw." Doedd e ddim yn
licio'i rieni'i hun, doedden nhw erioed wedi'i werthfawrogi,
ddim wedi deall ei natur sensitif, greadigol. Doedden nhw
ddim wedi'i garu'n iawn neu fydden nhw ddim wedi'i anfon
i gael y driniaeth siociau trydan 'na. Yn sydyn, ar ôl dweud
hyn, suddodd ei hwyliau ac aeth i eistedd yn y cornel, yn isel
ei ysbryd. Doedd neb wedi'i garu erioed. Dyna'i genhadaeth
– cribo'r ddaear am Mr Right i'w garu a gwneud iddo deimlo'n
gyflawn. Ond bellach roedd amser yn ei erbyn, roedd e'n naw
ar hugain, yn magu pwysau er gwaetha pob deiet ac yn prysur
golli'i wallt.

Rhoes Pwdin Mawr sieri melys iddo a mynnodd Mama
Losin ei fod e'n aros i gael swper.

"You really are too kind." Edmygodd wallt Mama Losin
a'i defnydd gwreiddiol o liwiau: "So many people suffer from
chromatic deprivation these days, especially here in England,
but you're different." Edmygodd y berl o gwmpas ei gwddw,
ei modrwyau. "Can't you be my Mom? I'd really lurve that."
Ymsiriolodd eto a sefyll i floeddio canu: "Ow! Wooden tit be
luverlee – Luverlee!"

Curodd Mama Losin a Pwdin Mawr eu dwylo unwaith eto.

"Let's go into the kitchen," meddai Mama Losin, "we can talk while I get supper ready."

"Shall I put some music on?" gofynnodd Pwdin Mawr, "We've got a bit of everthing – Max Bygraves, Perry Como, Val Doonican, a new tape of Grace Jones – not our cup of tea."

"No I'd rather talk, talk, talk," meddai'r Americanwr.

pennod 4

UN NOSON cerddodd Maldwyn Taflun Lewis o'i dŷ gyda sach deithio ar ei gefn. Ni welsai neb ers dyddiau, ni chlywsai ddim gan Toni. Roedd ei farf wedi tyfu'n rhyfeddol o sydyn o gwmpas ei ên fel ffarwel-yr-haf gwyn. Edrychai'n hŷn o lawer. Ond wrth iddo gerdded ar hyd y ffordd gan godi'i fawd bob hyn a hyn – ceir neu beidio – teimlai'n rhydd o boenau'i gydwybod am y tro cyntaf ers y ddamwain. Nid yn hollol rydd, ond yn well, yn ysgafnach. Roedd e'n barod i gredu ac yn credu'n barod ei fod yn ddyn newydd, yn berson newydd gwahanol gyda dyfodol amgen a gorffennol arall. Ni fyddai neb yn gweld ei eisiau am dipyn – roedd dyddiau eto i fynd cyn dechrau'r tymor, a'i wraig (yn gyfleus) wedi dweud ta ta. Dim ond iddo lwyddo i gyrraedd cyrion Caerefydd heb i neb ei adnabod a byddai'n rhydd. Ac roedd y cynllun yn gweithio. Ni fyddai neb yn debygol o'i weld gan ei bod mor ddiweddar – neu mor gynnar – ac mor dywyll, ac yntau ar ei newydd wedd yn edrych mor wahanol i'r Maldwyn Taflun Lewis cymen ac wyneplan yr adnabyddai'i gymdogion a'i gydweithwyr. Chwarddodd wrth feddwl amdanynt yn ei basio yn eu ceir ac yn meddwl ei fod yn hen drempyn. Nid oedd perygl i'r Athro Dedwydd Roberts ei nabod beth bynnag – prin y gwyddai honno pwy oedd e ar ôl gweithio yn yr un adran ag ef ers blynyddoedd.

Roedd e'n mynd i lwyddo ac edrychai ymlaen at ei ryddid. On'd oedd pobl yn dechrau anghofio am y ferch ar yr heol yn barod? A phan fyddai rhai yn sôn amdani nawr, nid pwy a'i lladdodd hi oedd y cwestiwn ond o ble y daethai hi a phwy oedd hi?

"I ble'r oedd hi'n mynd y noson honno?" meddyliai Mal a deimlai yn rhyfedd o debyg iddi, wrth gerdded yn y nos, ar yr heol, ar ei ben ei hun, gan ei ddatgysylltu'i hunan oddi wrth bawb a phopeth. Pe bai'n cael ei fwrw i lawr a fyddai pobl yn ei adnabod? Bu'n ofalus i wneud yn siŵr nad oedd e'n cario dim ac arno'i enw a'i gyfeiriad. Roedd e'n neb.

Ond ar ôl iddo gerdded am ryw ddwyawr teimlai'n llesg ac yn wan. Doedd neb wedi cynnig lifft iddo eto; merched yn ofni cael eu treisio, dynion yn ofni colli'u harian a'u casgliadau o CDs. Ond roedd e wedi paratoi at hynny hefyd. Fe gerddai'r holl ffordd i Aberdyddgu pe bai angen, ond fe arhosai mewn llefydd gwely a brecwast ar y ffordd. Roedd ganddo ddigon o arian parod wedi'i guddio yn ei ddillad a'i sgidiau – yn union fel hen drempyn o egsentrig – ac roedd y sach deithio yn llawn ohonynt, diolch i Dave ac Anna, y twpsod. Pe bai'n cael hartan ar ochr y ffordd byddai rhywun yn siŵr o ddwyn yr arian i gyd. Ond byddai'i farwolaeth yn datrys ei holl broblemau; dyna'i ffordd athronyddol, stoïcaidd, ddifraw o edrych ar ei iechyd bregus.

Prin oedd y ceir. Ymhell cyn iddynt ei gyrraedd byddai'n sefyll a'i fawd yn yr awyr; byddai eu goleuadau wedi'i rybuddio a'i baratoi ar eu cyfer. Ond roedd hi'n oer a'r ffordd yn rhewi a gyrwyr yn awyddus i gyrraedd pen eu taith yn ddiogel ac mewn un darn. Fyddai fe ddim wedi stopio i gynnig lifft i hen drempyn barfwen, trwyngoch, meddw mwy na thebyg, gwallgof yn ddiau. Roedd y nos yn llawn eira. Hongiai yn yr awyr. Roedd hi'n siŵr o fwrw eira cyn iddo gyrraedd Aberdyddgu. Ond nid yr oerni oedd yn ei boeni – gallai ddioddef oerfel ond ni allai ddioddef byw yn ei groen ei hun a'i gydwybod yn ei brocio trwy'r amser; felly roedd e'n ffoi rhagddo ef ei hun.

Hwyrach nad oedd e ddim wedi rhag-weld y byddai'n cael cymaint o drafferth i gael lifft: ni ddisgwyliasai fod yn gwbl aflwyddiannus a methu ennyn cydymdeimlad yr un gyrrwr.

Buasai'n bawdheglu, neu'n hapdeithio (ac yn cael tipyn o ddadl yn ei feddwl ynglŷn â'r union air, daliai i fod yn academig Cymraeg wedi'r cyfan) ers oriau, a'r oerni yn ei lenwi fel rhewgell ddynol ac yn dechrau'i ddigalonni gan beri iddo ddifaru'i ffolineb, pan stopiodd y lori.

"Ble chi'n mynd, syr?" Dyn ifanc sbectolog, deallus yr olwg, ymenyddol hyd yn oed, braidd yn eiddil i fod yn yrrwr cerbyd trwm; Bamber Gascoigne yr heol.

"Aberdyddgu."

"Dewch lan, syr."

Dringodd Mal i'r caban i eistedd wrth ochr y gyrrwr. Yn fonheddig iawn ysgydwodd hwnnw law ag ef a'i gyflwyno'i hun. Teimlodd Mal y llaw wen lipa.

"Hedd," meddai'r gyrrwr, "Hedd Wynne – w-y-n-n-e."

"Wel, wel," meddai Maldwyn na allai'i atal ei hunan rhag sylwi ar yr adlais llenyddol.

"Chi'n gwbod rhywbeth am farddoniaeth Gymraeg, syr?"

"Tipyn. Dw i'n ddarlithydd..." Rhy hwyr, gadawsai'r gath allan o'r cwd yn syth wrth y person cyntaf iddo gwrdd ag ef yn ei fywyd newydd.

"Darlithydd yn wir? Ar be felly? Llenyddiaeth Gymraeg? Yn y coleg yn y ddinas, iefe?"

"Nace," meddai Maldwyn gan gosi'i farf wen newydd mewn ymgais i ymddwyn yn fwy gwerinaidd, "dim ond dosbarth nos."

"Ond ti'n gwbod rhywbeth am farddoniaeth, mae'n amlwg," meddai Hedd Wynne gan droi i edrych ar Maldwyn bob hyn a hyn yn enwedig pan newidiai gêr. A oedd e'n ei amau? Oedd e wedi cael ei ddal yn barod, mor fuan, mor sydyn?

"Yr ail ganrif ar bymtheg a'r ddeunawfed oedd 'y maes i," meddai Maldwyn gan geisio llithro allan o'r fagl ychydig. "Dim barddoniaeth. Morgan Llwyd, Theophilus Evans..." Osgôdd yr enw amlwg arall.

"Dw i'n englynwr," meddai'r gyrrwr. "Cystadlu tipyn. Liciet ti glywed rhai?"

Yn nodweddiadol o'i lwc ef roedd Maldwyn wedi taro ar yr unig yrrwr lorïau yn Ynys Brydain a oedd yn arbenigwr ar y gynghanedd groes o gyswllt. A gwyddai wrth y ffordd roedd y creadur unigryw hwn yn anghofio am yr heol ac yn troi'i ben i edrych ar ei wyneb o hyd, ei fod e'n mynd i ofyn, yn hwyr neu'n hwyrach 'Dw i wedi gweld ti ar y teledu, on'd ydw i?'

pennod 5

"MAE POPETH YN IAWN, Mam, dw i'n iawn," meddai Alys ar y ffôn er y gwyddai nad oedd hi'n swnio'n iawn, a dagrau a digalondid bron â thagu'i llais. "Dw i wedi cael llety bendigedig ar lan y môr a gwaith mewn caffe braf."

Pa fath o lety? Oedd y llenni'n lân, y stafell yn ddigon twym? Pa fath o waith oedd gwaith mewn caffe, 'sdim ots pa mor braf oedd e?

"Ydw, dw i'n gwbod y dylwn i fod yn canolbwyntio ar 'y ngradd, ond..." brwydrodd i gadw'r cryndod o'i geiriau, "be sy wedi digwydd i Patric?" Ac fe'i trechwyd a daeth y pryder i'w llwnc ar yr un pryd ag y daeth y dagrau i'w llygaid.

Oedd, roedd hi wedi bod at yr heddlu. Gwyddai, fe wyddai taw eu gwaith nhw ac nid ei gwaith hi oedd chwilio am bobl oedd ar goll, ond difraw oedden nhw. Nac oedd, doedd hi ddim yn llefain.

"Dw i'n iawn, wir, paid ti â phoeni. Fe ffonia i eto, nos yfory. Rhaid i mi fynd nawr, mae rhywun arall eisiau'r ffôn 'ma."

Bu'n curo ar y ffenestr ac yn edrych yn gas arni. Dyn wyneb-biws. Wrth iddi ddod allan dywedodd Alys "Sori" wrtho, er nad oedd hi wedi bod yn hir. Ebychodd yntau yn ei hwyneb, "Took your time", a'i anadl yn drewi o gig.

Anelodd ei thraed tuag at y prom. Beth arall oedd 'na i'w wneud? Roedd y nosweithiau a'r penwythnosau i'w gweld yn hirfaith ac unig. Yn ystod y dydd, o leiaf, roedd ganddi'i gwaith yn y caffe i lenwi'i horiau.

Ond i ddirgelwch Patric nid oedd ateb eto. Dim siw, miw na chliw. Âi hi'n wallgof yn ei phryder. Ac eto, wrth i'r amser gerdded heibio ofnai'i bod yn dechrau ymgyfarwyddo â'r sefyllfa. Hwyrach ei fod e wedi mynd, wedi'i thwyllo hi, na ddeuai byth yn ei ôl. Fe'i cosbai'i hun bob tro y gadawai i'r amheuon hyn ei phoenydio. Roedd hi'n hiraethu amdano o hyd, yn gweld ei eisiau, a gofynnai drosodd a throsodd yn ei meddwl ble'r oedd e.

Roedd cri'r gwylanod yn y nos yn ei digalonni, yn tanlinellu'i thristwch.

Aeth i eistedd ar fainc mewn cysgodfa am dipyn i geisio adennill rheolaeth ar ei theimladau cyn mynd yn ôl i'w llety.

Ni fuasai yno'n hir pan ddaeth dyn i eistedd ati. Roedd e'n bwyta *kebab* poeth. Y dyn oglau cig a welsai wrth y blwch ffôn oedd e. Teimlai Alys yn annifyr. Serch hynny roedd hi'n benderfynol o ddal ei thir.

"Cold night."

Beth oedd e'n ei ddisgwyl ym mis Ionawr? Atebodd Alys ddim.

"I was rude to you by the phone box just now. Sorry."

Oedd e'n ei hadnabod hi? Yn ei dilyn hi o gwmpas? Cnodd ei *kebab*.

"Didn't mean it," meddai a'i ben yn llawn. "Had to speak to my wife, she's in hospital, see."

Oedd hi'n mynd i gael ei stori ddagreuol nawr? Gadawsai iddo fynd yn rhy bell yn barod. Ond byddai'n lletchwith symud i ffwrdd nawr.

"Someone broke into our house one night and attacked us with a hammer. Wife got the worst of it. Brain damage."

"Why?" gofynasai Alys y cwestiwn cyn iddi sylweddoli, wedi'i rhwydo fel cleren yng ngwe'r corryn.

"A youth did it. Said he hated us because we were religious. He got three months. Two years later, my wife's still got to go to hospital for treatment. She'll never be right again."

"That's awful," meddai Alys gan deimlo mor annigonol

oedd geiriau. Mygodd yr awydd i roi'i braich am ysgwydd y dieithryn a cheisio'i gysuro.

"So, I'm sorry about being rude. Sorry once again."

"That's okay."

Wedi gorffen y *kebab* cododd y dyn a cherdded i ffwrdd, a'i ddwylo yn ei bocedi, a'i ysgwyddau wedi crymu. Teimlai Alys yn euog – mor hawdd roedd hi wedi camddarllen person. Mor arwynebol oedd hi.

Cododd hithau a mynd yn ôl i'w lety newydd; nid oedd yn bell, dim ond croesi'r heol oedd raid. Bu'n falch o gael lle arall ar y prom a stafell a ffenestr a wynebai'r môr.

Aeth i mewn drwy ddrws ffrynt y tŷ yn dawel gan obeithio osgoi Mavis Brittle, y lletywraig. Rhy hwyr.

"Ble fuost ti? Cerdded y dref 'ma ar noson ddychrynllyd o oer fel hyn?" Dim smic o groeso ar ei hwyneb, a'i bochgernau'n sgwâr fel rhai gafaelgi.

" 'Dyw hi ddim mor oer," meddai Alys.

" 'Dych chi bobol ifenc ddim yn meddwl am yr oerni. Be fasa dy fam yn gweud wrtho i 'tasa hi'n gwbod 'mod i'n gadael iti fynd mas a hithau'n ddigon oer i rewi Alasca?"

Doedd Mrs Brittle ddim yn nabod mam Alys. Ei ffordd hi oedd hon o ymhonni bod yn famol, yn ddirprwy fam o letywraig. Ond doedd Mrs Brittle ddim yn famol o gwbl, mewn gwirionedd. Ei hunig ddiddordeb oedd yr arian a gâi ar ddiwedd yr wythnos am ei stafelloedd drafftiog, llaith.

Aeth Alys i fyny'r grisiau i'w stafell. Gan nad oedd yn fwriad ganddi aros yn hir yn y tŷ hwn ni wnaethai unrhyw ymgais i ymgartrefu nac i roi arlliw o'i phersonoliaeth ar y lle. Edrychodd ar yr honglad o wardrob hyll, y gwely cul, y papur wal codi'r-bendro â'i batrwm deiliog, gwallgof, diamcan. Un llun oedd ar y wal – corgi a chorgast a phelen o wlân oren rhyngddyn nhw – llun a dorrwyd o gylchgrawn tua 1954. Nid oedd y llenni yn cyd-fynd â'r papur wal, diolch i'r drefn, ond roedd eu rhosynnau brown yr un mor salw a

disynnwyr – a'r deunydd yn dreuliedig, llwydaidd a thenau.
Ac nac oeddent, doedden nhw ddim yn lân.

Heb iddi gynnau'r golau edrychodd Alys allan ar y môr
yn y nos, a'r sêr uwch ei ben. Oedd hi'n gallu gweld goleuadau
yn y pellter? A aethai Patric dros y môr neu a oedd y dyfroedd
wedi'i lyncu? Er gwaethaf y meddyliau iasoer hyn roedd Alys
yn eithaf hoff o'r môr. Newidiai o hyd ac o hyd; bob tro yr
edrychai arno roedd e'n newydd ac yn newid eto. Ni allai
Alys gasáu peth â chymaint o fywyd ynddo a chymaint o
rym. Grym a arhosai y tu hwnt i reolaeth dynion o hyd.

Yn awr roedd hi'n gorfod paratoi i fynd i gysgu gan fod
diwrnod o waith ganddi i'w wynebu yn y bore. Ond roedd
cysgu'n grefft nad oedd hi wedi llwyddo i'w meistroli yn
ddiweddar.

pennod 6

"TI DDIM YN EISTEDDFOTWR, felly?" gofynnodd Hedd Wynne, "W i'n siŵr 'mod i wedi gweld ti mewn rhyw steddfod neu'i gilydd."

"Na, dw i'n casáu steddfodau, a gweud y gwir," meddai Maldwyn, am y pumed tro, efallai, ond ni fu'n cadw cyfrif. Roedd y daith yn ei flino. Roedd hi'n hir, yr heol yn droellog, y gyrrwr yn wyllt a diofal. Ei agwedd oedd na allai unrhyw gerbyd arall ddadlau â'i dryc enfawr ef. Ond, o'r diwedd, gwelodd Maldwyn Aberdyddgu yn agosáu – arwyddion yn dangos nad oedd y dref ond deugain milltir i ffwrdd, yna dim ond saith ar hugain, ac yna ugain milltir. Bu'n ceisio meddwl am esgus i'w roi i Hedd Wynne i'w ollwng yn rhydd ar ochr yr heol – cwyno ei fod yn sâl, fod y bendro arno, ei fod e'n gorfod mynd i'r tŷ bach. Yn wir, roedd e wedi treio'r un olaf dro yn ôl a daethai Hedd Wynne o hyd i'r unig dŷ bach yn y wlad am filltiroedd. Ond yn lle ei adael yno roedd wedi aros amdano. Nid oedd modd i Mal ddweud 'cerwch chi' a gwrthod y lifft. Cysurai'i hunan y byddai'n rhydd cyn hir nawr, beth bynnag, ac na fyddai'n gorfod gwrando dim mwy ar farddoniaeth ac hunanfroliant y gyrrwr lori awenog.

Yn ystod y daith dysgasai Maldwyn bob math o bethau amdano. Pethau nad oedd ganddo iot o ddiddordeb ynddynt o gwbl. Pethau nad oedd arno unrhyw awydd eu gwybod. Roedd Maldwyn wedi sylwi ar fysedd ei law chwith, on'd oedd e? Oedd. Roedden nhw'n stiff ac yn troi lan. Roedd e wedi sylwi, hefyd, mwy na thebyg, ar ei leferydd. Oedd. Roedd ganddo duedd i lusgo'i eiriau. Pan oedd e'n naw mis oed cawsai anhwylder a effeithiodd ar ei ymennydd. Roedd e'n berffaith normal, serch hynny, ac er na allai wneud popeth, roedd e'n gallu gyrru lori yn ddeche, on'd oedd e? Roedd e'n frodor o Aberdyddgu a'i waith nawr oedd cludo pethau yn y lori (nid oedd yn fanwl iawn ynglŷn â'r pethau hyn) rhwng Aberdyddgu a Chaerefydd – y ddinas ac Aberdyddgu – drwy'r wythnos. Roedd tad Hedd Wynne yn dipyn o fardd a'i freuddwyd oedd gweld un o'i feibion yn cael ei gadeirio yn yr Eisteddfod Genedlaethol – ac os nad ei gadeirio yna ei goroni – ac yn cymryd rhan yn rowndiau terfynol ymryson y beirdd yn y Babell Lên yn yr un tîm â'i arwyr – prifeirdd megis Donald Ifans, Dic Jones, Elwyn Edwards a Myrddin ap Dafydd. A dyna pam, yn lle enwau mwy cyffredin a diadlais megis Siôn, Dafydd neu Ifan, y rhoddwyd yr enw Hedd arno i atseinio gyda'r Wynne – on'd oedd y peth wedi'i dynghedu? Oedd. Enw ei frawd oedd Ellis, am resymau amlwg iddo fe, ontefe? Ie. Aeth Ellis i'r brifysgol yn y ddinas a graddio yn y Gymraeg ond roedd e'n ddiog. Gyrrwr tacsi yn gwastraffu'i amser a'i ddoniau yn Aberdyddgu oedd e nawr, gwaetha'r modd. Siom i'w tad. Pan glywodd yr enw Ellis Wynne canodd cloch yng nghof Maldwyn ac nid am awdur y *Gweledigaetheu* y meddyliai. Wyddai Hedd ddim be fyddai ei rieni wedi galw merch, er iddo bendroni uwchben y cwestiwn sawl gwaith. Ta beth, fe'i diddyfnwyd ar englynion, fe'i cryfhawyd ar hir a thoddeidiau a chywyddau. Gwaetha'r modd bu'n blentyn delicet o ganlyniad i'w anhwylder cynnar. Serch hynny, fe'i bendithiwyd â chof eithriadol, fel y gwyddai Maldwyn a gawsai'r fraint o wrando arno'n rhaffu'i englynion ei hun ar ei gof a'i galon. Roedd ganddo 'Ogof Arthur' air am air ar ei gof, diolch i hyfforddiant ei dad, erbyn ei fod yn ddeng mlwydd oed. Roedd e wedi synnu'i athrawon. Cerdd enwog William Morris, awdl fuddugol 1934, roedd e'n gyfarwydd â hi, on'd oedd e? Oedd (celwydd – lwcus iddo ddweud hynny hefyd neu byddai Hedd Wynne wedi adrodd y cyfan). Ac afraid dweud, dysgodd 'Yr Arwr' gan arwr ei dad Ellis

Humphrey Evans, y campwaith anfarwol, erbyn ei fod yn ddeuddeg oed, os oedd Maldwyn yn credu hynny neu beidio. Ac nid oedd ei ddiddordeb mewn barddoniaeth Gymraeg a'r mesurau caeth wedi pallu, diolch i'w dad am ei drwytho yn y Pethe o'r dechrau, o'r crud, yn wir. Gwaetha'r modd, welodd ei dad mo wireddu ei freuddwyd gan iddo farw ddwy flynedd yn ôl yn ddyn cymharol ifanc, pum deg chwech oed 'na i gyd (yr un oedran â Mal) o drawiad ar y galon (yr un afiechyd). Ond roedd Hedd Wynne yn dal i dreio, bob blwyddyn. Flwyddyn ar ôl blwyddyn. Ac roedd e'n dal yn ffyddiog y byddai'n gwireddu uchelgais ei dad. Waeth taw dim ond naw ar hugain oedd e. Digon o amser i fynd eto. Beth oedd oedran Euros yn ennill ei Goron gyntaf? A beth oedd oedran Aled Rhys pan enillodd e'r Gadair? Wyddai Maldwyn ddim. A dyna'r hen R.O. dro yn ôl. Oedd, roedd amser o'i blaid o hyd, ond doedd e ddim eisiau bod yn henwr penwyn chwaith pan safai i ganiad yr utgorn yn y pafiliwn. Wrth gwrs, chawsai e ddim addysg uwch – oherwydd ei broblemau yn yr ysgol, o ganlyniad i'w afiechyd cynnar – ond roedd ei dad wedi'i roi ar ben ffordd. Iddo fe doedd ond dau ddosbarth o feirdd: R.Williams Parry a beirdd eraill. Dysgodd Hedd Wynne 'Yr Haf' yn ei arddegau a phob englyn a soned yn *Yr Haf* ac yn *Cerddi'r Gaeaf*. Wedyn lleibiai Hedd Wynne gerddi'r goreuon i'w gyfansoddiad o blith y 'beirdd eraill' (gallai Maldwyn glywed y dyfynodau) – gweithiau Gwili, J.J.Williams, J.T.Job, Meuryn, Cynan (wrth gwrs), Dewi Emrys, Trefin, Gwyndaf, Bois y Cilie, Rolant o Fôn, Geraint Bowen, Alan Llwyd. Gallai fynd yn ei flaen fel hyn am hydoedd gan enwi beirdd yr edmygai'u cerddi. Yn ei flaen yr aeth. Tilsli, T.Llew, Bryn, Tomi Evans, Dic Jones, ac afraid dweud, Donald Evans. Roedd Hedd Wynne yn falch i gael clust i wrando ar ei ddiddordeb mewn barddoniaeth, rhywun a oedd yn gwybod rhywbeth am y busnes. Waeth doedd gan ei gydweithwyr ar y lorïau affliw o ddiddordeb: prin oedd y rhai a oedd yn deall

Cymraeg heb sôn am y gynghanedd. Wrth gwrs byddai fe'n codi ambell Gymro neu Gymraes ond prin y gallwch chi alw'r rhan fwyaf ohonynt yn ddiwylliedig. Ac roedd e'n dal i gredu'i fod e wedi gweld Maldwyn mewn steddfodau neu ar y teledu ar ryw raglen Gymraeg. Doedd ei wraig gyntaf ddim yn gallu dioddef steddfodau. Sôn am steddfota; enillasai wyth o gadeiriau taleithiol ac eraill mewn steddfodau bychain a phum coron. Yn y Genedlaethol (gallai Maldwyn glywed y briflythyren) gwelsai'i gerddi yn cael eu gosod yn y dosbarth cyntaf fwy nag unwaith ac roedd e'n siŵr o gyrraedd o leiaf yr ail ddosbarth bron bob tro. Cawsai feirniadaethau ffafriol ar ei ymdrechion gan brifeirdd roedd ganddo barch mawr tuag atyn nhw – Elwyn Edwards, Robat Powel a Nesta Wyn Jones er enghraifft. Yn y cystadlaethau eraill roedd Gwynn ap Gwilym wedi nodi un o'i hir a thoddeidiau a T.Arfon Williams wedi gosod un o'i englynion digrif yn ail i'r enillydd terfynol mewn cystadleuaeth frwd. Pwy oedd ei hoff fardd nawr? Anodd dweud. Gerallt, mae'n debyg. Roedd ei ail wraig yn hoff iawn o waith Gerallt. Menyw dipyn yn fwy diwylliedig na'i wraig gyntaf, druan ohoni. A challach hefyd, chwarae teg iddi. Ond yn y diwedd aeth y briodas honno'n ffliwt hefyd. Doedd e ddim yn deall pam chwaith. Ond 'na fe, fel'na mae, yntefe? Ie. Y diwrnod o'r blaen, pan oedd e'n gyrru trwy bentref yr ochr yma i Gaerfyrddin gwelsai dŷ mawr gwych, newydd a meddwl 'Byddai hi'n licio hwnna' a daethai lwmp i'w lwnc. I feddwl bod y peth wedi dod i ben mor sydyn hefyd. Ac i be? Oedd ots gan Maldwyn 'tasa fe'n rhoi tâp Plethyn i chwarae? Nac oedd. Waeth roedd ei ail wraig yn eithaf hoff o'r grŵp ac roedd e wedi siarad digon, on'd oedd? (Oedd.)

Estynnodd Hedd Wynne am y tâp ymhlith pentwr bychain ohonynt ar y llawr rhwng y seddau. Â'i law anffurfiedig, yn ddeheuig iawn, agorodd y cas a thynnu'r tâp ohono a'i sodro wedyn i geg y teclyn chwarae tapiau a chau'r geg a phwyso'r botwm priodol. Ac wrth wneud hynny gwyrodd y lori ond ychydig oddi ar yr ochr iawn i'r heol unwaith neu ddwy.

Caeodd Maldwyn ei lygaid gan gymryd arno gysgu gan obeithio osgoi rhagor o ymson Hedd Wynne. Ac am reswm arall y caeodd ei amrannau. Roedden nhw ar y ffordd honno heb fod yn bell o Lanhowys lle y gwelsai – lle y lladdodd – y ferch. Aeth ei galon egwan ac afiach yn wyllt dan ei fron. Cysurai'i hunan nad oedd hi'n bell nawr i Aberdyddgu, mater o be, chwarter awr? Pe bai'n gallu cadw'i lygaid ynghau, pe bai'n gallu cogio'i fod yn cysgu am yr ychydig funudau nesaf, am yr ychydig filltiroedd hyn...

"Na! Alla i ddim gwrando," meddai Hedd Wynne gan dawelu'r canu'n ddisymwth. "Wnei di gymwynas? Esgusoda fi, wnei di gymwynas â mi, syr?"

Ni allai smalio cysgu nawr, ni allai wrthod iddo.

"Be?"

"Wnei di roi'r tâp 'ma'n ôl yn y blwch o dan y sêt, os gweli di'n dda?"

Agorodd ei lygaid er mwyn ufuddhau.

A dyna lle'r oedd hi unwaith eto yn yr un lle ar yr heol – liw dydd yn awr.

"Iesu! Be ffwc!"

Sgrialodd y lori i'r neilltu mewn pryd. Cael a chael oedd hi.

"Welaist ti'r ferch 'na'n sefyll yng nghanol yr heol?" gofynnodd Hedd Wynne.

"Do," meddai Maldwyn.

Roedd Hedd Wynne wedi stopio'r lorri – ar ochr anghywir y ffordd. Roedd hi'n dal yn gynnar a diolch i'r drefn doedd dim ceir o gwmpas. Agorodd ei ddrws a dringo i lawr. Gadawodd Maldwyn – heb sylwi arno – yn crynu, yn swp sâl yn ei sedd. Daeth yn ôl i'r caban o fewn ychydig eiliadau.

"Mae hi wedi diflannu," meddai, "cred ti neu beidio, mae hi wedi diflannu."

Roedd Maldwyn yn ei gredu.

"Ddoi di mas i chwilio amdani 'da fi?"

"Alla i ddim," atebodd Maldwyn.

"Dw i ddim yn beio ti," meddai Hedd Wynne, "ges innau sioc i'w gweld hi hefyd." Cychwynnodd y lori eto.

"Un funud roedd yr heol yn glir – y peth nesa', 'na lle'r oedd hi. Ti wedi gweld peth fel'na erioed?"

Roedd Maldwyn yn dawel.

"Merch fach ar yr heol ar ei phen ei hun mor gynnar yn y bore. Alla i ddim credu'r peth. Dw i'n beio'r rhieni."

Brwydrai Maldwyn i'w adfeddiannu'i hunan.

" 'Taset ti ddim wedi bod 'ma gyda mi byddwn i wedi meddwl taw gweld pethau o'n i. Wedi bod yn gyrru'n rhy hir. Ond, all dau berson ddim gweld ysbryd ar yr un pryd, na allan nhw? Co," meddai gan ddal ei law anffurfiedig allan i ddangos i Maldwyn, "dw i'n dal i grynu."

pennod 7

UN DIWRNOD daeth Pwdin Mawr adre o'r swyddfa'n gynnar.

"Be sy'n bod, Tada Pwdin Mawr? Dw i ddim wedi cael amser i glirio lan ar ôl neithiwr 'to."

"Dw i wedi colli 'ngwaith, Mama Losin, wedi cael y sac." Caeodd ei lygaid yn dynn a gwasgu'i amrannau gyda'i fysedd llydan fel petai'n gwneud argae i'w ddagrau.

"Aw, Pwdin Popadom, gweud wff Mama Losin be figwifof."

Aeth ato a rhwbio'i gefn yn gysurus, fel mam yn annog ei baban i dorri gwynt.

"Dw i wedi cael y sac."

"Gweud y cyfan wff Mama Losin."

Agorodd Pwdin Mawr ei lygaid ac edrych o'i gwmpas yn ddig a dechrau crynu'n wyllt.

"Dim fan 'yn. Alla i ddim dioddef bod 'ma nes dy fod ti wedi clirio lan."

"Awn ni i'r dre' 'te i Gaffi Jones. Licio Caffi Jones, on'd 'yn ni?"

Aeth Mama Losin i nôl ei chot goch. Wnaeth Pwdin Mawr ddim mentro bwrw'i fol nes iddo ddechrau ar ei ail fygaid o de cryf, llawn llaeth a siwgr.

"Yr hen fitsh Martinelli 'nath 'y nal i," sibrydodd rhwng ei ddannedd, fel petai'n gweld ei elyn o flaen ei lygaid cochion o hyd.

"Dy ddal di'n 'neud be, Pwd Pwds?"

"Yn dwyn y *paperweight*."

"*Paperweight!*"

"Pelen drom o wydr, yn ei stafell hi. A ti'n gwbod beth

oedd yn y belen, Mama Losin? Seren. Wedi'i gneud mas o ddarnau bach, bach o wydr a cherrig o bob lliw. Roedd hi'n bert, wir, yn ddigon o ryfeddod. Ei mo'yn hi i ti o'n i, Mama Losin."

"D'yn ni ddim yn dwgyd petha fel arfer, nac'yn ni?" meddai Mama Losin gan estyn ei braich fechan am yr ysgwyddau llydan.

"Dim o gwbl," meddai Pwdin Mawr, "dim o'r gwaith, ta beth."

"Wel, gweud wrtho i nawr, sut cest ti dy ddal?"

"O'n i wedi bod yn stafell Martinelli i wacáu'i bin sbwriel hi. Wedi ffansïo'r belen 'na o'r blaen, ond y tro hwn roedd y temtasiwn yn drech na fi. Meddwl amdanat ti o'n i, Mama, meddwl y byddai hi'n 'neud anrheg hyfryd i ti, 'na i gyd."

"Paid â phoeni," meddai Mama Losin, *"it's the thought that counts."*

Cymerodd y dyn mawr ddracht o'i de twym. Yfodd y fenyw, hefyd. Roedd y lle'n llawn sŵn – babanod, ffermwyr, dynion post yn eu hiwnifform, a'r weinyddes yn rhedeg fel sgwarnog o ford i ford. Nid hwn oedd y lle gorau i Bwdin Mawr dorri i lawr i lefain, i feichio wylo fel crwtyn a gwneud sioe o'i hunan. Beth oedd hi'n mynd i'w wneud i godi'i galon?

"Dodais i'r belen yn 'y mhoced," aeth Pwdin yn ei flaen, "Digon hawdd. Doedd *hi* ddim yno, nac oedd? Ond rhaid ei bod hi wedi f'amau i achos pan o'n i'n cloi fy stafell i ddod sha thre dyma Ms Martinelli yn dod i lawr y coridor yn sodlau uchel i gyd a'r pwffta Entwistle yn ei dilyn ac un o'r porthorion eraill, Casson, a Griffiths, porthor y nos oedd newydd gyrraedd. A dyma Martinelli yn 'y norchymyn i 'droi allan 'y mhocedi', os gwelwch yn dda! Wel, gwrthodais i. Ond roedd Madam yn llawn awdurdod. Fel porthor nos, meddai, roedd Griffiths cystal ag awdurdod yr heddlu. Ac os nac o'n i'n fodlon gallai Casson ddal 'y mreichiau."

"Be 'nest ti? Ti'n fwy na Casson, w! A'r lleill – gyda'i gilydd."

"O'n i wedi cael 'y nghornelu, on'd o'n i? A ti'n nabod fi – ofni awdurdod. O'n i ddim yn siŵr o'm hawliau, nac o'n? Felly... dangosais i'r belen wydr iddyn nhw."

"A be 'naethon nhw?"

"Gwedodd Martinelli fod Mr Entwistle cystal â bod yn rheolwr dan yr amgylchiadau a chan fod yno bedwar llygad-dyst gallai fe roi'r sac i mi yn y fan a'r lle. 'Sac', wedais i, 'sac? Yw can stic yw'r ffachin sac yp yw'r arsys ddy lot of yw.' A bant â fi, o'na. Felly, 'sdim gwaith 'da fi."

"D'yn nhw ddim yn gallu cael gwared â ti mor hawdd â 'ny, Tada Pwdin Mawr." Roedd Mama Losin yn grac. "Ble mae'r dystiolaeth? 'Sdim prawf wedi bod, beth am yr undeb a'r treibiwnal? Dw i'n mynd i sgrifennu at yr aelod seneddol."

"Paid! Paid, Mama Losin, plis. Alla i byth fynd 'nôl. Mae gormodd o gywilydd 'da fi. 'Nawn ni shiffto heb y gwaith."

" 'Nawn, a chei di fod gyda mi drwy'r dydd wedi 'ny, ti a Shioli a'r cathod a'r ci."

"A mwy o ymwelwyr, 'nawn ni fwy o'r busnes ymwelwyr."

"Busnes yr ymwelwyr yn 'neud yn o lew nawr, Pwdin Mawr." Roedd hi'n falch o weld bod ei galon wedi dechrau codi yn barod fel yr haul ar ôl noson dywyll.

"Ydyn nhw'n 'ncud teisennau 'ma tybed, Pwdin Mawr?"

"O, dw i'n eitha' siŵr eu bod nhw, Mama Losin."

"Beth am inni gael bobo deisen hufennog siocledlyd, gîwî-shîwî?"

"Iym, iym," meddai Pwdin Mawr.

Cododd Mama Losin ei llaw mewn ymgais i ddal sylw'r weinyddes ond roedd honno mor brysur, fel gwenynen yn hedfan o flodyn i flodyn rhwng y byrddau.

"Chei di mo'i sylw fel'na byth, Mama Losin. Cwyd dy law arall 'da'r fodrwy newydd sbarcli arni."

"O, ie, wrth gwrs," meddai Mama Losin, "mae'n ffitio mor neis fel o'n i wedi anghofio'n llwyr amdani."

Daeth y ferch atynt a'i gwynt yn ei dwrn, a'i llygaid y tu ôl i'r sbectol gron fel cwningen yn cael ei chwrso gan gadno.

"Mae'n flin 'da fi," meddai, "alla i'ch helpu chi?"

"Dwy deisen stici-pici-wici," meddai'r fenyw a chwarddodd y ddau. Edrychodd y ferch arnyn nhw mewn penbleth.

"Aw, druan ohoni, Tada, mae'n meddwl ein bod ni'n 'neud hwyl am ei phen. Ein jôc bach ni, cariad. Gawn ni ddau ddarn mawr o *Blackforest Gâteau* a hufen, os gweli di'n dda?"

"Cewch, wrth gwrs."

Roedd y ferch yn nodi'r archeb yn ei llyfr bach pan ddaeth sŵn o'r ford gyferbyn â nhw. Llewygodd y dyn wynepgoch, barfwen a oedd yn eistedd yno. Aeth ei ben i'w blât o frecwast a bwriodd y llestri gan gynnwys mwgaid o goffi twym a chyllell a fforc yn swnllyd i'r llawr – metel yn tincial, tsieina'n torri'n deilchion. Aeth y weinyddes ato'n syth.

" 'Na i ti lanast nawr," meddai Pwdin Mawr.

"A bydd y ferch yn anghofio am ein hordor ni. Man a man inni fynd i rywle arall, Pwd-pwds."

pennod 8

"REIT, DW I WEDI PENDERFYNU, o'r diwedd," cyhoeddodd Tanwen. "Dw i'n mynd i weld Mared."

"Mared?" gofynnodd Camel, newydd ddeffro.

"Ti'n gwbod. Dw i wedi sôn amdani o'r blaen, sawl gwaith. Byw yn y goedwig. Dw i'n mynd i ofyn ga i 'neud llun ohoni. Wedi bod yn ysu am 'neud hynny ers tro. Mae hi'n dipyn o gymeriad."

Gwisgodd Tanwen ei dillad glân gorau. Brwsiodd ei gwallt newydd-ei-olchi yn ôl yn llyfn oddi ar ei thalcen a'i ddal y tu cefn i'w phen gan grib trilliw hen. Roedd hi'n awyddus i wneud argraff ffafriol o'r dechrau. Teimlai fel merch ysgol yn mynd am ei chyfweliad arswydus cyntaf am swydd.

"Ga i ddod gyda ti? Ti'n edrych yn nerfus."

"Na chei. Fydd 'na ddim croeso i ddyn gan Mared."

"Sut wyt ti'n gwbod?"

"Dw i'n gwbod."

Taenodd Tanwen awgrym o finlliw dros ei gwefusau, dim byd llachar, gwinau tywyll. Rhywbeth i roi hyder iddi.

"Cofia wisgo dy welis," meddai Camel, "a dy got fawr. Bydd yr eira'n drwch lan yn y goedwig 'na.

"Paid ti â bod yn famol, plis," meddai Tanwen.

"Alla i ddim helpu, dw i'n Ddyn Newydd."

"Dyn Newydd, wir? Byddi di wedi golchi'r llestri, tannu'r gwely, dwstio a choginio cinio cyn i mi ddod 'nôl, felly."

"Byddaf, ac os nad wyt ti'n ôl erbyn chwech o'r gloch bydda i'n hala'r hysci i chwilio amdanat ti."

"Pwy hysci? Jaco? Fawr o hysci."

"Mae Jaco'n gallu codi trywydd cystal ag unrhyw gi hela."

"Liciwn i weld hwnna un diwrnod," meddai Tanwen yn amheus, er ei bod yn ddigon hoff o'r ci, yn enwedig gan fod ei lluniau ohono'n gwerthu, "ond 'sdim amser 'da fi nawr."

Aeth Tanwen drwy'r pentref. Ar y lawnt yn y canol o flaen y dafarn safai dau ddyn eira – un bach ac un mawr, yr ail mor dal â dyn byr. Doedden nhw ddim yn beli crwn perffaith, fel y gwelir ar gardiau Nadolig a chartwnau, eithr yn bentyrrau anghelfydd, anffurfiedig. Serch hynny roedd plant y pentref wedi rhoi botymau cerrig iddyn nhw a llygaid cerrig a dannedd cerrig yn gwenu, ac roedd hen het am ben un ohonyn nhw. Golwg ddigri oedd ar y ddau.

Troes Tanwen yn ôl i edrych ar y bwthyn. Pan ddeuai'r haf fe'i cuddid gan ddail y coed a'r perthi o'i gwmpas, ond roedd y rheini'n sgerbydau moel yn awr. Deuai llinyn o fwg o'r hen simdde.

O'r pentref aeth ar hyd yr hen lôn i'r goedwig. Doedd dim olion cerbydau'r ffordd honno. Daeth o hyd i'r llwybr cul a arweiniai i dŷ Mared gyda thrafferth. Pechod baeddu'i wynder difrycheulyd. Doedd Mared ddim wedi'i ddefnyddio ers dyddiau, roedd hynny'n amlwg. Hwyrach ei bod hi'n gaeth i'r tŷ, meddyliai Tanwen. Os felly byddai'n falch o weld rhywun yn galw arni.

Ond beth petai'n dod o hyd i'r fenyw ar y llawr, wedi marw yn yr oerni? Ai dyna'i gwir bwrpas dros ymweld â hi – tynged yn ei thywys?

Hyd yn oed yn y gaeaf, heb y dail, ni allai Tanwen weld y tŷ eto. Ond gwelai fod colofn o fwg yn codi o ganol y goedwig. Arwydd da. Doedd hi ddim wedi marw, wedi'r cyfan, felly. Roedd Tanwen yn falch; fyddai hi ddim yn gwybod beth i'w wneud 'tasa hi wedi darganfod corff yno. Ar wahân i hynny roedd hi'n edrych ymlaen at gwrdd â'r fenyw.

Yn sydyn agorodd llannerch o'i blaen a thrwyddi gallai Tanwen weld hen dŷ carreg. Llun plentyn o dŷ; drws yn y canol (fel ceg neu drwyn), ffenestr bob ochr a dwy ffenestr arall lan llofft (fel llygaid), simdde yn y to a'r mwg yn llifo ohoni fel cadwyn o gylchoedd a ehangai wrth gyrraedd y nen. Ond yn wahanol i ddarlun traddodiadol pob plentyn doedd yma ddim llwybr taclus yn arwain at y drws, dim gardd o'i flaen gyda rhesi o flodau coch a melyn o bobtu'r llwybr.

Mor ddistaw oedd y tŷ. Llenni llwydaidd y ffenestri wedi'u cau yn dynn. Yn wir, roedd golwg anghynnes yn perthyn i'r lle. Tŷ ysbrydion oedd hwn, a dwylo anweledig yn ei gwpanu. Ac eto, yn y pellter – heb fod mor bell i ffwrdd, serch hynny – gallai Tanwen glywed sŵn ceir yn rhuo heibio'n ddi-baid. Sylweddolodd nad ceir y pentref oedden nhw, eithr roedd yr heol fawr i Aberdyddgu y tu ôl i'r goedwig. Gorfododd ei thraed llesg ar ôl dringo'r twyn drwy'r eira dwfn i fynd ymlaen. Suddent i'r gwynder di-nam. Ei holion hi oedd y rhai cyntaf, newyddanedig tuag at y tŷ. Ond o gwmpas yr adeilad, yn ei amgylchynu, doedd hi ddim yn synnu gweld rhwydwaith o farciau. Hwyrach nad oedd wedi disgwyl gweld cynifer ohonynt. Gallai Tanwen ddychmygu Mared yn cerdded o amgylch ei chartref i gael coed a glo (rhaid bod cwtsh glo yn y cefn).

Safodd Tanwen y tu allan i'r drws am funud gan geisio magu'r hyder i gnocio. Disgwyliai i'r drws agor cyn iddi alw ar y nerth i godi'i bysedd nerfus ato.

Yna clywodd sŵn yn dod oddi mewn i'r tŷ. Roedd rhywun yn canu. Wel, doedd hi ddim yn synnu bod Mared yn siarad â hi'i hun mewn annedd mor unig a diarffordd.

Cnociodd. Rhy hwyr nawr. Doedd dim troi'n ôl nawr. O'r tu mewn daeth distawrwydd sydyn. Tawelwch anghrediniol i ddechrau ac yna sŵn symudiadau, traed yn rhedeg. A lleisiau'n sibrwd. Llais Mared yn rhyfeddu at y curo cwbl annisgwyl – wedi cael ei brawychu, mwy na thebyg. Pwy fyddai'n disgwyl ymwelydd, yn enwedig yn yr eira? Gobeithiai Tanwen nad oedd hi wedi rhoi braw ofnadwy i'w chymdoges, na fyddai hi'n cael trawiad ar y galon. Pe bai Tanwen wedi gallu trosglwyddo'i dymuniadau cyfeillgar a charedig o'i chalon, drwy'r drws pren, ac at galon y fenyw arall byddai hi wedi gwneud hynny. Ond roedd ei thraed hi'n oer yn sefyll yno, yn brifo, yn wir, fel blociau o rew. Doedd ganddi ddim dewis ond cnocio eto. Ac felly y bu. A'r tro hwn agorodd y drws.

Safai Mared o'i blaen a'i hwyneb mirain a'i llygaid llwydlas yn mynegi syndod ac annealltwriaeth. Lle Tanwen oedd hi i esbonio.

"Mae'n ddrwg gen i," dechreuodd yn herciog, a'r geiriau'n dod ati un ar y tro, fel petai'n siarad iaith estron. "Tanwen yw f'enw i, dw i'n byw yn y pentre'." Swniai fel dysgwraig yn arbrofi ar ôl ei gwersi cyntaf yn yr iaith; gallai'i chlywed ei hun yn siarad fel gwerslyfr. Doedd hi ddim wedi siarad fel hyn ers iddi fentro dweud ychydig o eiriau yn Ffrangeg ym Mharis, flynyddoedd yn ôl. A theimlai'r un mor estron a dieithr yn awr.

"Mae'n wirioneddol ddrwg gen i," dechreuodd eto gan geisio rhoi mwy o gig am ei geiriau, "dw i'n arlunydd a byddwn i'n licio tynnu llun ohonoch chi, ei beintio hynny yw." Fel'na, fel bwled o safn dryll. Gwyddai nad oedd amser i hel dail gyda hon. Pryder sgwarnog oedd yn llygaid Mared, roedd 'na berygl iddi redeg i ffwrdd neu iddi gau'r drws yn glep yn ei hwyneb, a doedd Tanwen ddim eisiau'i cholli.

"Llun? Dw i ddim yn deall." O leiaf roedd hi wedi torri'r garw.

"Byddwn i'n fodlon dod yma i'ch peintio, neu, gallech chi ddod lawr i'r bwthyn, pe bai hynny'n fwy cyfleus i chi."

"Na, na, allwn i ddim gadael y tŷ 'ma."

Cododd Tanwen ei dwylo at ei cheg a chwythu iddynt. Menig neu beidio, roedd ei bysedd yn oer. Stompiodd ei thraed. Dweud roedd hi, 'Dw i'n rhynnu, ga i ddod i mewn i drafod y peth'. Ond chymerwyd mo'r awgrym.

"Gawn i ddod yma, felly, i'ch peintio chi?"

"Na chewch. Cerwch o'ma."

Ac unwaith eto roedd Tanwen yn syllu ar bren treuliedig y drws.

Troes ar ei sawdl. A'i chrib wedi'i dorri, anghofiodd am yr oerni yn ei thraed, a dilynodd ei holion ei hun yn ôl i'r bwthyn.

pennod 9

PAN GYRHAEDDODD Maldwyn Taflun Lewis Aberdyddgu – o'r diwedd, o'r diwedd – bu ond y dim i'w goesau roi oddi tano wrth iddo ddisgyn o gaban y lori. Doedd e ddim wedi dod dros yr ysgytiad o weld y ferch eto. Yr un ferch, yr un lle, yr un mor glir – clirach hyd yn oed na'r tro o'r blaen gan ei bod yn dywyll y tro hwnnw. Camgymeriad fu dod yn ôl i Aberdyddgu i weld Lois. Roedd y ferch yno yn aros amdano, yn ei boenydio, ei flino, ei blagio, ei hawntio, yn blingo'i gydwybod. Prin y gallai sefyll ar ôl y braw a gawsai. Prin y gallai siarad na dweud diolch wrth Hedd Wynne. Ond diolch iddo a wnaeth a mynnu'i fod yn cymryd pum punt. Camsyniad arall oherwydd byddai'r gyrrwr lori yn siŵr o'i gofio nawr.

"Ti'n gwpod i bwy wyt ti'n debyg?" oedd ei eiriau olaf wrtho. "Y boi 'na sy'n 'neud y rhaglenni llenyddol 'na, Maldwyn Taflun Lewis."

Chwarddodd Maldwyn, hynny yw cynhyrchodd chwerthiniad neu sŵn chwerthin byr o waelod ei fol, ac o ben pellaf y cof (pryd oedd y tro diwethaf iddo chwerthin go-iawn?).

"Maldwyn Taflun Lewis, hahaha, 'na un da. Hwyl, Hedd Wynne."

Caeodd ddrws y lori â chlep ar ei ôl gan obeithio na fyddai'n gweld Hedd Wynne byth eto. A dyna lle'r oedd e yn Aberdyddgu unwaith eto. Anelodd ei goesau egwan am 13 Stryd Glan yr Afon lle'r oedd llety Lois. Doedd e ddim yn disgwyl croeso ac ni wyddai beth oedd e'n mynd i'w ddweud wrthi chwaith. Beth oedd pwrpas yr ymweliad, felly? Byddai wedi gwneud mwy o synnwyr o lawer petasai fe wedi mynd yn syth i Iwerddon neu Ffrainc neu rywle arall – unrhyw le ond Aberdyddgu. Ac eto teimlai fod rhaid iddo siarad â Lois un tro arall, yn gam neu'n gymwys.

Casâi'r dref hon a'i hawyr helïaidd, ei gwylanod milain, piwis, ei thwristiaid a'u hacenion Birminghamaidd cwynfanllyd, ei Chymraeg prin ac anniwylliedig. I beth roedd e wedi aberthu cymaint o'i nerth i ddod yno? Ond, dyna ni, ni wnaethai ddim byd call ers llawer dydd. Eisiau chwilio'i ben. Beth petasai fe'n cael ei ddal yno neu'i adnabod? On'd oedd rhai o'i fyfyrwyr â chysylltiadau â'r lle? Dave ac Anna. Y rhai gwaethaf, yn wir. Rhy hwyr i feddwl am hynny nawr ac yntau'n cerdded strydoedd y dref.

A dyna lle'r oedd e, o flaen drws y tŷ. Canfuasai'i draed y drws iawn heb gymorth ei feddwl. Pwysodd ei fys ar y botwm, y trydydd o'r gwaelod. Dim ateb. Nodweddiadol o Lois. Canodd y gloch eto. Yn sydyn ymddangosodd dyn o'i flaen, yn ei fest melynaidd, er gwaethaf oerfel mis Ionawr, a'i frest a'i ysgwyddau yn drwch o flew brith, ei ên a'i ruddiau hyd at y sachau o dan ei lygaid yn soflwrych brith hefyd, a'i safn yn fagl fetelaidd i ddal anifeiliaid gwyllt a nerfus fel Maldwyn Taflun Lewis.

"Ga i air â Lois, os gwelwch yn dda?"

"Fucked off, mate."

"Where's she gone?"

"How the fuck should I know!"

Barnodd Maldwyn ei bod yn ddoeth symud i ffwrdd heb oedi. Wedi'r cyfan roedd hi'n gynnar y bore o hyd ac roedd e wedi codi'r gŵr bonheddig hwn o'i wely, mwy na thebyg. Asesodd y sefyllfa'n gyflym. Roedd Lois wedi symud. Dim amcan i ble. Yr hen nodwydd mewn tas wair.

Yn sydyn teimlodd Maldwyn wendid yn meddiannu'i gorff. Effaith y sioc o weld y ferch ar yr heol a'r siom o fethu Lois. Ar ben hynny doedd e ddim wedi bwyta ers oriau.

Byddai'n siŵr o lewygu oni châi rywbeth cyn hir.

Er gwaethaf ei ymweliadau di-rif â hi doedd e ddim yn gyfarwydd â'r dref. Edrychodd o'i gwmpas ond am ryw reswm ni allai'i feddwl ddadansoddi a defnyddio gwybodaeth ei lygaid. Gorfododd ei draed o blwm i symud ar hyd y stryd. Un cam ar y tro, fy Iesu. Gwelodd fod siopau o'i gwmpas yn agor eu drysau i gwsmeriaid cyntaf y diwrnod; siopau yn gwerthu dillad, hoelion, pethau trydan, lluniau, llyfrau, cardiau post a swfenîrs i'r ymwelwyr o Birmingham. Popeth dan haul ac eithrio bwyd a llyn. Dim siop ffrwythau lle gallai brynu oren, banana, dim siopau losin lle gallai brynu siocled. Teimlai mor flinedig ac oer – roedd yr oerni nawr yn sugno'r ychydig nerth a oedd ganddo – yn rhy flinedig i symud, yn wir. Ac eto, symudai; mater o ddal ati oedd hi; symudai rhag ofn iddo syrthio ar y pafin. A fyddai'r bobl hyn yn oedi i'w godi? Go brin.

Daeth atgof annifyr iddo. Llanc yn yr ysgol oedd e, yn gwisgo'i iwnifform a'i dei (streipiau melyn a du am yn ail ar ei draws) ac roedd hi'n ddiwrnod poeth. Roedd e'n ysu am dynnu'i dei, ond roedd hynny yn erbyn rheolau'r ysgol, hyd yn oed y tu allan iddi, ac roedd e'n fachgen da a gadwai at y rheolau. Roedd e'n adolygu ar gyfer ei arholiad Cymraeg, yn troi llinellau W.J.Gruffudd yn ei ben (atgof o fewn atgof), Gwladus Rhys, merch hynaf y Parchedig Thomas Rhys, Gweinidog Horeb ar y Rhos. Roedd e'n benderfynol o gael y marciau uchaf – Cymraeg oedd ei hoff bwnc. Yn sydyn, o'i flaen gwelodd Olwen, ffrind ei fam, aelod o'r un capel â'i deulu. Hen fenyw annwyl; cofiai'i ben blwydd yn ddiffael, pan oedd e'n fach rhoddai losin iddo i'w gadw'n dawel yn ystod y pregethau hirion; cymerai ef a'r plant eraill mewn gwersi yn yr ysgol Sul. Bopa Oli. Bopa i bawb. Talp o garedigrwydd a ffyddlondeb. Yn sydyn dyma hi'n disgyn yn lletchwith ar y pafin o flaen ei lygaid a bwrw'i braich yn galed a'i phen – clywodd Maldwyn ei hen esgyrn brau yn taro'r caledrwydd. A beth wnaeth e? A aeth ati i'w helpu? Naddo. A aeth tuag ati i wneud yn siŵr ei bod hi'n iawn? Naddo. A aeth i chwilio am gymorth? Naddo. Er mawr gywilydd iddo nawr, cymerodd arno nad oedd wedi'i gweld hi. Croesodd y ffordd. Troes ei gefn arni. Ychydig ddyddiau ar ôl hynny aeth ei fam i'w gweld hi yn yr ysbyty. Roedd hi wedi torri'i braich ac wedi cael tipyn o strôc. Ond, roedd hi wedi'i weld, do fe'i gwelsai. Dywedodd wrth ei fam. Bu'n ymwybodol o'r ffaith nad oedd e wedi codi bys i'w helpu. Serch hynny, pan ddaeth ei ben blwydd y flwyddyn honno, daeth y cerdyn oddi wrth Bopa Oli yr un fath er bod y sgrifen yn draed brain y tro hwn. Ei cherdyn olaf. Bu farw cyn ei ben blwydd nesaf.

Roedd e'n sefyll y tu allan i gaffe. O'r diwedd. Pan aeth i mewn i eistedd a dodi'i sach gefn ar y gadair wrth ei ochr roedd e'n dal i feddwl am Bopa Oli a'r ffordd roedd e wedi'i methu hi, yn dal i erfyn arni am faddeuant.

Daeth merch ato, gweinyddes ifanc. Nododd Maldwyn y gwallt byr, y sbectol gron a'r fframiau metel. Ond am eiliad nid oedd yn deall ei swyddogaeth.

"Coffi," meddai fel dyn yn yr anialwch yn gofyn am ddŵr, "a thost a menyn."

"Diolch yn fawr," meddai'r ferch a daeth y Gymraeg ag ef yn ôl i'r byd o'i gwmpas ac i'r presennol. Roedd e wedi siarad Cymraeg heb feddwl ac wedi cael ateb yn Gymraeg, felly, nid yn y ddinas mohono, neu byddai'r ateb wedi bod yn fwy pigog o lawer ('*I don't speak Welsh*', ac un tro cawsai '*I speak English*' a thro arall, y gorchymyn '*SPEAK ENGLISH!*'). Na, yn Aberdyddgu roedd e, wedi chwilio am Lois ac wedi methu dod o hyd iddi. Ond wrth iddo aros am y bwyd aeth ei feddyliau cymysglyd yn ôl at Bopa Oli. Ai cosb am ei hanwybyddu hi oedd y ferch ar yr heol? Ei uffern bersonol, aflonydd, leddf ar y ddaear?

Yn fuan ar ôl iddo gael ei benodi i'r Adran Astudiaethau Celtaidd yn y ddinas daethai neges ar y ffôn iddo. Gwraig ei ffrind gorau, ei gyfaill mynwesol yn y coleg, Erfyl, i ddweud bod Erfyl wedi marw o gancr. Gwyddai Maldwyn ei fod e wedi bod yn dost ond doedd e ddim yn disgwyl iddo farw. Dim ond yn ei dridegau roedd e. Roedd plentyn ganddo – Maldwyn oedd ei enw, ef oedd ei dad bedydd. Mynegasai Maldwyn ei gydymdeimlad â Sali a dodi'r ffôn i lawr – heb ofyn am fanylion ynglŷn â'r angladd. Y rheswm oedd, doedd e ddim yn licio gofyn am amser bant er mwyn mynd i gladdedigaeth ac yntau ond wedi gwneud wythnos o waith yn yr adran. Aeth e ddim i gladdu'i ffrind. Ai cosb am ei hunanoldeb eto oedd y ferch ar yr heol? Bopa Olwen! Erfyl! Wnewch chi faddau i mi?

"Eich coffi a'ch tost, syr."

Rhoes y weinyddes dipyn o fraw iddo unwaith eto. Roedd e'n hynod o nerfus. Diolchodd iddi serch hynny.

Yfodd y coffi cyn iddo gael amser i oeri – llosgodd ei geg a'i lwnc. Llowciodd y tost ar ôl taenu haenen drwchus o fenyn drosto. Mwy o goffi, rhagor o dost. Roedd e'n bwyta fel mochyn (gallai ddychmygu ymateb Toni pe gwelai ef) ond pa ots? Doedd neb yn edrych arno a doedd e'n perthyn i neb. Galwodd y weinyddes ato a gofyn am ragor o goffi a brecwast llawn – wyau, selsig, bacwn, tomatos, bara wedi'i ffrio. Mater o achub ei fywyd – na, mater o adennill ei nerth oedd y coffi cyntaf a'r tost. Roedd e'n dechrau dod ato'i hun, diolch i'r drefn. Daeth yn ymwybodol o bobl eraill o'i gwmpas, cwsmeriaid eraill y caffe, arogl y bwydydd a'r coffi, blas sur y tomatos, ei ddwylo'n cynhesu bob yn dipyn, sŵn o'r gegin, lleisiau Cymraeg gwerinol a rhai trwynol o ganolbarth Lloegr. Wrth ei ochr roedd 'na ford a menyw yn ceisio perswadio baban i brofi rhai o'r ffa pob oren eu lliw ar flaen ei fforc, a'r fam-gu gyferbyn yn gwneud sŵn awyren, y bagiau siopa wrth eu traed, a'r plentyn yn gwrthod ac yn llefain. Criw o ddynion o amgylch bord arall yn yfed coffi o fygiau mawr ac yn smygu; roedden nhw'n gwisgo rhyw fath o unffurfwisg. Beth oedden nhw? Dynion post. A chyferbyn ag ef roedd 'na bâr od iawn; menyw fach dew, benfelen yn gwisgo dillad yr enfys a dyn mawr blewog, barfog, tebyg i ddarlun o Ysbryd y Nadolig Presennol yn stori Dickens, Bendigeidfran o ddyn. Ond roedd golwg drist arno fe, gofidus, a'r fenyw dwmpennaidd yn amlwg yn gwneud ei gorau glas i godi'i galon drom.

Bopa Olwen, wyt ti wedi maddau i mi? Erfyl, maddau i mi 'chan. Ond on'd oedd e wedi talu am ei bechodau yn barod? On'd oedd e wedi gwylio'i wraig ei hun yn cael ei bwyta gan gancr a hithau'n fenyw ifanc ac yntau yn ei charu hi â'i holl enaid a'i holl galon? Eleri. Os oes 'na Dduw bydd e'n clywed 'y ngweddi a fydd e ddim yn gadael i Eleri farw a gadael fi a'r ferch fach. Ac yna bu farw Eleri a bu rhaid iddo gladdu'i chorff prydferth – prydferth nes i'r afiechyd ffiaidd yna gael gafael arni – claddu'i chorff yn y ddaear. Lleucu Llwyd. Doedd y Canu Angau o ddim gwerth iddo nac i'r ferch fach. Nid cywydd oedd ar y plentyn bach ei angen; mam oedd ei hangen arni. Chwiliodd am wraig a phriodi Toni.

Roedd e wedi ordro coffi arall a daeth y weinyddes ag ef gan ei ddiddyfnu o'i fyfyrdodau unwaith yn rhagor.

"Diolch yn fawr," meddai cyn suddo yn ôl i fyd ei atgofion. Bu farw Eleri. Felly doedd 'na ddim Duw. Ond roedd e'n cael ei gosbi'r un fath. Fe'i cosbwyd am fod yn fethiant i Bopa Olwen, a methu bod yn gyfaill triw i Erfyl, a methu cadw Eleri rhag y bedd, a methu bod yn dad da i'w blentyn ei hun wedyn, a methu bod yn ffyddlon i Toni – cofiodd yn arbennig am y fyfyrwraig ymchwil 'na tua deng mlynedd yn ôl ac am ei ymddygiad anifeilaidd tuag ati a dileu'r atgof – methu cael unrhyw fath o berthynas ond un gosbedigaethol, amhersonol gyda Lois, a methu stopio cyn taro'r ferch ar yr heol.

Yna roedd e'n bwyta'r brecwast, yn mwynhau'r cig a'r saim ac yn dod at ei goed. Dim Lois; felly, y cam nesaf fyddai iddo adael y dref fach lan y môr, ddiflas hon a mynd i ffwrdd yn bell a dechrau bywyd newydd sbon, fel person newydd.

Yna edrychodd allan drwy ffenestr y caffe i'r stryd a gweld, dros y ffordd, ar bwys y banc, ddyn ifanc a mwngrel o gi wrth ei draed, a menyw yn canu. A phan welodd Tanwen fe lewygodd Maldwyn Taflun Lewis.

pennod 10

AETH ALYS ATO gyda gwydraid o ddŵr oer o'r gegin. Dywedodd wrth Mr Jones fod y cwsmer yn dost iawn.

"Trempyn," oedd ateb hwnnw, "unwaith y daw ato'i hun cico fe mas."

Os daw e ato'i hun, meddyliodd Alys, wa'th roedd golwg glyn cysgod angau o'i gwmpas. Ofnai'i fod yn mynd i gael hartan a marw yn y fan a'r lle o flaen ei llygaid.

"Ond, Mr Jones, dw i'n siŵr bod y dyn 'ma'n ddifrifol wael."

"Nace 'musnes i yw e. W i'n gwpod un peth, taw sbwylio 'musnes i yw e. Welest ti'r ddou 'na'n mynd mas heb aros am eu hordor?"

Do, fe'u gwelodd. Roedd hi'n eu nabod nhw o ran eu golwg, wedi'u gweld nhw o gwmpas y dref. Cymeriadau lliwgar, doniol. Gwirion efallai. Cymryd eu harcheb roedd hi pan lewygodd y dyn. Roedd hi wedi sylwi ar rywbeth, beth oedd e? Chwalwyd y cyfan gan gyffro'r dyn barfwyn yn mynd yn dost. Bu rhaid iddi glirio'r llestri yfflon a'r bwyd o'r llawr a glanhau o gwmpas sgidiau'r hen ddyn, a dal i weini ar y bobl eraill. Roedd y lle fel ffair – babanod yn crio, menywod yn hel clecs, ffermwyr yn rhoi'r byd yn ei le, bechgyn y post yn chwibanu a gwneud sylwadau bob tro y symudai.

Wrth gwrs, roedd Mali yno hefyd. Ond creadures ddifraw, ddigychwyn oedd honno. Dim gwaith yn ei chroen. Doedd dim gobaith iddi hi dynnu'i phwysau mewn argyfwng. Be wnaeth hi ddoe tybed pan gafodd Alys ei diwrnod bant? Diwrnod hyfryd, er gwaethaf yr oerni. Roedd hi'n licio'r eira. Gwaetha'r modd fyddai fe ddim yn para'n hir ar lan y môr.

Eisin ar y dref hyll. Roedd Alys wedi penderfynu gwneud yn fawr o'r dydd a cheisio anghofio'i hunigrwydd a'i phryderon am dipyn. Aethai o gwmpas y siopau ac mewn siop flodau cawsai bot bach o eirlysiau, ac ambell un ar fin agor, i'w rhoi yn ei stafell. Rhagflas o'r gwanwyn. Ymgais i ddod ag ychydig o sirioldeb i'w llety llwm. Wedyn aethai o gwmpas yr orielau.

"Dou *beans on toast* a pot o de i ddou," galwodd Mr Jones o'r gegin, a'i lais yn llawn brys a diffyg amynedd. Yr hen Natsi. Roedd y pethau hyn ar gyfer y bechgyn twp o'r swyddfa bost. Gollyngodd Alys y mygiau a'r platiau'n ddirmygus ar y ford o'u blaenau a brysio'n ôl i'r gegin am y platiau nesaf. Cymerodd gipolwg ar y dyn tost. Roedd e'n llwyd – bron yn las – a'i wedd ond yn dechrau dadebru. Ddywedodd Alys ddim wrth Mr Jones.

Aeth ei meddwl yn ôl at ddoe yn yr orielau. Mewn un gwelsai ddetholiad o hunanbortreadau gan fenywod. Ei ffefryn oedd un mawr deg troedfedd wrth dair troedfedd ar ddeg. Roedd y cefndir yn wyrdd a gellid gweld y gwallt du, y llygaid, y ffroenau, y geg fel tyllau tywyll, ond roedd y cyfan yn smotiau a splatiau a llinellau a blotiau, pyllau, tasgiadau o bob lliw dan haul. Ni fyddai'n bosibl adnabod yr arlunydd o'r 'hunanbortread' hwn, ond roedd Alys wrth ei bodd gyda fe. Roedd hi'n deall yr arlunydd ar lefel reddfol.

"Dou *poached egg on toast* 'ma, hwde, glou," cyfarthodd Mr Jones o'r gegin.

Mewn oriel arall roedd y lluniau eto yn fawr ac yn dwyn i gof arluniau Goya – carnifalau, pobl wedi gwisgo i fyny, mewn gorymdeithiau lliwgar, y ffigurau yn realaidd ond â rhywbeth hunllefus a gwallgof yn eu cylch. Roedd yna arddangosfa fawr o luniau pwysig o America yng nghanolfan y celfyddydau. Lluniau o bobl, llawer gwell na'r rhai o adeiladau neu dirluniau er taw yr un elfennau sydd i bob wyneb – talcen, aeliau, dau lygad, trwyn, ceg, gên, gruddiau – ond y fath amrywiaeth o fewn yr elfennau hyn: bob un yn wahanol, yn unigryw. Hyd yn oed efeilliaid. Roedd yno lun o ddwy ferch, efeillesau, henffasiwn yn gwisgo ffrogiau du a choleri gwyn iddynt a sanau gwynion. Llun o'r hen actores Mae West, a'i mwnci, yn ei gwely sidan. Yr hen ddawnswraig Blaze Starr yn edrych yn flinedig, ôl traul ar ei hwyneb ac ar ei chorff. Roedd y ffotograffydd – menyw oedd hi – yn ddiddorol iawn, wedi dangos yr ochr amherffaith, hyll, hyd yn oed, i'r bobl sydd fel arfer yn cael eu cyfrif yn brydferth. Fel Mia Farrow ifanc. Roedd hi'n datgelu hefyd y frwydr ofer yn erbyn henaint gan bobl a fu'n hardd unwaith – fel yn y lluniau o Diana Duff Frazier, a Mae West eto, a Mrs T Charlton Henry, menyw gyfoethog a arferai fod yn un o'r gwragedd mwyaf ffasiynol o blith enwogion America; ond yn y lluniau ohoni yn yr arddangosfa hon roedd hi'n hen, a'i haeliau'n hongian am ei llygaid pŵl fel llenni llipa. Charles Atlas yn ei saithdegau, a'i gyhyrau'n llac a blew gwyn ar ei frest. Henaint yn lefelu pawb. Lluniau o ferched bach tew mewn gwersyll ar gyfer merched bach tew. A'u hwynebau yn drist, dim smic o wên ar yr un ohonynt. Doedd neb yn hardd yn lluniau'r ffotograffydd hwn. Ond wedyn beth oedd harddwch, wedi'r cyfan? Efallai fod gan y fenyw hon ffordd wahanol o edrych ar harddwch neu hylltra a'i bod wedi canfod bod yr hyn a ystyrir yn hardd yn hyll yn ei hanfod, a bod yr hyn a ystyrir yn hyll yn hardd mewn ffordd arall. Roedd hi wedi gweld y gwirionedd y tu ôl i'r plisgyn arwynebol. Hwyrach bod y gwirionedd hwnnw yn ormod i'w ddioddef hefyd, oherwydd yn ôl a ddeallai Alys roedd y ffotograffydd wedi cyflawni hunanladdiad.

"Vegeburger, wy, tost, dou Blackforest Gâteau a hufen," galwodd Mr Jones o'r gegin. Roedd y vegeburger i'r dyn bach yn y got ddwfl a eisteddai ar ei ben ei hun yn y cornel, ond camsyniad oedd y teisennau. Pan lewygodd y dyn sâl, roedd hi wedi rhoi archeb y gŵr a'r wraig oedd yn siarad fel plant bach i Mr Jones ar ôl iddyn nhw fynd. Sut roedd hi'n mynd i esbonio wrth Mr Jones nawr?

Roedd i'w weld yn well, y dyn sâl, yn eistedd lan ac yn edrych o'i gwmpas. Gadawodd Alys y teisennau ar y cownter. Roedd 'na ragor o gwsmeriaid ac aeth atyn nhw i gymryd eu harchebion. Sylwasai Mr Jones ddim ar y teisennau. Roedd e'n paratoi prydau newydd.

Yna crwydrodd meddwl Alys yn ôl eto at ei diwrnod bant. Yn Oriel y Prom gwelsai'r llun o'r ci. Mor gryf oedd y llinellau, y defnydd o liwiau, goleuni a thywyllwch; a'r llygaid! Llygaid y ci yn erfyn arni i'w brynu. Doedd e ddim yn ddrud iawn, gallai'i fforddio gan iddi gael arian gan rai o'i modrybedd yn lle anrhegion Nadolig. Roedd hi'n gorfod ei brynu, ac felly y bu; fe'i prynodd yn y fan a'r lle.

Roedd hi a Patric yn dwlu ar gŵn ac wedi cydfreuddwydio am dŷ mawr â thŷ gwydr llawn *geraniums* coch, gardd wyllt a phopeth ynddi yn tyfu dwmbwldambal – a dau gi. Dim plant. Ond ble'r oedd Patric? 'Tasa fe ond yn cerdded i mewn i'r caffe byddai'r ddau'n gallu mynd yn ôl i'r ddinas ac ailafael yn eu hen gyfeillgarwch.

"Mali, beth yw'r *Blackforest Gâteaux* 'ma?" gwaeddodd y bòs.

"Un o ordors Alys ydan nhw, Mistar Jôs, 'di anghofio amdanyn nhw debyg," meddai Mali.

"Ordors pwy, Alys?" gofynnodd Mr Jones a'i wyneb yn tywyllu, a'r storm yn anochel.

"Y bobol od 'na, Mr Jones."

"Pwy bobol od?"

"Dyn mawr, menyw yn gwisgo cot goch, gŵr a gwraig."

"A ble maen nhw?"

"Wedi mynd."

"Heb dalu?"

" 'Mai i yw e, Mr Jones. Ddrysais i pan aeth y dyn 'na'n dost."

"Wel myn yffarn i, ma' fe 'ma o 'yd, odi fe?" Doedd e ddim

yn disgwyl ateb, roedd ei wyneb yn fflambiws, ei wefusau'n wyn. "Gwedwch chi wrth yr hen drempyn 'na 'i bod hi'n bryd iddo dalu a mynd o'ma, cyn i fi ddodi esgid o dan ei ben-ôl e. Weti 'ny, cewch chi fynd 'efyd. Alla i ddim fforddio catw rhai esgeulus fel chi."

Sbonciodd dagrau o ddicter a rhwystredigaeth i lygaid Alys y tu ôl i'w sbectol.

"Sticiwch eich blydi caffe – dw i'n mynd a dw i'n mynd i'ch riportio chi i'r bobol iechyd a'ch cael chi am *unfair dismissal*," sgrechiodd Alys.

" 'Sdim ots 'da fi," meddai Mr Jones, "riportiwch fi i bwy bynnag chi mo'yn – riportiwch fi i MI5 os 'ych chi mo'yn."

Datododd Alys y ffedog a'r geiriau 'Jones Café' ar ei thraws mewn llythrennau gwyrdd cyrliog a'i thaflu ar y llawr. Yna aeth at y dyn gwelw a gafael yn ei fraich.

"Dewch gyda mi, syr," sibrydodd.

Edrychodd arni'n syn a diddeall. Nid oedd yn gwybod pwy oedd hi, yn amlwg, ond ni wyddai ble'r oedd e o ran hynny. Yn syth roedd hi'n difaru cynnig help iddo, roedd e'n mynd i fod yn dipyn o drafferth.

"Wnewch chi dalu, syr?"

"Talu?"

"Am eich bwyd, syr."

Aeth yntau i'w boced a thynnu arian papur ohoni. Tywysodd Alys ef at y cownter lle y gadawodd yr arian. Roedd Mali yn mynd i roi newid ond gosododd y dyn ei law o flaen ei thrwyn smwt mewn arwydd o wrthodiad. Aeth Alys i ôl ei chot o'r gegin heb edrych ar Mr Jones na neb arall yno.

"Alys ydw i," meddai wrth y dieithryn allan ar y stryd oer. Edrychodd arni yn gwbl ddi-glem.

Y peth gorau i'w wneud, meddyliodd, oedd mynd ag ef i'r ysbyty. Ond sut? Yn amlwg iawn ni allai gerdded yn bell.

"Dw i am fynd â chi at y doctor," meddai gan weiddi braidd, fel petai'n drwm ei glyw.

"Na, na," meddai'r dyn gan ymfywiogi'n sydyn.

"Ond chi'n dost."

"Bydda i'n iawn. Rhywle i aros heno 'ma a bydda i'n iawn yn y bore."

Edrychodd Alys arno, doedd hi ddim yn siŵr beth i'w wneud. Doedd hi ddim eisiau treulio dim mwy o amser gyda fe, yn edrych ar ei ôl. Ond roedd hi'n anodd ei adael. Sylwodd yntau ar ei hamheuaeth.

"Dw i'n gallu talu," meddai'r dieithryn. "Beth am inni gael tacsi?"

pennod 11

"NAWR 'TE," meddai gyrrwr y tacsi a oedd yn hynod o debyg i Hedd Wynne ym marn Maldwyn a feddyliai'i fod yn drysu, "dw i'n mynd i fynd â chi i dŷ lle cewch chi le i aros heno 'ma, mwy na thebyg. Mae wastad *vacancies* gyda nhw. Ond pan welwch chi'r lle peidiwch â phoeni am ei olwg allanol, iawn? Mae'n edrych yn frwnt ond mae'r bobl sy'n cadw'r lle 'ma yn rhai hynod o garedig. Braidd yn – be' ddwedwn i? – braidd yn anghyffredin, cofiwch, ond digon cyfeillgar.

"Diolch am 'yn helpu," meddai Maldwyn wrth y ferch. "Mae'n ddrwg gen i, dw i wedi anghofio'ch enw eto."

"Alys." Roedd e'n edrych yn druenus, yn ddiymadferth, sut gallai fod wedi'i adael?

"Dw i wedi cael profiadau rhyfedd iawn heddiw, Alys."

"Mae'n flin gen i dorri ar eich traws chi," meddai'r gyrrwr, a'i lygaid wedi'u fframio yn y drych ac yn syllu'n ôl ar Maldwyn. "Ond dw i'n siŵr 'mod i'n eich nabod chi, a'ch nabod chi'n dda, hefyd."

"Go brin," meddai Maldwyn gan feddwl: O, na, dim eto heddiw.

"Un o ble 'ych chi , syr? Os ga i fod mor hy â gofyn," gofynnodd y gyrrwr.

"O ddinas…" ac unwaith yn rhagor roedd y gath allan o'r cwd, bron.

"Wel, 'na fe, 'na le 'nes i 'ngradd, syr. Yn y Gymraeg, credwch chi neu beidio, yng ngholeg y ddinas, yn yr Adran Astudiaethau Celtaidd."

Oedd roedd Maldwyn yn ei nabod yn awr. Cynfyfyriwr iddo. Ond ar hynny, diolch i'r drefn, stopiodd y car.

"Dyma ni."

Cofiai Alys y lle er pan ddaeth yr un gyrrwr tacsi â hi i edrych arno y noson gyntaf honno yn y dref.

"Mae'n edrych yn frwnt, on'd yw e?" gofynnodd y gyrrwr, yn rhethregol, gan nad oedd modd anghytuno â'i sylw.

" 'Sdim ots," meddai Maldwyn ac estynnodd y tâl a mwy i'w hen efrydydd.

"Diolch, syr. Dw i'n siŵr 'mod i'n eich nabod chi."

"Un o'r wynebau cyffredin 'na sy 'da fi," meddai Maldwyn gan ddringo i lawr o'r tacsi a chau'r drws ar ei ôl. "Dw i'n debyg i lawer o bobl, heb fod yn union debyg i neb."

Roedd e wedi newid, wedi heneiddio yn gynamserol, wedi colli pwysau, roedd ei farf yn wyn, ond adweinai Ellis ei hen ddarlithydd a gwyddai Maldwyn hynny.

"Dw i ddim yn byw yn bell o'r lle hwn," meddai Alys, "rownd y cornel ar y prom. Lle o'r enw Sunnyside, y tŷ melyn, os galla i'ch helpu chi eto."

"Paid â mynd," meddai Maldwyn yn daer, "dere mewn, jyst i weld y lle a 'neud yn siŵr 'mod i'n setlo lawr am y noson."

"Na, rhaid i mi fynd."

"Alys, paid â phoeni, dw i'n rhy wan a blinedig i 'neud unrhyw niwed i ti."

"Do'n i ddim yn ofni hynny," meddai Alys, er bod y syniad wedi croesi'i meddwl ei fod e'n gobeithio y byddai hi'n aros gyda fe. Ond cawsai ddigon, roedd hi'n awyddus i'w adael.

"Alys. Mae 'da fi rywbeth i'w ddweud – rhywbeth pwysig iawn. Rhaid i mi siarad â rhywun."

Truenus oedd e, a'i daerineb yn dorcalonnus. Ildiodd hithau. Rhaid bod ganddi un o'r wynebau yna sy'n gwahodd cyfrinachau, meddyliodd, wyneb gwrandawydd da.

Pwysodd Maldwyn fotwm y gloch ac yn syth bron agorodd y drws. Roedd Alys yn adnabod y fenyw fach benfelen yn syth. Gwelsai hi a'i gŵr yn y dref yn aml – on'd oedden nhw yn y caffe yn gynharach y bore hwnnw?

"Lle i ddou, iefe?" gofynnodd, a'i lais yn annisgwyl o fach ac uchel, piblyd, am gorff mor gnawdol.

"Na, dim ond un stafell sy eisiau," meddai Maldwyn, "fydd fy nith ddim yn aros."

"Chi'n siŵr?" meddai'r fenyw. "Mae digon o ddewis 'da ni 'ma. Stafell 'da gwely dwbl, dou wely ar wahân mewn un stafell, stafelloedd sengl."

"Bydd un stafell sengl yn ddigon i mi," meddai Maldwyn yn eithaf cadarn.

"Dewch i mewn," meddai'r fenyw ac yna gwaeddodd yn ei sgrech o lais i mewn i'r tŷ nes bod y chwibanogl o leferydd yn atseinio drwyddo, "Pwdin Mawr! Ymwelwyr!"

Tywyswyd Alys a'r hen ddyn – fel roedd hi'n dal i synio amdano – i'r llofft nid yn unig gan y fenyw fach ond gan ei gŵr hefyd a'r ci, yn un orymdaith frith. Gwelodd Alys ei hun o'r awyr, fel petai, yn un o'r golygfeydd Goyäaidd a welsai yn un o orielau'r dref y diwrnod o'r blaen. Siaradai'r pâr drwy'r amser yn eu hiaith fabanaidd. Roedd eu croeso'n rhy dwymgalon, bron, yn llethol o drioglaidd.

"Beth am eu rhoi yn y stafell fawr 'ma?" meddai'r mamoth o ddyn yn ei lais crwtyn bach, a'i bawen o law ar fwlyn un o'r drysau.

"Na, na," sgrechiodd y fenyw. "Un stafell sengl, Tada Pwdin Mawr."

"Ond beth am y lodes fach ifanc 'ma?" gofynnodd gan gyfeirio at Alys a deimlai'n ddig at y disgrifiad ohoni ac yn annifyr hefyd; aeth yn groen gŵydd i gyd, 'lodes ifanc', wir! Roedd rhywbeth sacarinaidd ac ymgreinllyd ynglŷn â lledneisrwydd y ddau.

"Dyma ni," meddai'r dyn mawr gan droi ar ei sawdl at ddrws arall, "stafell sengl i un."

Llwm oedd y lle, a dweud y lleiaf. Rhacs o lenni pygddu (byddai mam Alys wedi cael apoplecsi), waliau llaith, arogl llychlyd, awyrgylch prycoplyd. Y papur ar y waliau yn glytwaith o staeniau; mwsog, hen baent craciedig, darnau o'r papur yn hongian yn llipa – a sŵn llygod yn crafu y tu ôl i'r waliau. Edrychai'r gwely cul yn afiach.

"Gwnaiff hon y tro am heno," meddai Maldwyn gan daflu'i fag ar y gwely, "fe gymera i hi."

Wel, roedd Alys yn falch nad hyhi oedd yn gorfod aros yno am eiliad arall. O'i chymharu â hon roedd ei stafell hi yn nhŷ Mrs Brittle yn foethus fel palas.

Safai'r gŵr a'r wraig yn nrws y stafell yn ddisgwylgar. Y dyn mawr tal y tu ôl i'r fenyw fer – prin yr oedd ei gwallt melyn hi yn cyrraedd ei wasg ef.

"Awn ni lawr staer i 'neud dysgled o de i chi'ch dou," meddai hi.

"Na," meddai Alys, "dim diolch. Dw i'n gorfod mynd."

"Dim trafferth," meddai hi yn ei llais llygoden.

"Na, wir, dw i ddim eisiau te," meddai Alys yn bendant; roedd y ddau yn dechrau mynd ar ei nerfau.

"Gwydryn bach o sieri?" gofynnodd y cawr.

"Dim byd," meddai Alys.

"Dim i mi chwaith," meddai Maldwyn.

Aeth y ddau i ffwrdd yn llechwraidd a siomedig. Roedd yna saib annifyr ar ôl iddyn nhw fynd. Teimlai Alys yn chwithig ac yn flinedig. Chwiliodd y dyn am eiriau i lenwi'r bwlch o ddistawrwydd annifyr rhyngddynt.

"Ydw i wedi 'y nghyflwyno fy hunan?" gofynnodd Maldwyn, "dw i ddim yn cofio, nawr. F'enw…" Oedodd. Ofnai Alys ei fod wedi anghofio'i enw'i hun.

"Morus," meddai, "Morus yw'r enw."

Saib anghyfforddus arall. Roedd Alys yn prysur golli'i hamynedd. Hwyrach mai Mr Jones oedd yn iawn ac mai meddwyn oedd hwn wedi'r cyfan, heb ddim byd mawr o'i le arno mewn gwirionedd.

"Mae'n flin gen i," meddai, "ond rhaid i mi fynd nawr." Roedd hi'n benderfynol y tro hwn.

"Na, Alys, aros am ychydig, plis, dw i'n erfyn arnat ti."

"Alla i ddim. Dw i wedi gaddo cwrdd â'm cariad."

"Mae hyn yn bwysig, Alys. Paid â 'ngadael i ar 'y mhen fy hun eto." Roedd y taerineb yn ei lais yn ei dychryn. Roedd e wedi mynd dros ben llestri, doedd e ddim wedi bwriadu'i brawychu.

"Mae'n flin gen i, ond alla i ddim aros." Yna ychwanegodd beth gwirion. "Mi wna i alw yma i weld sut 'ych chi 'fory."

Ymbiliodd arni hi â'i lygaid. Ond doedd ganddi ddim dewis ond ei adael. Roedd y stafell yn troi arni, yn ei mygu a'i thagu; rhaid oedd iddi ddianc.

"Hwyl, Morus," meddai gan droi ar ei sawdl. Pan gyrhaeddodd waelod y grisiau roedd y pâr rhyfedd yn sefyll yno yn ei disgwyl. Y dyn y tu ôl i'r fenyw. Syllent arni.

"Bydda i'n galw i'w weld e 'fory," meddai Alys wrthyn nhw. Doedd dim ymateb. Dododd y dyn ei law chwith ar ysgwydd ei wraig. Seriwyd y llun ohonynt yn sefyll fel'na ar ei chof.

Aeth yn syth o'r tŷ i'r prom er mwyn drachtio awyr iach y môr.

pennod 12

"DW I WEDI FFONIO a ffonio," meddai Heulwen.

"Wel, dydw i ddim yn gwybod beth i'w wneud," meddai Dedwydd Roberts gan rwbio'i llygaid cochion, blinedig ac yna wthio'i bysedd trwy'i pherth o wallt brith.

"Treia i eto," meddai Heulwen.

"Beth ydi'r *point*? Dydi o ddim blydi yno ac mae cyfarfod adran efo ni'r prynhawn 'ma, papurau arholiadau i'w gosod, cyrsiau a *modules* a darlithiau i'w trefnu, blydi stiwdents yn dod yn ôl ac un o'n darlithwyr hŷn wedi mynd AWOL."

"Beth am ei wraig?" gofynnodd Norman Prosser.

"Dyna syniad da, Norman," meddai Dedwydd yn wawd sarcastig i gyd; roedd hi'n ffyrnig, a'i hwyneb yn wyn, a'i gwefusau yn las. "Diolch am y cyfraniad gwerthfawr 'na. Mae'n hawdd gweld sut cest ti dy P blydi H blydi D. Rydyn ni wedi bod yn ffonio tŷ Maldwyn Lewis ers hanner awr a methu cael ateb. Ble mae gwraig Maldwyn yn byw, Norman? Wel, efo fo, wrth gwrs. Ac os nad oes ateb ganddo fo does dim ateb ganddi hi, nac oes?"

"Beth am i mi yrru allan i'w tŷ i alw arnyn nhw?" gofynnodd Juno Hardacre.

"Diolch, Juno – o'r diwedd, o'r diwedd, syniad call."

"Peth lleia' y gallwn i ei wneud. Dw i'n pasio'r tŷ ar fy ffordd adre bob dydd."

"Pe buasech chi mor garedig â gwneud hynny, Juno, buaswn i'n dra diolchgar, yn wir i chi. Rŵan, rydw i'n mynd i fyny i'm stafell gan fod pentwr *enormous* o bapurau ar 'y nesg i yn sgrechian am sylw. Peth felly ydi bod yn bennaeth adran rŵan, *paperwork* i gyd."

" 'Sdim eisia' iddi weiddi arna i fel'na," meddai Heulwen ar ôl i Dedwydd gau'r drws yn glep ar ei hôl, "neu bydda i'n mynd fel Maldwyn Lewis hefyd."

"Be chi'n 'feddwl sy wedi digwydd iddyn nhw?" gofynnodd Norman.

"Dyledion," meddai Heulwen gan guro allweddell ei phrosesydd geiriau yn sbeitlyd. "Tŷ mawr, dau gar – un newydd sbon hefyd. A'r holl gathod roedd meiledi yn eu cadw mewn byngalos bach â gwres canolog yn yr ardd, os gwelwch yn dda."

"Mae'r rheina wedi mynd," meddai Juno.

"Be chi'n 'feddwl 'wedi mynd'?" gofynnodd Norman.

"Y cytiau crand 'na yn yr ardd, ac am wn i, y cathod delicet oedd yn arfer byw ynddyn nhw hefyd. Gwpwl o wythnosau'n ôl."

"Dw i ddim yn synnu," meddai Heulwen. "Fyddai ledi Antonia ddim yn mynd heb ei chathod Persiaidd gwerthfawr, na fyddai hi?"

"Braidd yn anodd 'neud *moonlight flit* â dau gartref cathod ar eich cefn, ontefe?" meddai Norman.

"A' i yno heno i fusnesa," meddai Juno, "ffureta o gwmpas. Dw i'n eitha' edrych ymlaen at hynny. Be 'swn i'n edrych trwy'r ffenestri Ffrengig ac yn gweld y ddau mewn pwll o waed?" Chwarddodd yn wirion yn ei ffordd arferol. Syllodd y lleill arno'n syn.

"Ych-a-fi," meddai Norman, "mae dy ddychymyg di'n afiach, a'th hiwmor. Os wyt ti'n galw peth fel'na'n hiwmor."

"Os bydd ei mawrhydi, Dedwydd Roberts, yn gweiddi arna i unwaith eto heddiw," meddai Heulwen, "bydd hithau'n gorwedd mewn pwll o waed ar lawr yr Adran 'ma."

pennod 13

ROEDD ALYS yn edrych ar y cardiau hysbysebu swyddi yn y ganolfan waith. Doedd dim byd yn apelio ati. Ei hunig ddymuniad erbyn hyn oedd mynd yn ôl i'r ddinas at ei mam a'i thad ac ailafael yn ei gwaith ymchwil ar gyfer ei thraethawd M.Phil. Ond ni allai ddychwelyd heb Patric. Ym mêr ei hesgyrn teimlai ei fod yn Aberdyddgu o hyd, er bod ei hargyhoeddiad yn dechrau gwanychu. Wedi'r cyfan, tref fach oedd Aberdyddgu, er gwaethaf yr holl ymwelwyr, ac o fewn dim o dro ar ôl iddi fod yno am dipyn teimlasai fel petai'n nabod pawb oedd yn byw yno – o ran golwg, hyd yn oed os nad i siarad â nhw. Yn fuan daethai'n gyfarwydd â'r holl wynebau. Roedd hi fel byw mewn bowlen pysgod aur – troi a throi yn yr un hen gylchoedd, gweld yr un hen wynebau, yr un hen lefydd. Ar un adeg, yn yr oesoedd canol, mae'n debyg, amgylchynid y dref gan fur caer, ac er bod yr hen wal wedi diflannu ganrifoedd yn ôl roedd hi'n dal i sefyll yn y meddwl, ym meddwl cymunedol y dref, yn ei seicoleg hi, ac yn ei hamgylchynu o hyd. Yn wir nid oedd y dref wedi tyfu'n bell y tu allan i ffiniau'r hen fur diflanedig. Felly, os oedd Patric yn byw yno yn rhywle oni fyddai hi'n siŵr o fod wedi'i weld e erbyn hyn?

Gosodwyd rhai o'r cardiau yn rhy uchel. Roedd hi'n gorfod sefyll ar flaenau'i thraed, estyn ei gwddw i'r eithaf – on'd oedd hyn yn dangos rhagfarn yn erbyn pawb oedd dan bum troedfedd a thair modfedd? Beth am waith yn un o'r archfarchnadoedd newydd? Neu y tu ôl i far mewn gwesty? Nid yn unig roedd y cardiau uchaf yn gwahaniaethu'n erbyn y rhai byr o gorff ond hefyd yn erbyn y rhai byr eu golwg a pherthynai Alys i'r ddau ddosbarth.

Teimlai beth gwlyb a thwym yn ei llaw! Ci oedd e. Ci cyfarwydd iawn yn llyfu'i bysedd. Roedd hi'n ei adnabod yn syth. Yr un un ag yn y llun a brynasai y diwrnod o'r blaen. Plygodd Alys i'w fwytho. Os nad yr un un ci yna un hynod o debyg oedd hwn. Llyfodd ei gruddiau hi a'i thrwyn.

"Jaco, paid," meddai'r dyn ifanc oedd yn dal tennyn y ci.

"Mae'n iawn," meddai Alys, "dw i'n dwlu ar gŵn."

"Iawn, ond mae Jaco yn mynd yn rhy bell, weithiau," meddai'r dieithryn oedd yn enghraifft berffaith o'r dieithryn nad oedd yn ddieithr o gwbl i Alys, oherwydd yn ei chylch caeedig yn Aberdyddgu fe'i gwelsai ef a menyw drawiadol a chanddi fwng o wallt hir brith yn canu yn y dref sawl gwaith.

"Iefe'r ci hwn sydd yn y lluniau yn yr arlundy ar y prom?"

"Ie," atebodd y llanc gan wenu'n falch.

"Chi beintiodd e?"

"Nage. Ffrind imi."

"Dw i wedi prynu llun ohonot ti, Jaco," meddai Alys gan gosi'i glust frown.

Yn sydyn ac ar yr un pryd yn union, gwridodd Alys ac aeth gruddiau mefus-a-hufen y bachgen yn hollol goch wrth i'r ddau gofio'r llun arall yn yr oriel, y llun ohono fe. Pasiodd yr eiliad.

"Mae'ch ffrind yn dipyn o artist," meddai Alys, "hynny yw, yn artist da."

"Liciet ti gwrdd â hi?"

"O, liciwn, yn fawr iawn," meddai Alys gan gymryd y bawen a gynigwyd iddi gan Jaco.

"Mae'n aros amdanon ni yn Caffe Jones."

"Na," meddai Alys yn chwithig. "Dyna pam dw i wedi dod i'r lle 'ma heddi; ges i'r sac gan Jones y diwrnod o'r blaen."

" 'Sdim ots," meddai'r llanc, "af i i alw am Tanwen ac awn ni i rywle arall. Dw i'n eitha' siŵr y bydd Tanwen yn falch o gyfarfod â'r person cyntaf yn Aberdyddgu i brynu un o'i lluniau."

Hoffodd Alys Tanwen yn syth. Teimlai'i bod hi ar yr un donfedd â hi y funud y'i gwelodd. Synhwyrai fod Tanwen yn ei licio hi hefyd a theimlai'n gyfforddus yn ei chwmni. Nid oedd Alys wedi profi peth tebyg gyda neb arall o'r blaen ac eithrio Patric. Roedden nhw fel hen ffrindiau. Hwyrach eu bod nhw i gyd wedi nabod ei gilydd mewn bywyd cynt. Trueni nad oedd Patric yno i gwrdd â hi hefyd.

"R'yn ni'n byw yn Llanhowys," meddai Tanwen, "mewn bwthyn bach. Mae'n hyfryd ond mae'r landledi'n bygwth ein symud – fi a Camel – o'na o hyd."

"Mae Tanwen yn chwilio am le arall yn yr un pentre'," meddai fe.

"Dw i wedi edrych ar un lle. Tŷ sylweddol, tân agored, pedair stafell wely. Digon o le i dri neu bedwar. Ond mae'r rhent yn rhy uchel i ddau – un ar y dôl, un yn artist tlawd a chi barus."

Edrychodd Jaco ar Alys â'i lygaid ymbilgar – llygaid y llun – fel petai'n tanlinellu awgrym dymunol Tanwen. Roedden nhw'n deall ei gilydd. Gwych o beth fyddai byw gyda'i gilydd.

"Dw i ddim yn siŵr 'mod i'n mynd i aros yn y cylch hwn," meddai Alys, "dw i i fod i fynd yn ôl i gwpla 'y ngwaith ymchwil ar hanes menywod y Cymoedd. Dod yma i chwilio am…"

Ac yna adroddodd Alys holl hanes a dirgelwch diflaniad Patric a rhannu am y tro cyntaf ei gofid, a baich ei hunigrwydd. Pan ddaeth y dagrau i ymylon ei hamrannau estynnodd Tanwen ei llaw dros y ford a gafael yn dynn yn ei dwylo.

"Dw i ddim yn licio'r llety sy 'da fi ar hyn o bryd," meddai Alys, "roedd y landledi yn gas iawn pan welodd hi fi'n cario'r llun a phot o eirlysiau lan y grisiau. 'Dim hoelion yn 'y muriau i,' meddai hi gan bwyntio at y llun, 'a dim planhigion chwaith'. 'Pam dim planhigion?' gofynnais i. 'Clêr,' meddai hi. 'Does dim llawer o glêr ym mis Ionawr, Mrs Brittle,' meddwn i a mynd lan y grisiau."

"Paid â sôn wrthon ni am landledis," meddai Tanwen, "maen nhw'n frid ar wahân, on'd 'yn nhw?"

Rhwygodd Tanwen *serviette* bapur ac enw'r caffe arni ('Eluned's') a rhoi'r naill ddarn i Alys; ar y llall sgrifennodd mewn beiro gwyrdd ei henw a'i chyfeiriad.

"Sgrifenna dy gyfeiriad ar hwnna. Rhaid inni gadw mewn cysylltiad. Meddylia am y syniad o symud gyda ni," meddai Tanwen.

"Mi wna i," meddai Alys.

"Rhyfedd ein bod ni'n dwy yn dod o Gaerefydd ac heb gwrdd o gwbl."

"Mae'r ddinas yn fawr. Gwahanol i Aberdyddgu lle mae rhywun yn baglu dros yr un bobl o hyd."

"Beth am inni gwrdd yma 'fory, tua'r un amser?" meddai Tanwen.

pennod 14

ROEDD TONI yn edrych trwy'r ffenestri Ffrengig ar *patio*'i chwaer ac yn yfed coffi pan ganodd y ffôn. Ei chwaer a'i hatebodd; wedi'r cyfan, nid ei thŷ hi oedd hwn, nid ei chartref hi. Roedd hi'n meddwl prynu cartref newydd yn ymyl ei chwaer – bu'r ddwy yn edrych ar dai yn y cylch – un gyda gardd fawr, *patio*, tŷ gwydr, 'stafell fore'. Hoffai'r syniad o gael stafell fore fel yr un oedd gan Elissa, ei chwaer.

"It's for you, my dear," gwaeddodd Elissa arni.

O'r diwedd, meddyliodd Toni, mae'r hen ddiawl wedi ildio ac wedi syrthio ar ei fai.

"Hylô, Mrs Lewis? *Professor* Dedwydd Roberts sydd yma, o'r Adran Astudiaethau Celtaidd."

Roedd hi'n nabod y llais ac yn ei meddwl gallai Toni weld y gwallt blêr, y llygaid llipa, blinedig, yr ewinedd wedi'u cnoi reit lawr i'r bonion.

"Ie'r?" meddai, a'i Chymraeg yn dod yn ôl iddi yn ansicr ac yn araf.

"Rŵan, Mrs Lewis, dw i'n gwbod eich bod chi'n dysgu Cymraeg – a fasa'n haws i chi 'taswn i'n siarad Saesneg? 'Di o ddim yn gneud dim gwahaniaeth i mi."

"Na," atebodd Toni yn syth, wedi'i brifo. Credai'r ysgolheigion Cymraeg hyn ei bod hi'n dwp, ond doedd hi ddim yn barod i roi'r pleser i Dedwydd Roberts o ildio iddi. "Cymraeg, siarad Cymraeg."

"Olreit 'te. Wel, mae'n anodd iawn, Mrs Lewis. Mae Juno, Dr Juno Hardacre, wedi bod i'ch tŷ ac wedi siarad ag un o'ch cymdogion – oddi wrthi hi y cafodd y rhif ffôn 'ma, gyda llaw – ond y broblem yw heb hel dail…"

"Beth yw'r broblem?" gofynnodd Toni yn ddiamynedd; roedd y fenyw yn mynd ar ei nerfau. Ble'r oedd Maldwyn?

"Y broblem yw, dydyn ni ddim wedi gweld eich gŵr. Mae'r tymor wedi dechrau a buaswn i'n dra diolchgar petasech chi'n gofyn iddo'n ffonio. Mae'n *panic stations* 'ma hebddo fe."

" 'Dyw e ddim yna? Ble mae ef?"

"Wel, meddwl y buasech chi'n gallu deud wrthon ni roeddwn i, Mrs Lewis. Dyna pam dw i'n ffonio."

"Wel, dydw i ddim gwybod," meddai Toni.

Bu tawelwch wrth i'r ddwy fenyw ar y naill ben a'r llall i'r llinell ffôn geisio amgyffred y sefyllfa a'i dadansoddi o'u dau safbwynt gwahanol.

"Be wnawn ni, *do you suggest*?" gofynnodd Dedwydd yn y diwedd.

"Ffoniwch yr heddlu," meddai Toni.

Dim ond ar ôl iddi roi'r ffôn i lawr y gwylltiodd Toni. Gwyddai fod Maldwyn mewn rhyw bicil a'i fod e wedi ceisio rhedeg i ffwrdd a'i gadael hi heb geiniog i'w henw. Y bastad! Ond roedd yr heddlu yn siŵr o'i ddal e. Roedd e'n rhy dew a hen ac yn rhy dwp i fynd yn bell iawn.

pennod 15

O'R DIWEDD, roedd ei byd mewn bocsys, y cyfan ohono, fwy neu lai, a hynny ar ôl oriau ac oriau o bacio. Wnaethon nhw ddim pacio dim neithiwr. Roedd hi'n well gan Tanwen aros tan y funud olaf a phacio popeth y bore hwnnw. Roedden nhw'n mynd i symud o'r bwthyn i'r tŷ newydd, sef 'Tŷ Newydd' yn y pentref. Afraid dweud nad oedd dim digon o focsys ac y bu rhaid iddi fynd i siop Inchling a mynd i lawr ar ei phennau gliniau gan ymgreinio a begera am y bocsys gweigion y byddai fe wedi'u taflu gyda'r sbwriel fel arall.

"Oh, well, I s'pose I could spare you a few," meddai o'r diwedd. Diolch yn fawr, Mr Inchling, oddi wrth un o'ch cwsmeriaid gorau, un sy'n dibynnu ar eich siop yn fwy na'r rhan fwyaf o bobl Volvoëdig y pentre' 'ma am nad oes ganddi gar o fath yn y byd i bicio i mewn i Aberdyddgu bob whip stitsh; chi'n hael iawn, Mr Inchling, wrth un sy'n gorfod defnyddio'ch siop *shit* chi achos nad oes dim un arall yn y pentre', diolch o waelod calon, byddwn ni'n ddiolchgar i chi am weddill ein hoes hyd dragwyddoldeb oes oesoedd amen. Go brin.

Rhoes Tanwen y dillad i gyd, dwmbwldambal, mewn bagiau sbwriel du. Lapiodd Camel y crochenwaith a'r llestri mewn digon o bapur newydd a'u gwlychu.

"Pam ti'n 'neud 'na?" gofynnodd Tanwen

"Mae'r papur yn sychu o gwmpas siâp y llestri," meddai Camel. "Safio nhw rhag cracio."

"Ti'n llawn syniadau," meddai Tanwen.

Rhedai Jaco rhwng y bocsys, a'i gynffon yn chwifio fel gwyntyll. Yn amlwg roedd yntau'n synhwyro cyffro'r mudo.

"Meddylia," meddai Tanwen am y canfed tro. "Tŷ bach y tu mewn, stafell i bawb a gwres ym mhob stafell, gwydrau dwbl – dim rhagor o ddrafftiau a lleithder; stafell arbennig i mi gael gweithio ynddi, gardd ddeche – a ffrind newydd."

"Cofia, fi 'nath ei ffindio hi."

"Jaco ffindiodd hi, ac un o'm lluniau i," meddai hi gan dynnu'r ci ati a chwarae gyda'i drwyn.

"Sut bydd hi'n dod â'i phethau 'ma?" gofynnodd Camel.

"Digon hawdd," meddai Tanwen. "Tacsi. Ond r'yn ni'n gorfod cario'r holl focsys 'ma fesul un i'r pentre', felly, man a man inni ddechrau. Mae'n mynd i'n lladd ni erbyn y diwedd, neu cyn hynny efallai."

"Dydyn nhw ddim yn drwm a 'dyw hi ddim yn rhy bell."

"Tr'eni bod Jaco 'ma ddim yn hysci go-iawn a bod dim sled 'da ni. Mae digon o eira ar y llawr o hyd."

Edrychodd Tanwen o'i chwmpas unwaith eto i wneud yn siŵr nad oedd dim byd ar ôl. Ond gwyddai o brofiad y byddai'n colli rhywbeth. Un o reolau bywyd yw fod pob symud cartref yn hawlio'i golledion ei hun. Ond ni welir y golled tan ar ôl symud.

Gwag oedd y bwthyn a'r waliau wedi'u dinoethi. Ar wahân i ynys o barseli a sachau yng nghanol y gegin a'r celfi plaen, roedd y tŷ yn glir. Edrychai'r stafelloedd yn fwy ac atseiniai'u lleisiau a'u symudiadau yn erbyn y muriau gweili.

"Un mygyn ola' cyn dechrau?" awgrymodd Camel.

"Syniad braf."

Roedd y ddau yn eistedd ar lawr y gegin foel yn smygu pan redodd Jaco allan drwy'r drws cefn gan gyfarth yn wyllt.

"O, na," cwynodd Tanwen, "paid â dweud bod Mrs Turvey wedi galw i 'neud yn siŵr ein bod ni'n mynd."

"Na, fyddai hi ddim yn dod trwy'r ardd gefn, na fyddai?"

Cododd Camel a mynd i edrych.

"Tanwen! Dere glou!"

Gwelodd hithau'r ferch yn sefyll yn yr ardd yn syllu arnynt.

Yna, rhedodd a mynd trwy dwll yn ffens yr ardd.

" 'Na'r ferch welais i o'r blaen," meddai Camel.

"Dere, awn ni ar ei hôl hi."

"Pam? Merch o'r pentre' yw hi."

"Na. Dw i'n nabod plant y pentre'. Dere!"

Gwasgodd y ddau drwy'r ffens. Er bod y groten wedi diflannu roedd olion ei thraed i'w gweld yng ngweddillion yr eira ar ymyl y llwybr. Ond ychydig yn nes ymlaen doedd dim rhagor o eira a dim olion. Rhedodd Jaco o'u blaenau.

"Gwedais i fod Jaco yn gallu codi trywydd, on'd do?"

Fe'u harweiniwyd gan y ci, ac yntau wedi'i gynhyrfu, i gyfeiriad y goedwig.

"Iawn," meddai Tanwen, "galwa fe'n ôl."

"Pam? R'yn ni ar ei thrywydd hi."

" 'Sdim eisia' mynd ymhellach. Dw i'n gwbod ble mae'r llwybr 'na'n mynd."

Cerddodd y ddau a'r ci siomedig yn ôl i'r bwthyn gan lusgo'u traed.

"Pwy yw hi?" gofynnodd Camel. "Wyt ti'n gwbod rhywbeth amdani hi?"

"Dw i ddim yn siŵr. Gawn ni weld."

Edrychai'r cruglwyth o'u heiddo yng nghanol llawr y gegin fel Pumlumon.

"O wel, 'Un bocs ar y tro fy Iesu'," canodd Tanwen, hen jôc ei thad, gan godi'r un â'r geiriau *'Pampers Disposable Nappies'* ar draws ei ochrau a'i gludo trwy'r drws ffrynt.

Cerddent fel mulod trwmlwythog drwy'r pentref i Dŷ Newydd dan chwysu a chwythu er gwaethaf yr oerni, a cherdded yn ôl eto i'r bwthyn yn ysgafn a blinedig. Roedd Jaco yn llawen a rhedai o gwmpas eu coesau i'r naill gyfeiriad a'r llall.

Wrth iddynt gludo'r parseli olaf (ar ôl ffarwelio â'r hen fwthyn bach) tuag at eu cartref newydd, roedd eu breichiau yn brifo a'u coesau yn drwm a llesg.

"Dyna'r cyfan," meddai Tanwen ar y ffordd. " 'Taswn i'n gorfod cario dim ond un bocs arall, dim ond un sach, byddwn i'n marw, fyddwn i ddim yn gallu 'neud e."

"Anghofiais i ddweud," meddai Camel. "Rhaid inni fynd 'nôl am ddwy sach arall yn y tŷ bach yn y cefn."

"Dw i'n rhy flinedig i dy gicio di," meddai Tanwen.

Ac yna, wrth ddrws Tŷ Newydd, i'w croesawu, roedd Alys.

"Chi'n edrych fel dwy hen falwoden," meddai.

"Dw i'n teimlo fel malwoden 'da'r cricymalau â phelen o blwm wedi'i chlymu wrth ei chwt," meddai Tanwen.

"Dw i wedi berwi'r tegell ac yn coginio *risotto* llysieuol i ni'n tri."

"Alys," meddai Camel, "ti'n angel."

Cafwyd y swper wrth olau cannwyll – nid er mwyn yr awyrgylch ond oherwydd nad oedd bylbiau trydan yn y lle newydd ac yr anghofiwyd tynnu'r rhai oedd yn y goleuadau yn y bwthyn cyn ei adael. Ond roedd Alys wedi meddwl am bopeth. Daethai â photel o win a theisen gaws felys â mwyar duon ar ei phen i ddathlu'r symud.

"Rhaid inni dannu'r gwelyau," meddai Camel, wrth iddynt orffen y wledd fechan gyda choffi.

"Cewch chi'ch dau wneud hynny," datganodd Tanwen, "dw i'n mynd i feddiannu'r stafell ymolchi a gorwedd mewn dŵr poeth am awr i leddfu 'nghorff."

Pan aeth Alys i'w gwely y noson honno dododd ei llaw o dan y gobennydd a theimlo oerni glân y gynfasen. Teimlad hyfryd. Wrth iddi fynd i gysgu meddyliodd am ei chartref newydd, am ei chyfeillion newydd ac am y dechrau newydd oedd yn ymagor o'i blaen.

pennod 16

GWELSAI TANWEN yn y stryd. Do, fe'i gwelsai. Ac eto ni allai fod yn hollol siŵr. Oedd ei feddwl yn chwarae triciau arno fe? Beth am y ferch ar yr heol? Gwelodd Hedd Wynne honno, on'd do? Neu ai dychymygu bod Hedd Wynne wedi'i gweld hi a wnaeth e? Hwyrach ei fod e wedi dychmygu Hedd Wynne hyd yn oed. Doedd dim modd iddo wybod beth oedd yn wir neu beidio pe collasai'i bwyll.

Eisteddodd ar y gwely gan grafu'i ben a rhwbio'i lygaid. Nid oedd yn siŵr a fu'n breuddwydio neu beidio. Oedd e wedi cysgu trwy'r nos neu wedi cael cyntun bach ar y gwely? Doedd e ddim yn nabod y stafell. Faint o'r gloch oedd hi? Pa ddydd o'r wythnos? Ble'r oedd e? Rhwbiodd ei lygaid eto a gweld y ferch ar yr heol, Lois, Erfyl, Bopa Olwen, y ferch ar yr heol, Tanwen, Lois, Toni, Eleri. Ei fywyd yn fflachio o flaen ei lygaid, yn ei ailweindio'i hun dro ar ôl tro. Dyn yn boddi oedd e, wedi'r cyfan, a'i ben yn dod lan o'r dŵr cyn suddo eto, a'r lluniau o'i fywyd yn dychwelyd i'w boenydio.

Rhaid i ti godi o'r gwely. Sefyll ar dy draed, Maldwyn Taflun – na Morus. Ond Morus be? Morus pwy? Pam Morus? O ble y daethai'r enw 'na? Rhaid i ti sefyll a mynd am dro, awyr iach, rhywbeth i'w yfed.

Ond cwympodd yn ôl ar y gwely mewn gwendid a gorwedd yno gan edrych ar y nenfwd uwch ei ben. Melyn, craciau, gwe corynnod. Ble'r oedd e? Gwyddai ei fod yn rhedeg o rywle i rywle arall. Oddi wrth bwy? I ble? Teimlai'i hun yn dost iawn. Daeth y ferch ar yr heol yn ôl i sefyll o flaen ei lygaid eto; mor glir oedd hi. Cododd o'r tarmac a sefyll o flaen ei lygaid. Y ffrog, y tedi, y gwallt hir, a'r nos yn gefndir iddi.

Cododd ei ben ac edrych o gwmpas y stafell. Ble'r oedd e? Dim ots.

Teimlai'n rhy dost i boeni. Roedd ei ben yn curo fel petai'n mynd i ffrwydro. Ar draws ei frest teimlai wrymiau o boen. Âi pangfeydd drwy'i fraich chwith, poen fel y ddannoedd. 'Tasai fe ond yn gallu cysgu dro. Ond roedd e'n ofni cwsg, ofni gweld wyneb y ferch 'na eto. Caeodd ei lygaid. Tywyllwch y nos, sŵn Frank Sinatra yn canu, a'r heol o'i flaen fel twnnel hir. Arnofiai mewn gwacter. Yn y car gyda fe'r oedd Lois, Toni, Tanwen, Erfyl, Bopa Olwen, Eleri, Hedd ac Ellis Wynne, Dave ac Anna, a phawb yn cydadrodd ar lwyfan yr Urdd 'Watsiwch yr heol, Mal! Watsiwch yr heol, Mal! Watsiwch yr heol!' A dyna lle'r oedd hi eto, nid un ohoni a'i thedi yn ei breichiau yn sefyll yng ngolau'r car eithr cannoedd ar gannoedd ohoni yn sefyll fel sgitls mewn triongl anferth a'r car yn powlio trwyddynt a phob un ohonynt yn gollwng sgrech annaearol, a phawb yn y car yn chwerthin yn sbeitlyd ac yn crawcian fel fwlturiaid ac yn cydadrodd 'Watsiwch yr heol, Mal!'

"Na! Na!" gwaeddodd Maldwyn, "Dw i'n mynd tua thre!"

"Syr? Syr? 'Ych chi'n olreit, syr?"

Pwy oedd y bobl hyn, ble'r oedd e?

"Chi'n edrych yn dost iawn, syr. On'd yw e, Mama Losin?"

"Ydi, Tada Pwdin Mawr. Mae'n disgwyl yn llwyd ac mae'n whysu'n botsh."

"Diferyn o ddŵr, syr?"

"Dw i'n dost," meddai Maldwyn, "wnewch chi alw'r doctor? Poen ofnadwy yn 'y mraich."

" 'Sdim eisia' galw'r doctor, nac oes, Mama Losin?"

"Nac oes. Waeth ma' ffisig 'da ni."

"Wnewch chi ffonio'r ferch 'na oedd 'da fi y bore 'ma?"

"Honno oedd i fod i alw amdanoch chi? Pryd oedd hi nawr? Ddoe? Echdoe? Ond ddaeth hi ddim, naddo, Mama Losin?"

"Na ddaeth hi ddim, eich 'nith'. Wedi anghofio amdanoch chi, mae'n amlwg, 'Wncwl'." Chwarddodd y ddau; roedd y ddau yn chwerthin am ei ben ac yntau'n ddifrifol wael.

"Rhaid imi gael doctor, o ddifri," meddai Maldwyn. "Dw i'n credu 'mod i'n cael *heart attack*."

" 'Smo fe'n mo'yn ein ffisig ni, Mama Losin."

"Creadur anniolchgar."

Safodd y ddau wrth erchwyn y gwely, a'r dyn mawr a'i fraich am ysgwydd y fenyw fach. Roedden nhw'n ei wylio fe. Dim smic o wên ar eu hwynebau nawr.

pennod 17

DW I WEDI FFONIO'R HEDDLU. Darllen y *Western Mail* o'n i –
cwilydd 'da fi gyfadde – rhywun wedi'i adael yn y cab. O'dd
e'n llawn celwyddau a phethau gwrth-Gymraeg, fel arfer, wrth
gwrs. Y bastad o gyn-Sosialydd, aelod seneddol Ponty, yn
dweud pethau hiliol am y Cymry eto – a neb yn codi llais yn
ei erbyn. Y gath dew 'na yn y BBC yn ceisio dileu pob defnydd
o'r Gymraeg. Y Dr Dahmer 'na sy'n ddarlithydd ar Hanes
Cymru yn wfftio'r Cymry fel lleiafrif dibwys – mae e'n hiliol,
does dim dwywaith am hynny. Ffasgiaid 'yn nhw. Ta beth, er
'mod i'n berwi gan ddicter ar ôl darllen geiriau'r
Xenophobiaid brodorol 'na, 'nes i anghofio'n syth amdanyn
nhw pan welais i bwtyn bach yng nwaelod cornel un o'r
tudalennau yng nghanol y papur. *'Police Search for Missing
Lecturer'*. Maldwyn Taflun Lewis oedd e. Ei wraig wedi mynd
i Gaerfaddon a ddim yn gwbod dim o'i hanes. 'Na i chi beth
rhyfedd nawr. Ei gydweithwyr yn yr Adran Astudiaethau
Celtaidd yn gofidio amdano a neb wedi'i weld e ers
wythnosau. Wel, o'n i'n gwbod ble'r oedd e'n syth on'd o'n i?
Wedi rhoi lifft iddo fe a'r ferch 'na y diwrnod o'r blaen. O'n i
ar y ffordd i ffonio'r heddlu a dyma Hedd 'y mrawd yn dod
ata i, yn gyffro i gyd. "Ti wedi gweld y papur," medde fe a
dangos yr un erthygl i mi. "Be ti'n gwbod amdano?" "Rhois i
lifft iddo yn y lori o Gaerefydd i'r dref 'ma y diwrnod o'r
blaen." Wel, pan wedodd e pa ddiwrnod oedd hyn o'n i'n
methu credu'r peth nac yn gallu 'neud synnwyr ohono i
ddechre – yr un diwrnod! Y ddou ohonon ni wedi rhoi lifft
iddo. Y fe yn y bore bach a finnau yn ddiweddarach. "O'n i'n
meddwl 'mod i'n ei nabod e," meddai Hedd, "ond allwn i

262

ddim bod yn siŵr. O'dd e wedi altro cymaint. Wedi'i weld e ar y teledu ac mewn eisteddfodau sawl gwaith. Ond oedd e'n gwadu'r peth." " 'Sdim dewis 'da ni," meddwn i, "rhaid inni ffonio'r polîs nawr." "Be ti'n 'feddwl sydd wedi digwydd iddo fe?" gofynnodd Hedd. "Wedi colli'i bwyll ma' fe," meddwn i, "wa'th oedd e'n edrych yn dost, ac wedi heneiddio'n ddychrynllyd. Y farf wen 'na. Ond 'smo fe mor hen â 'ny, 'smo fe wedi ymddeol 'to." "Well inni beidio," medde Hedd. "Be ti'n 'feddwl 'Well inni beidio'?" "Rhag ofn inni fod yn *involved*." "Paid â bod yn dwp, ti'n dechre swnio fel 'Nhad," meddwn i. Mae Hedd yn ei ffansïo'i hun fel tipyn o fardd, tipyn o freuddwydiwr yw e. "W i'n un o'i hen fyfyrwyr, w!" meddwn i (nid 'mod i eisia' atgoffa Hedd eto 'mod i wedi bod i'r coleg ac yntau ddim – peth sy'n ei boeni o hyd, sa i'n gwbod pam). "W i'n hen fyfyriwr iddo ac o'dd e ddim yn 'y nabod i! Mae rhywbeth yn bod arno fe." "Pam 'nei di ddim galw yn y tŷ 'na i'w weld e dy hun, yn lle galw'r heddlu?" O'dd pwynt 'da fe m'yna, pwynt da, rhaid imi gyfadde. Cymerais gwpwl o funudau i feddwl dros y peth, yna gwedais i "Na, w i'n mynd i ffonio'r heddlu. Byddan nhw'n gwbod beth i'w 'neud. Nace fi yw'r un i ddelio 'da dyn tost. Ta beth, maen nhw'n chwilio amdano fe, on'd 'yn nhw?" Felly, ffoniais yr heddlu a gweud bod 'y mrawd wedi dod â Dr Lewis yn ei lori i Aberdyddgu, a finnau, yn nes ymlaen yr un diwrnod, wedi'i godi yn 'y nhacsi a mynd ag e i dŷ gwely a brecwast – rhois i'r cyfeiriad iddyn nhw, 52 Stryd Wellington. I ddechrau, am ryw reswm, o'n nhw'n meddwl taw rhyw fath o *hoaxer* o'n i, ond wedyn fe lwyddais i'w hargyhoeddi nhw gan fod cymaint o fanylion 'da fi. Wedyn o'n i'n teimlo'n well, wedi 'néud 'y nyletswydd, 'y nghydwybod yn lân.

pennod 18

PAN GODODD TANWEN roedd Alys yn y gegin ymhlith y llestri a'r bocsys – rhai'n wag, rhai'n hanner gwag a rhai'n aros i gael eu gwacáu. Eisteddai ar y llawr a golwg pryderus ar ei hwyneb.

"Be sy'n bod?" gofynnodd Tanwen. "Gysgaist ti'n iawn?"

"Do. Naddo. Hynny yw do a naddo."

"Be mae hynny yn ei olygu peth cynta' yn y bore?"

"Wel, fe gysgais yn iawn am dipyn. Yna ges i freuddwydion rhyfedd. Nid hunllefau fel y cyfryw ond arwyddion. Gwelais Patric – ond does dim byd od am hynny achos dw i'n ei weld e yn 'y mreuddwydion bob nos – yna gwelais y dyn Morus 'ma, y dyn o'n i wedi'i helpu yn y caffe, ti'n cofio i mi sôn amdano? Ac yna, yn 'y nghwsg cofiais 'mod i wedi gaddo mynd yn ôl i'w weld e, ac es i ddim. Ac am ryw reswm roedd hynny'n beth pwysig, pwysig iawn yn 'y mreuddwyd i. Felly, dyna be dw i'n bwriadu'i 'neud y bore 'ma, achos fe welais i bethau eraill yn y breuddwydion 'na neithiwr."

Sylwodd Tanwen fod ei llaw yn crynu wrth iddi ddadlapio'r llestri yn y bocsys.

"Be welaist ti?"

"Welais i'r bobl od 'na sy'n cadw'r llety lle gadewais i Morus. Y tro diwetha imi'u gweld nhw sylwais i ar rywbeth – dw i ddim yn siŵr beth – roedd rhyw gloch yn canu yn 'y mhen, ond wyddwn i ddim beth oedd wedi 'nharo i. Yna, yn 'y nghwsg gwelais i'r ddau eto yn sefyll wrth ochr ei gilydd – a'r dyn yn dodi'i law ar ysgwydd y fenyw…"

Gwelodd Tanwen yr ofn yn llygaid Alys, llygaid anifail gwyllt ar yr heol yng ngolau car yn y nos.

"Gad i mi gael sigarét a choffi ac mi ddo i i'r dre' gyda ti. 'Dyw e ddim wedi codi eto," meddai Tanwen gan godi'i llygaid i gyfeiriad y llofft.

" 'Sdim rhaid i ti ddod. Ti'n gorfod ceisio cael trefn ar y pethau 'ma."

"Digon o amser i 'neud hynny."

"Na, mae'n well 'da fi fynd ar 'y mhen fy hun."

Wrth i'r tegell ferwi daeth Camel o'r llofft. Ddywedodd e ddim byd, dim ond gapo ac agor drws y gegin i adael Jaco allan i'r ardd.

"Mae Alys a minnau'n mynd i'r dref. Ti am ddod gyda ni neu aros yma i ddadbacio?"

"Na," torrodd Alys ar ei draws cyn iddo gael cyfle i ateb, "dw i'n mynd ar 'y mhen fy hun. Bydda i'n iawn, Tanwen, wir."

"Dw i eisia' helpu," meddai Tanwen. "R'yn ni'n ffrindiau nawr, cofia."

"Beth os ydw i'n hela sgwarnog anweledig?"

"A beth os oes 'na berygl?"

"Dw i ddim yn deall," meddai Camel gan grafu'i ên foreol.

"Well i mi fynd nawr," meddai Alys yn sydyn, "bydd 'na fws am ddeng munud wedi naw."

"Alys!" gwaeddodd Tanwen ar ei hôl, "paid â mynd i mewn i'r tŷ 'na ar dy ben dy hun."

Eisteddodd Camel wrth y ford ac yfed y coffi roedd Tanwen wedi'i wneud iddi hi'i hun.

"Ych! mae'n oer – a 'sdim gobaith i mi 'neud pen na chynffon o sgwrs fel'na'r peth cynta' yn y bore, nac oes?"

"Dw i'n mynd am dro," meddai Tanwen gan wisgo'i chot. "Mae peth pwysig iawn 'da fi i'w 'neud."

"Aros amdana i!"

"Na," meddai Tanwen, "dw i eisia' mynd ar 'y mhen fy hun."

"Ei di â Jaco?"

"Na. Dw i ddim eisia' cwmni Jaco hyd yn oed."

Daeth y ci yn ôl o'r ardd pan aeth Tanwen drwy'r drws ffrynt.

" 'Sneb yn ein mo'yn ni heddi, boi?" meddai Camel gan anwesu pen y ci.

Cerddodd Tanwen i'r goedwig. Roedd hi'n bellach o Dŷ Newydd nag o'r bwthyn. Pan basiodd yr hen gartref hwnnw ar ei ffordd gwelodd fod Volvo lliw arian y tu allan a theulu'n ei ddadlwytho. Ni fu Mrs Turvey yn hir cyn dod o hyd i bobl i lenwi'r lle dros y penwythnos.

"Good morning," meddai'r gŵr canol oed yn hynod o siriol a chyfeillgar.

"Good morning," meddai'r wraig, yr un mor ddymunol. Sut roedd Tanwen yn mynd i sefyll dros ei hegwyddorion yn wyneb y fath hynawsedd? Safai'r plant y tu ôl i'w mam. Bachgen a merch yn eu harddegau pwdlyd, yn hiraethu'n barod am eu cartrefi yn y ddinas.

"Bore da," meddai Tanwen.

pennod 19

Roedd y bws dan ei sang. Dim ond un lle iddi. Wrth ochr gwraig fonheddig yr olwg; bwa du yn ei gwallt y tu ôl i'w phen yn ei glymu i fyny, sbectol dywyll (yn y bore, yn y gaeaf), colur a minlliw yn drwch.

"Nippy in tit?" meddai mewn acen nad oedd yn fonheddig o gwbl.

"It is," meddai Alys.

"Still it'll be warmer in Aberduggy. It's the sea see."

Ni allai Alys edrych drwy'r ffenestr gan fod y fenyw rhyngddi a hi a chymaint o bobl eraill o'i chwmpas. Ni allai weld y wlad ond mewn fflacholygon rhwng pennau, ysgwyddau, cnwc braich.

"We live at Clue West," meddai'r fenyw gyfeillgar. Bu Alys yn pendroni ble'r oedd Clue North a Clue East cyn iddi sylweddoli mai sôn am y pentre Lluest yr oedd hi.

"But I always shop at 'Duggy, of course. It's a pity they haven't got a Marks and Sparks in tit?"

Gwelai Alys y gŵr 'na yn dodi ei law ar ysgwydd ei wraig eto – yr un olygfa ag a ddaethai ati o'r newydd yn ei chwsg i gychwyn ond a oedd yn ei phlagio o hyd nawr. Troai'i phen i'r chwith mewn ymgais i edrych drwy'r ffenestr rhwng trwyn Rhufeinig, tagell o ên a mwng o wallt – ond daeth yr olygfa rhyngddi a'r wlad hefyd. Edrychai'n syth ymlaen ar war coch o'i blaen hi – dim ond i weld y dyn a'r fenyw 'na yn ei meddwl o hyd.

"I like their strawberries. You buy a punnet and there's not one bad one. Fruit shops in 'Duggy are hopeless."

Gair da *punnet*. Beth oedd y gair Cymraeg? Pwned? Bocs?

Roedd hi'n chwarae gêm er mwyn cau'r olygfa allan o'i meddyliau am dipyn. Ond dyna nhw eto – y fenyw a'i gwallt blodau'r menyn a'r dyn fel y creadur blewog yna yn *Star Wars* – beth oedd ei enw?

"But there's nothing at Clue West. Nothing at all. Not even a Spar."

A beth roedd hi'n mynd i'w wneud nawr? Doedd ganddi ddim syniad. Pwy oedd hi'n meddwl oedd hi? *Superwoman*? A pham yn y byd roedd hi'n poeni am y dyn Morus 'ma? Dieithryn. Neb iddi hi. Doedd hi ddim hyd yn oed wedi'i hoffi e. Ond roedd y freuddwyd wedi awgrymu y byddai Morus yn ei harwain at Patric er na allai ddeall sut.

Tynnodd y fenyw lyfr o'i bag a dechrau darllen gan fod Alys yn gwmni mor ddiwedwst. Yna stopiodd y bws eto a daeth tri dyn ifanc ymlaen yn swnllyd ac yn siriol o feddw yn y bore.

"Three singles to 'Duggy pa-lease," meddai'r arweinydd. Roedd y tri ohonyn nhw'n cario caniau cwrw. Acenion Lerpwl. Tipyn o newid o'r Birmingham arferol.

"Okay, luv?" gofynnodd un wrth ddod i sefyll wrth ei hochr. Atebodd hi ddim.

"Hey, are you Welsh?" gofynnodd. "We've been here three days and we haven't met a single Welsh person yet," meddai'r ail.

"Do any Welsh people actually live in Wales," gofynnodd un arall a chwarddodd y criw. Chwarddodd rhai o'r teithwyr eraill ar y bws hefyd.

"Are you Welsh?" gofynnodd yr un cyntaf wedi methu cael ymateb gan Alys, a phlygu drosti i siarad â'r fenyw wrth ei hochr. Yn sydyn stopiodd y bws a thasgodd y cwrw dros y fenyw a'i llyfr a thros Alys hefyd.

"Sorry," meddai'r meddwyn lletchwith, ond dechreuodd ef a'i ffrindiau bwffian chwerthin. Ceisiodd sychu'r cwrw gan anwesu bronnau Alys yr un pryd.

"Get off!" gwaeddodd a rhoi slap i'w law.

"Spoilt my book," cwynodd y fenyw.

"It'll help you to find the page," meddai'r dyn a chwarddodd y ddau arall.

Diolch i'r drefn roedd y bws wedi cyrraedd Aberdyddgu ac wedi dod i'r stop olaf. Gwthiodd y meddwon eu ffordd allan o flaen pawb arall.

"Glad to see them go," meddai'r fenyw wrth Alys, "shouldn' allow them on."

Roedd Alys wedi dychryn. Gadawodd i'r bobl eraill ei phasio a disgyn o'r bws o'i blaen hi. Ofnai gwrdd â'r dynion yn y stryd eto. Be fyddai Tanwen wedi'i wneud? Fyddai hi ddim wedi goddef eu ciamocs.

"Book's ruined," murmurodd y fenyw, "I'm going to complain to the driver on my way out."

Dweud roedd hi ei bod hi'n hen bryd i Alys symud a'i gadael hi allan. Cododd Alys a theimlo'i choesau'n wan oddi tani.

Ar y stryd gwelodd y bechgyn yn croesi'r heol – gan stopio'r ceir – ac yn mynd yn syth i'r dafarn agosaf. Ciliodd ofn Alys ychydig wrth iddynt fynd o'r golwg.

Cerddodd drwy'r dref, heibio i Gaffi Jones a dweud twll din i'r lle dan ei gwynt. Âi i'r ganolfan waith i chwilio am jobyn arall yn syth ar ôl iddi gyflawni'i gorchwyl – beth bynnag oedd hwnnw. Roedd ei thraed yn anelu'n syth am y lle gwely a brecwast, yn syth drwy'r dref, drwy'r strydoedd cris croes, drwy'r torfeydd o bobl (mor brysur, mor boblog oedd yr hen dref hyd yn oed yn y bore, hyd yn oed yn y gaeaf) tuag at y tai igam-ogam. Ond cyn cyrraedd cafodd draed oer ac aeth i'r prom i edrych ar y môr. Udai'r gwylanod yn hiraethus yn yr awyr. Ond distaw oedd y môr – sibrydai, suai. Cerddodd ar hyd y prom am dipyn, heibio i'r oriel lle y prynasai'r llun tyngedfennol o Jaco, heibio i dŷ Mrs Brittle ac fesul tipyn adenillodd ei hyder. Roedd hi'n mynd i alw ar

Morus, on'd oedd hi? Dim byd o'i le ar hynny, nac oedd?

Yn sydyn, fel petai er mwyn ei gyrru at ei thasg, disgynnodd diferion o law o'r awyr. Rhedodd nifer o bobl dan do ond aeth Alys tua Stryd Wellington. Yna dyna lle'r oedd hi. Ond o flaen y tŷ roedd 'na haid o bobl a goleuadau yn fflachio'n las. Gam wrth gam symudodd tuag at y drws, wedi'i hanghofio'i hunan am y tro, wedi'i swyno gan y dorf – y lliwiau tywyll, y cyffro, su y lleferydd isel. Sylwodd fod y rhan fwyaf o'r bobl yn sefyll mewn hanner cylch o amgylch drws tŷ rhif 52. Dynion, menywod a phlant – rhai o drigolion y dref, dieithriaid cyfarwydd Aberdyddgu – yn estyn eu gyddfau, yn sefyll ar flaenau'u traed. I weld beth? Heb yn wybod iddi canfu Alys ei hunan yn eu mysg.

Roedd yno geir heddlu, a phlismyn yn mynd ac yn dod mas o'r tŷ; roedd y drws led y pen ar agor.

Yna roedd yna gyffro ymhlith y dorf, y cymdogion. "Jenkins," meddai rhywun, a dyna lle'r oedd y dyn mawr, a'r plismyn fel corachod glas tywyll o bobtu iddo. Fe'i gwthiwyd i gefn un o geir yr heddlu a edrychai'n rhy fach iddo, a bu rhaid iddo blygu'i ben er mwyn mynd i mewn iddo. Aeth su arall drwy'r dorf. Ac yn sydyn gwasgarwyd y lliwiau tywyll, fel petai, gan ddisgleirdeb llachar y fenyw fach – hithau rhwng dwy blismones – a'i gwallt melyn dafodil, ei chot goch blwch llythyron, ei throwsus gwyrdd am ei chocsau bach tew, ei sgidiau glas ar ei phytiau o draed, a'i menig bach oren. Roedd dagrau yn y coch gosod ar ei gruddiau.

"Pwy sy'n mynd i ddisgwyl ar ôl y cathod? A beth am y ci?" llafargrïai yn druenus. "Ti yw'r diafol," gwaeddodd ar ei gŵr. Yna caewyd ei sŵn hithau'n glep mewn car arall.

"O'n nhw wastad mor lyfi-dyfi," meddai rhywun wrth ei hochr.

Edrychodd Alys ar y dyn mawr yn eistedd yn anghyfforddus yn y car, a'i ddwylo mewn cyffion ar ei liniau. Dyna pryd y llewygodd Alys.

pennod 20

PYNCIAI'R ADAR yn y goedwig. Clywid sŵn anifeiliaid bach yn crafu ac yn rhedeg yn yr isdyfiant ac yn twrio ymhlith y dail crin. Roedd hi'n oer o hyd ac ni allai Tanwen weld yr un creadur byw arall, ac eto gwyddai fod y canghennau a'r perthi a'r creigiau o'i chwmpas yn heigiog gan fywydau aneirif. Gallai deimlo'r holl lygaid yn syllu arni, y clustiau yn gwrando arni, yn dilyn pob symudiad o'i heiddo. Llygaid ofnus, gwyllt.

Deuai'r anadl o'i cheg a'i ffroenau fel mwg neu darth yn yr awyr oer. Hwyrach ei bod hi'n chwythu hefyd wrth ddringo'r twyn. Tanwen, ti'n mynd yn hen, ti ddim mor ffit, ti'n dechrau teimlo d'oedran.

Yn sydyn, clywodd sŵn y tu ôl iddi. Troes i wynebu'r ymosodiad. Dim ond gwiwer lwyd gyffredin yn ei heglu hi i fyny un o'r coed. Fe'i brawychwyd. Pam y teimlai mor nerfus? Yno, yn y goedwig doedd nemor ddim peryglon. Prin yr oedd yno arwydd o ddynoliaeth. Dim adeiladau, dim peiriannau, dim ceir. Yna fe dorrodd mwstwr byddaraol awyren fetel enfawr ar draws ei myfyrdodau ac ar draws y nen gan gyffwrdd â brigau'r coed, bron – fel pe er mwyn ei hatgoffa nad oedd dihangfa i'w chael oddi wrth y byd technegol.

Gwelodd ddryw bach yn disgyn drwy'r ceinciau isaf, fel dimai newydd, yn wir, ac yn gwneud ei sŵn cliciedlyd. Er gwaetha'r oerni roedd naws y gwanwyn ynddi. Beiai Tanwen Effaith y Tŷ Gwydr; dim digon o eira, dim gaeaf gwerth sôn amdano a natur wedi'i drysu'n llwyr.

Yn sydyn daeth awydd drosti i ganu. Crafai'i phen i geisio cofio rhywbeth am yr eira a'r gaeaf – ond heb fod am y

Nadolig – ond allai hi ddim meddwl am ddim ond 'Y Gelynnen'; on'd oedd un o'r penillion yn sôn am 'law neu ôd'? Ac yno ymhlith y pinwydd estron roedd ambell gelynnen i'w gweld. Felly dyma hi'n cychwyn:

> Fy mwyn gyfeillion, dewch ynghyd
> Mewn pryd i ganmol y glasbren…

Nid oedd yn siŵr o'r geiriau! Rhag ei chywilydd, a hithau â holl ganeuon Joni Mitchell ar ei chof:

> Pren canmolus, gweddus, gwiw…

Pallodd ei chof eto, mwmialodd ffuglinellau cyn iddi ddod at y gytgan:

> Ffal di ri di reit tei
> Ffal di ri di ri
> Tym ti tym ti tym tali
> Pren canmolus, gweddus, gwiw
> Does dim fel y las gelynnen…

Safodd Tanwen yn stond i wrando. Ai adlais ei llais ei hun a glywai yn y coed o'i chwmpas? Nage, roedd 'na lais arall. Dechreuodd y gytgan eto:

> Ffal di ri di reit tei
> Ffal di ri di ri

Tawodd Tanwen ond aeth y gytgan yn ei blaen:

> Tym ti tym titym tali-i-i!

A gwelodd y ferch heb fod yn bell i ffwrdd, yn cuddio ymysg

y coed ond yn edrych arni. Safodd y ddwy gan edrych ar ei gilydd fel'na am dipyn. Un tro daethai Tanwen wyneb yn wyneb â sgwarnog yn y goedwig – yr un goedwig – a'r un olwg oedd yn llygaid y ferch nawr ag yn nhrem y sgwarnog y tro hwnnw. Golwg anifail gwyllt, ofnus.

Symudodd Tanwen a throes y plentyn a rhedeg i ffwrdd. Fe'i cofleidiwyd gan y coed. Ymdrechodd Tanwen ddim i fynd ar ei hôl hi. Anelodd am y llwybr – gwyddai'i fod yn agos, yr unig lwybr at yr unig dŷ yn y goedwig. Ac o fewn dim o dro roedd hi wedi cyrraedd y llwybr ac unwaith eto roedd hi ar ei ffordd i dŷ Mared lle'r oedd hi wedi bwriadu mynd o'r cychwyn pan adawodd y tŷ y bore hwnnw.

Neidiodd y ferch allan o'r coed ar y chwith iddi a rhedeg o'i blaen at y tŷ. Roedd hi'n gwisgo ffrog ysgafn, dim cot er gwaetha'r tywydd oer. Llifai'r gwallt du yn ôl dros ei hysgwyddau. Wyth neu naw oed oedd hi. Y ferch a welsai hi a Camel. Rhedodd y plentyn yn syth i'r tŷ, drwy'r drws, gan daflu un cipolwg 'nôl dros ei hysgwydd cyn ei gau'n glep.

Aeth Tanwen yn syth i mewn i'r tŷ ar ei hôl hi. Dyna lle'r oedd hi'n cwato y tu ôl i Mared yn y gegin hen ffasiwn. Mewn fflach gwelodd Tanwen yr hen le tân, y silff ben tân, y ddau gi oren a gwyn ar bob pen, y ford solet a'r cadeiriau pren, y llawr digarped. Cegin o'r bedwaredd ganrif ar bymtheg neu ddechrau'r ugeinfed ganrif, neu gegin amgueddfa.

Fe'i heriwyd gan Mared a'i thalcen uchel, a'i thrwyn nobl. Doedd hi ddim yn mynd i dorri'r garw.

"Y ferch ar yr heol?" meddai Tanwen gan daflu'r geiriau fel disiau hapchwarae.

"Gefeilles hon," meddai Mared; dywedasai fwy nag yr oedd Tanwen yn ei ddisgwyl yn barod.

"Eich plant chi?" mentrodd eto.

"Pwy arall?" poerodd Mared y cwestiwn yn ôl gyda chrechwen ddirmygus. Heb syflyd. Edrychodd Tanwen arni a gweld – Rhiannon, Heledd, Branwen, Buddug.

"Wyddoch chi be sydd wedi digwydd?" gofynnodd Tanwen.

"Peidiwch â dweud dim o flaen hon."

"Beth 'ych chi'n mynd i 'neud nawr?"

"Beth yw'r ots i chi?" meddai Mared. "Y fi fydd yn gorfod penderfynu beth i'w 'neud, ar 'y mhen fy hun, fel arfer. Does dim byd wedi newid."

"Oes, mae pethau wedi newid. Dw i'n gwbod, am un peth. A dw i ddim yn credu bod modd i chi gadw'ch cyfrinach nawr, Mared."

"A phwy sy'n mynd i dorri'r gyfrinach? Ai chi fydd y cyntaf i dorri 'mhen i?"

Troes Tanwen yn dawel a cherdded allan drwy'r drws. Roedd hi ar ei ffordd i lawr y twyn drwy'r goedwig pan redodd Mared ar ei hôl hi. Doedd y plentyn ddim gyda hi. Gafaelodd ynddi gerfydd ei braich dde a'i throi a'i gorfodi i'w hwynebu hi. Menyw gref iawn oedd hi.

"Ydych chi'n mynd i dorri 'mhen i?" gofynnodd eto gan syllu i fyw llygaid Tanwen.

"Mared, mae un o'ch merched wedi cael ei lladd; chi'n cadw'r llall mewn carchar i bob pwrpas. Allwch chi ddim magu plant ar wahân i bobl eraill fel'na."

"Pam lai? Beth sydd mor braf am 'bobl eraill'?"

"Rhaid i blant gymdeithasu a dysgu am y byd, mynd i'r ysgol, cwrdd â phlant eraill."

"Cymdeithasu!" gwaeddodd Mared y gair gydag atgasedd. "Dw i'n casáu cymdeithas – a'r byd. 'Dyw'r plant 'ma ddim wedi cael eu llygru gan y byd. D'yn nhw ddim eisiau ysgol, dw i'n gallu dysgu popeth iddyn nhw."

" 'Plant'? 'Nhw'? Mared, chi wedi colli un."

Am y tro cyntaf meddalodd wyneb Mared ac fe'i meddiannwyd gan don o dristwch.

"Dw i'n gwbod, ac mae'r llall yn galaru ar ei hôl hi fel dwn i'm be, yn nychu'n wir. Minnau hefyd. Dw i wedi bod yn dost, yn methu ymdopi bron. Oni bai am hon, byddwn i wedi rhoi'r gorau iddi, wedi gwneud amdanaf fy hun, ond o'n i'n gorfod cofio am hon a chadw i fynd, on'd o'n i? Ond byddai'n well gen i farw na gadael i'r byd – eich byd chi – gael hon!"

Eisteddodd ar garreg ar bwys y llwybr a rhoi'i hwyneb yn ei dwylo. Aeth Tanwen i eistedd wrth ei hochr a rhoi'i braich am ei hysgwyddau.

"Ges i'r merched 'ma yn y tŷ 'cw ar 'y mhen fy hun. Dim doctoriaid, dim bydwraig. A doedd neb yn gwybod. O'n i'n mynd i'w lladd nhw ac yna fe welais eu hwynebau nhw, mor ddiymadferth yr olwg, a'u dwylo a'u gwefusau'n chwilio'n reddfol am fy mronnau, a theimlo beth mae pob mam yn ei deimlo wrth edrych ar wyneb ei phlentyn newyddanedig. Dw i wedi'u magu nhw ar fy mhen fy hun hefyd. Dim dynion. Dim Saesneg. Uned berffaith oedden ni tan yn ddiweddar. Fis neu ddau yn ôl – oes hir yn ôl. Dw i wedi colli gafael ar amser. Roedd popeth yn iawn. Ond bu'n rhaid iddi fynd mas on'd do, gorfod mynd i chwilio y tu allan. Nawr rydyn ni'n anghyflawn. Ond rhaid i mi gario 'mlaen fel hyn. Os ewch chi a dweud wrth bobl bydda i'n lladd fy hunan a'r ferch."

"Dw i ddim yn mynd i ddweud wrth neb," meddai Tanwen. "Ond peidiwch â'm bygwth i fel'na. Rhaid i chi benderfynu nawr beth 'ych chi'n mynd i'w 'neud nesa'. Ar eich pen eich hun, fel arfer."

"Beth am y dyn ifanc? A'ch ffrind?" Fe fu rhywun yn eu gwylio, felly.

"Wnân nhw ddim dweud wrth neb chwaith."

Cododd Mared a throi tuag at y tŷ, heb air arall.

"Ga i ofyn cwestiwn cyn i chi fynd?"

"Cewch."

"Enwau'r merched?"

"Iaith. Llên."

"Ac enw'r un a fu farw ar yr heol?"

Aeth Mared i mewn i'r tŷ heb ddweud dim.

pennod 21

"Pwd, Pwds!" mewiai'r llais yn llawn dychryn, "maen nhw wedi dod 'nôl 'to."

"Pwy 'nhw'?" gofynnodd Pwdin Mawr a oedd newydd ddeffro, a'i lygaid yn bŵl, a'i wallt a'i farf yn flêr. Ond roedd Mama Losin eisoes wedi codi ac wedi gwisgo a choluro'i hwyneb.

"Y blydi heddlu, wrth gwrs!"

Yn sydyn, neidiodd y dyn o'r gwely, a dim amdano ond trôns ych-a-fi o frwnt yn hongian yn llac am ei wasg, a'i fola gwyn yn hongian yn llac drosto. Crymodd ei ysgwyddau blewog i godi'i ddillad o'r llawr a gwisgo amdano ar frys.

"Be 'nawn ni, Tada, be 'nawn ni?" Roedd dagrau yn llygaid y fenyw. Rhedai o gwmpas gan grafu'i gwallt lliw caneri a rhwbio'i dwylo am yn ail. Clywid sŵn cloch y drws a'r ci yn cyfarth yn y gegin.

" 'Sdim iws llefain a rhedeg 'nôl ac ymlaen fel'na, nac oes?" meddai Pwdin Mawr gan fotymu'i drowsus, a'i grys ar agor o hyd.

"Maen nhw'n mynd i dorri i mewn unrhyw funud," meddai Mama Losin. "Be 'nawn ni?"

"Dw i'n mynd i ddianc trwy'r cefn."

"A beth amdana i? Alla i ddim rhedeg."

Daeth sŵn y gloch eto a churo ar y drws. "Mr a Mrs Jenkins?"

Roedd Pwdin Mawr yn dal i wisgo amdano pan adawodd Mama Losin a dod yn ôl yn syth.

"Edrychais i allan drwy'r cefn – maen nhw 'na hefyd. Be 'nawn ni?"

"Dw i'n mynd i lawr i'w stopio nhw."

Eisteddodd y fenyw ar y gwely a chwpanu'i hwyneb yn ei dwylo.

"Mae hi ar ben arnon ni nawr," meddai, "maen nhw'n mynd i ffindo popeth."

"Cau dy ben," meddai Pwdin Mawr; diflanasai'r iaith chwareus.

"Tada! Paid â bod yn gas wrtho i."

"Wel, paid ti â bod yn dwp 'te. Arnat ti mae'r ffycin bai am bopeth."

Syllodd Mama Losin arno'n syn, gan fethu credu'i chlustiau. Am eiliadau hirion roedd y tawelwch yn bwysau. Yna daeth llais drwy'r drws a thrwy'r tŷ i gyd.

"Mr a Mrs Jenkins, dyma'ch cyfle ola' i agor y drws!" Aeth Mama Losin at y ffenestr a gweld ceir yr heddlu yn drwch, nifer o blismyn, goleuadau glas, cymdogion yn sefyll yn y stryd. Roedd un o'r plismyn yn siarad trwy uchelseinydd:

"Mae 'da ni'r awdurdod i ddod i mewn i archwilio'r tŷ y tro hwn."

"Dy fai di yw hyn," meddai Pwdin Mawr, "wedais i fod y dyn 'na'n rhywun, ac y byddai rhywun yn siŵr o weld ei golled."

"Ond ti 'nath gamsyniad pan wedest ti wrth y plismon nad oedd e ddim wedi bod 'ma. O'n nhw'n gwpod i sicrwydd iddo fod 'ma, on'd o'n nhw'r twpsyn? Y ferch 'na ddaeth ag e, dyn y tacsi."

"A beth o'n i fod i 'weud?"

Aeth wyneb Mama Losin yn fflamgoch.

"Gweud ei fod e wedi bod ac wedi gadael, wrth gwrs, y ffycin twpsyn! Dw i'n anghofio, weithiau, lle cwrddais i â ti."

"A ble o't ti? Yn yr un blydi lle."

"Ond mae record 'da ti mor hir â 'mraich i," meddai Mama Losin yn gandryll, "GBH, trais, troseddau rhywiol gwyrdroëdig."

"Paid ti â sôn am hynna!" Edrychai Pwdin Mawr arni fel

petai'n mynd i'w thagu pan siglwyd y tŷ i'w seiliau gan sŵn yr heddlu'n torri'r drws.

Rhedodd Pwdin Mawr a Mama Losin i ben y grisiau a doedd dim dewis ganddyn nhw ond sefyll yno ac edrych i lawr yn ddiymadferth a gwylio'r drws yn ildio a'r golau yn llifo i mewn gyda gwisgoedd unffurf glas yr heddweision.

Yna rhedodd Pwdin Mawr i lawr a sefyll yn eu ffordd. Roedd e'n ddrws o ddyn mawr, bygythiol.

"Chewch chi ddim dod i mewn i'n tŷ ni fel hyn."

"Nawr te, nawr te, Jenkins," meddai'r sarsiant, "aiff pethau'n waeth i chi os 'ych chi'n trio'n rhwystro ni."

Caeodd Pwdin Mawr ei ddyrnau ond gafaelodd dau o'r plismyn yn ei freichiau. Roedd plismyn a phlismonesau'n bla drwy'r tŷ.

Yn araf deg daeth Mama Losin i lawr y grisiau.

" 'Nes i ddim byd," meddai yn ei llais llygoden fach.

"Cau dy geg!" gwaeddodd Pwdin Mawr ond roedd y plismyn yn ei ddal e'n sownd.

" 'Nes i ddim byd. Dw i'n ddieuog!"

"Cau dy blydi geg, bitsh!" bloeddiodd Pwdin Mawr fel tarw'n cael pwl.

"Fe 'nath y cyfan. Ac o'n i'n gorfod 'neud beth o'dd e'n gweud. O'n i'n ei ofni fe."

"Bitsh!" poerodd Pwdin Mawr, a chwech o ddynion yn ei ddal e. "Ti 'nath 'y ngorfodi i!"

"Sut gallwn i orfodi dyn mawr fel ti?" gofynnodd Mama Losin gan befrio o ddiniweidrwydd croten o angel. "Sut gallwn i fod wedi cario'r cyrff i'r ardd i'w claddu nhw?"

"Ti 'nath 'y ngorfodi i i'w lladd nhw," meddai Pwdin Mawr, a'i lais yn dawelach nawr ond yn crynu gan ddicter.

Aeth plismones at Mama Losin a chymryd ei braich.

"Rhaid i mi'ch rhybuddio chi," meddai'r sarsiant, "fod popeth 'ych chi'n ei ddweud yn cael ei gofnodi a'i ddefnyddio fel tystiolaeth."

Disgynnodd distawrwydd llethol ar y bobl; dim ond sŵn y ci yn mynd yn wyllt wrth i heddweision eraill fynd allan drwy'r gegin i'r ardd oedd i'w glywed. Edrychai'r dyn ar y fenyw a'r fenyw ar y dyn gydag atgasedd y gellid ei deimlo ac a hongiai yn yr awyr fel rhyw ddrewdod ffiaidd a hydreiddiai'r tŷ mawr tywyll.

Yn y stryd roedd trigolion Aberdyddgu yn methu coelio ffyrnigrwydd y ddau tuag at ei gilydd.

"O'n nhw'n arfer bod mor lyfi-dyfi," meddai un o'r cymdogion wrth y ferch wrth ei hochr. Ac aeth ias drwy gorff Alys wrth iddi ddeall beth oedd wedi digwydd i Patric; aeth popeth yn ddu a llewygodd yn y fan a'r lle.

pennod 22

EW, PWY FYDDAI'N MEDDWL chwech wythnos yn ôl, pan es i at
yr heddlu, y byddai cymaint o sôn am dwll o le fel
Aberdyddgu? Ar y newyddion, ar y teledu, y radio, yn y
papurau – bob un ohonyn nhw, nace jyst y *Western Mail* ond
papurau Llundain i gyd. Bob dydd nawr. Pennawd y *Mirror*
heddiw – *'Another Body at 52 Wellington Street'*, a'r *Sun*, *'New
Grisly Find Brings Welsh House of Horror Death Toll to 14!'* a
lluniau o Mr a Mrs Jenkins – fe yn farf i gyd a hithau'n
gwenu'n bert – hen lun. Pwy fyddai'n meddwl? Mae'n
anhygoel. Un deg pedwar o gyrff wedi'u claddu yn yr ardd
gefn. Mae'n codi pwys arna i i feddwl am y peth. Mae wedi
cael effaith ofnadw arna i. Dw i'n smygu gormod. Wedi cael
tabledi gan y doctor. Alla i ddim cysgu. Pan dw i yn cysgu dw
i'n cael hunllefau. A dw i'n siarad â mi fy hun drwy'r amser.
Ac yn ddiweddar mae'r dynion fforensic wedi llwyddo i roi
enwau i'r cyrff – rhai ohonyn nhw'n sgerbydau – ac mae
lluniau o'r bobl yn y papurau. Oriel ofnadwy. Dynion a
menywod o bob oedran a phob dosbarth. 'Dyw hi ddim yn
'neud synnwyr – os oes modd 'neud synnwyr o unrhyw
lofruddiaeth. Mae'r papurau yn eu disgrifio nhw fel
Recreational Killers – hynny yw, rhyw fath o hwyl neu hobi
iddyn nhw oedd lladd pobl. Wedi dweud 'ny, o'n nhw'n arfer
mynd ag unrhyw arian oedd ar y cyrff. Sy'n esbonio pam
byddwn i'n cael ambell gildwrn anarferol o hael ganddyn
nhw bob hyn a hyn. Mae 'da fi gywilydd meddwl amdanyn
nhw nawr a sut 'nes i 'u gwario nhw. Arian gwaed. Ond 'na
fe, o'n i'n gwbod dim nac o'n i? Sut o'n i i wbod? Neu fyddwn
i ddim wedi mynd â neb i'r tŷ 'na – ac yn sicr fyddwn i ddim

wedi gadael iddyn nhw ddod yn y cab 'ma. Ych-a-fi. Dw i eisia' newid y cab. I feddwl 'mod i wedi cymeradwyo'r lle i bobl. "O,ie," meddwn i, "maen nhw'n bobl garedig dros ben – od ond digon dymunol." Ac o'n i'n meddwl hynny ar y pryd, hefyd.

Dw i wedi rhoi tystiolaeth unwaith yn barod yn y cwest i farwolaeth Maldwyn Lewis. Ond rhaid i mi fynd i'r llys eto pan ddaw achos mawr Mr a Mrs Jenkins. Rhwng nawr a 'ny mae dynion y papurau 'ma wedi bod ar f'ôl i o hyd ac o hyd. Holi. Stilio. Ac yn cynnig tipyn o arian hefyd. Wel, dw i eisiau cab newydd, mae gyrru hwn fel gyrru hers – chi'n gwbod be mae'r bois eraill yn ei alw fe? *The Death Cab*. A phwy sy eisia' gyrru tacsi ar hyd ei oes? Gallwn i brynu byngalo bach a chymryd pethau'n dawel, byw bywyd braf. Ond dw i wedi cael cyngor i beidio â gwerthu'r stori eto. Cyngor da, hefyd, wa'th dw i ddim 'yn y clir', ys gwetson nhw. Dw i'n dal i gael trafferth i argyhoeddi'r heddlu nad o'n i'n rhan o'r cynllun! Wedi'r cyfan, es i ag o leia' tri o bobl yn y cab 'ma at y drws i'w marwolaethau – y person Lois 'na, Patric James Howells, dyn ifanc o Gaerefydd, a'r diweddar Maldwyn Taflun Lewis – hedd i'w llwch nhw i gyd, meddwn i – ac efallai un neu ddau o'r lleill hefyd, dw i ddim yn gallu bod yn hollol siŵr. Wa'th 'dyw'r heddlu ddim ond yn gallu dangos hen luniau i chi, am resymau amlwg. Ac er bod cof eithriadol 'da fi am wynebau dw i ddim yn cofio pob cwsmer dw i wedi'i gael yn y busnes 'ma yn ystod y pedair blynedd dw i wedi bod wrthi – ac weithiau mae'n dywyll, ac maen nhw'n eistedd yn y cefn, a dw i ddim yn edrych arnyn nhw i gyd gan feddwl, O, well i mi gofio'ch wyneb chi rhag ofn i chi gael eich canfod dan y sment yng ngardd gefn rhywun ymhen deng mlynedd.

Ac wedyn dyna'r drafferth 'da Hedd, 'y mrawd. 'Dyw'r dynion mewn glas ddim yn coelio nad oedd e'n rhan o'r 'cynllwyn', hefyd, ac nad cyd-ddigwyddiad oedd ei fod e wedi dod â Dr Lewis i'r dref a finnau wedi mynd ag e i 'Annedd

Angau'. Gormod o gyd-ddigwyddiad, medden nhw. Dw i'n methu'i gredu fe fy hunan. Ond dw i'n gwbod bod 'y nghydwybod i'n lân. 'Na be sy'n bwysig. D'yn nhw ddim yn gallu hoelio cyhuddiad o gymryd rhan mewn llofruddiaeth ar ddynion cwbl ddieuog, nac 'yn nhw? Ac eto, chi'n clywed pethau ac yn cofio storïau chi wedi'u darllen yn y papurau. Ond maen nhw wedi derbyn ein storïau am y tro, ta beth. Ac eto dw i'n gwbod bod 'na amheuon yn hongian uwch ein pennau ni o hyd.

'Dyw hi ddim yn mynd i fod yn hawdd iddyn nhw ddal y llofrudd go-iawn, yn ôl pob sôn. Wa'th ma' fe'n ei chyhuddo hi a hithau'n ei gyhuddo fe o wneud y cyfan ar ei ben ei hun heb yn wybod iddi hi. Maen nhw'n casáu'i gilydd nawr. Lwcus eu bod nhw'n cael eu cadw ar wahân. Chawn ni byth mo'r stori i gyd.

Mae'n beth ofnadw i'w 'weud ond mae wedi 'neud byd o les i fusnesau'r dref 'ma – a bydd hi'n wa'th byth yn yr ha' – gyda'r holl ymwelwyr sy'n dod i weld y tŷ. O'n nhw'n sefyll yn y stryd, yn gwylio'r heddweision ifainc yn cario'r gweddillion dynol o'r ardd. Ac maen nhw'n licio cael reid yn y tacsi 'ma, *The Death Cab*. Ych-a-fi.

pennod 23

ÂI I'R ARDD peth cyntaf bob bore nawr gan fod y gwanwyn yn prysur droi'n haf. Y bore oedd ei hoff amser. Fe'i deffroid yn gynnar gan yr haul a'r adar ac roedd rhywbeth newydd yn digwydd bob dydd nawr yn yr ardd. Hen ardd oedd hi – clychau'r gog yn troi'n las dan y coed, pabïau Cymreig, oren a melyn ym mhobman, llygaid llo bach a llygaid llo mawr, yr holl gapan cornicyll roedd hi ei hun wedi'u plannu yn dod dwmbwldambal, a'u dail yn ffurfio clymau o gwmpas y ffens, mintys yn atgyfodi, tiwlipiaid coch a gwyn, daffodiliau ac eirlysiau'n darfod, blodau menyn (a dant y llew) yn yr hen lawnt. Roedd hi'n ardd wledig henffasiwn, ddi-drefn-drefnus ac roedd Tanwen wrth ei bodd ynddi.

Gwisgasai'i dillad mwyaf hafaidd a lliwgar (gwyn a glas a melyn, fel yr ardd) a chwythai'r awelon drwyddynt a thrwy'i gwallt. Hyd yn oed pan gaeai'i llygaid gallai weld golau'r haul trwy'i hamrannau. Teimlai fod y goleuni hwn yn iachusol a'i fod yn bwrw allan y tywyllwch a fu. Teimlasai fod yr awelon hafaidd yn hela'r galar i ffwrdd.

Roedd yn bryd iddi ddechrau byw o'r newydd eto. Wedi'r cyfan, ni fu'n agos iawn at ei thad erioed, yn enwedig yn y blynyddoedd diwethaf, a rhaid oedd iddi gydnabod hynny. Beth oedd yn ofnadwy oedd hanes ei ddiwedd. A beth oedd e'n ei wneud? Rhedeg i ffwrdd? Oddi wrth beth? Pam roedd e wedi newid ei enw? Roedd hynny'n amheus. A pham dod i Aberdyddgu o bob man? Roedd un peth yn sicr, doedd e ddim wedi bod yn chwilio amdani hi. Roedd 'na lawer o gwestiynau heb eu hateb. Yn sicr, doedd ei fywyd cyn ei farwolaeth erchyll ddim yn un anrhydeddus iawn.

Bu'n haws iddi hi ddygymod â'i cholled nag y bu i Alys. Roedd eu profedigaethau wedi'u rhwymo wrth ei gilydd, wedi'u clymu mewn tristwch. Aethai i amlosgiad Patric er nad oedd yn ei nabod; daethai Alys i angladd ei thad. Ac wedyn geisio dod i delerau â beth oedd wedi digwydd gan osgoi'r papurau. Storïau'r wasg yn glafoerio dros y manylion brawychus. Roedd hi'n amser caled. Ond fesul tipyn roedd hyd yn oed Alys yn dod dros y peth. Ddoe pan oedd yr haul yn boeth iawn, am y tro cyntaf er y darganfyddiadau, cyfnewidiodd ei dillad du am bethau goleuach ac ysgafnach.

Cododd Tanwen a mynd i'r tŷ i ferwi'r tecell a rhoi creision ŷd a siwgr a llaeth mewn bowlen. Roedd hi'n disgwyl clywed pawennau Jaco ar y staer – hoffai rannu'i brecwast hi – ond ddaeth e ddim. Yna sylwodd ar yr amlen ar y ford. Fe'i hagorodd a darllen y nodyn byr ar y papur glas y tu mewn:

F'annwyl Tanwen,

Sut alla i ddiolch i ti? Diolch am bopeth – 'dyw geiriau ddim yn ddigon, nac ydyn? Diolch, yn syml, am achub fy mywyd – dim llai na hynny. Does dim gobaith, dim modd i mi dalu yn ôl i ti – sut gallwn i dalu fy mywyd yn ôl? Ond rwy'n cymryd dy fod ti'n deall.

Rwy'n dy garu di. Ond mae'n bryd i mi symud ymlaen.

Rwy'n dy garu di,

Camel
X
(Ac mae Jaco yn dy garu di, hefyd.)

Wrthi'n plygu'r llythyr yr oedd hi pan ddaeth Alys i lawr o'i llofft yn gwisgo jîns glas a chrys T gwyn.

"Be sy'n bod? Wyt ti'n iawn?" gofynnodd.

"Ydw," atebodd Tanwen gan wthio'r amlen i'w phoced. "Ti'n edrych yn hapus iawn y bore 'ma."

"Dw i'n teimlo'n hapus. Mae'n iawn i mi deimlo'n hapus nawr, on'd yw hi?"

"Wrth gwrs ei bod hi. Hei, beth am inni gael brecwast yn yr ardd?"

Arnofiai'r gwenyn ar y blodau persawrus, torheulai ieir bach yr haf fel broetsys ar gerrig, neu ehedent yn igam-ogam fel meddwon ar yr awel. Roedd y titwod yn brysur fel arfer yn perfformio mabolgampau, yn hongian wyneb i waered o'r canghennau teneuaf neu o goesau'r blodau. Murmurai'r afon heb fod yn bell i ffwrdd.

"On'd yw hi'n hyfryd?" meddai Tanwen. "Carwn aros yma, yn y funud hon, am weddill f'oes."

Eisteddai'r ddwy ar fainc o dan berth *ceanothus* yn ei blodau glas-yr-awyr, wedi'u hamgylchynu gan wyrddlesni a brithwaith symudol y cysgodion.

"Dw i'n mynd i ddechrau peintio eto heddiw," meddai Tanwen, "dw i'n mynd i beintio trwy'r dydd."

"Wyt ti'n mynd i orffen y llun 'na o Mared?"

"Ydw. O'n i'n ofni na fyddwn i'n gallu gwneud llun o rywun ar 'y nghof, ond dw i'n siŵr nawr, achos dw i'n gallu'i gweld hi'n glir o hyd."

"Pam 'nei di ddim gofyn iddi ddod i sefyll i ti eto?"

"Ddaw hi ddim."

"Dw i'n dechrau gweithio yn yr amgueddfa wythnos i heddiw. Dechrau teimlo'n nerfus," meddai Alys.

"Paid â phoeni. Byddi di'n iawn. Dw i mor falch dy fod ti wedi penderfynu aros 'ma."

Yn sydyn torrodd sŵn cras erchyll ar draws eu sgwrs. Daeth y mwstwr o'r coed o gwmpas yr ardd. Gwelsant fflach o liwiau – corff gwyngoch, adenydd du a gwyn a smotyn glas, pen brycheulyd a phen-ôl gwyn – mor drawiadol o liwgar, gwrthgyferbyniad llwyr i'r sŵn amhersain, truenus.

"Sgrech-y-coed," meddai Tanwen. "Tipyn o sioe."

"Am enw gwych," meddai Alys. "Sgrech-y-coed yn sgrechian yn y coed. Dyna'n union be mae'n 'neud, ontefe?"

"Gwell o lawer na'r enw Saesneg – *jay*."

Ehedodd yr aderyn i ffwrdd i gyfeiriad y goedwig. Gwyddai Tanwen fod Alys yn well. Dro yn ôl buasai sgrech fel'na wedi'i dychryn am ei bywyd.

"Ar ôl i mi gwpla llun Mared," meddai Tanwen, "dw i eisia gwneud un ohonot ti. O leia' un. Wyt ti'n fodlon sefyll i mi?"

"Wrth gwrs 'mod i."

"Ga i ddechrau'r un cynta', felly, cyn i ti gychwyn yn yr amgueddfa? Dw i eisia' 'neud lot o luniau ohonot ti, Alys."

Eisteddai'r ddwy gan wrando ar yr adar, y gwenyn, yr afon y tu draw i ddail y coed.

Yna tynnodd Tanwen yr amlen o'i phoced a'i rhoi i Alys.

"Hwde," meddai, "man a man i ti ddarllen hwn."

Agorodd Alys y nodyn glas a'i ddarllen yn araf, yn ofalus cyn ei roi yn ôl yn yr amlen, a'i estyn yn ôl i law Tanwen.

"Peth od," meddai, " 'nes i erioed ddysgu beth oedd ei enw go-iawn, dim ond enw'r ci."

"Na finnau chwaith," meddai Tanwen.

"Pam?"

" 'Nes i ddim gofyn. A 'nath e ddim cynnig."

"On'd yw hynna'n rhyfedd?"

"Ydi," meddai Tanwen, "ond do'n i ddim eisia' gwbod y cyfan."

Edrychodd Tanwen ar y llythyr eto.

"Rhaid inni gael un arall," meddai.

"Be? Dyn?"

"Nage. Ci," meddai Tanwen.

Chwarddodd y ddwy a chariodd yr awel sŵn eu chwerthin i ganol y goedwig.

Am restr gyflawn o'n nofelau cyfoes — a llu o lyfrau eraill —
mynnwch gopi o'n Catalog rhad, neu hwyliwch i mewn i'n
safle ar y We Fyd-eang!

TALYBONT CEREDIGION CYMRU SY24 5AP
e-bost ylolfa@ylolfa.com
y we http://www.ylolfa.com
ffôn (01970) 832 304
ffacs 832 782
isdn 832 813